CCTB 中国文化和旅游皮书

非遗与旅游融合发展蓝皮书

2025

中国非物质文化遗产保护协会　编著

中国旅游出版社

《非遗与旅游融合发展蓝皮书2025》
编委会

序

党的十八大以来，习近平总书记站在建设文化强国、旅游强国的战略高度，对推动文化和旅游融合发展作出了一系列重要论述和重要指示批示，为推动非遗系统性保护、文旅产业高质量发展指明了方向。

非遗作为文明的瑰宝，承载着丰富的历史、文化和精神内涵。在现代社会的快速发展和全球化的冲击下，许多非遗项目面临着常态化生产生活场景缺失带来的严峻生存挑战。在此情况下，让非遗走进现代生活、融入现代旅游成为实现保护传承的最好方式之一。非遗与旅游融合发展具有天然的契合点，是文旅融合的应有之义和重要内容。这是由非遗的多样性、活态化特性和旅游的体验性、差异化特性所决定的，既符合非遗保护传承的需要，又契合旅游创新发展的需求。

近年来，在文旅融合背景下，非遗与旅游融合发展态势迅猛，成为融合最自然、最紧密、最深入的领域。各地积极开展“非遗进景区”活动，创新非遗展示方式，开发文旅融合产品，推出非遗主题游览线路，探索非遗研学旅游，推动“非遗＋旅游”从单一展示向深度体验、从静态观赏向活态传承、从小众文化向大众参与转变，受到越来越多的关注。

从实践来看，非遗与旅游双向吸引，两者融合相得益彰，不仅创新拓展了非遗保护传承路径，而且极大丰富了旅游的文化内涵。一方面，旅游为推动非遗融入现代生活、焕发新的时代光彩，推动中华优秀传统文化实现创造性转化、创新性发展，创造了新空间、新场景、新条件。目前，旅游已成为当代人的生活方式。人们旅游的重要目的，就是去异地体验不一样的诗意生活，这为非遗保护传承带来无限空间。推动非遗与旅游深度融合发展，为非遗项目带来了生活场景和生活需求，完善了非遗保护传承的生态系统，提供了更多展示、传播和转化利用的机会。另一方面，旅游业发展也面临着景区建设风貌、旅游纪念品、文化表现等多方面同质化问题。借助非遗的多样性、独特性、体验性、参与性、生活性特性，可为游客带来“好看、好吃、好听、好玩、好用”的“五好”体验，有效增强旅游活动的体验性与历史感，让旅游更美好、更快乐。

当然，在“非遗＋旅游”的模式有效助力非遗“活”起来、旅游“热”起来的同时，我们也要客观看到其中存在的不足。当前，非遗与旅游深度融合发展出现了部分地区重视不足、非遗传承人群参与不够、非遗内涵挖掘不足、融合产品开发同质化、文旅体验不佳等问题。要想推动非遗与旅游实现更好融合，还需妥善处理好非遗保护与旅游开发、简单复制与守正创新、纯粹文化性与过度商业性等重要关系。

基于为非遗与旅游深度融合发展提供更多思路和经验的考虑，协会组织编撰了《非遗与旅游融合发展蓝皮书 2025》。本着科学、严谨、客观、公正的态度，协会组织第三方科研机构中国文化传媒集团研究院，梳理总结了近年来非遗与旅游深度融合发展实践进展，邀请业内权威专家撰写了观察文章，在全国范围内征集非遗与旅游融合发展典型案例，形成了这本蓝皮书。囿于非遗与旅游融合尚在实践探索中、理论研究经验也有所不足等主客观限制，本书难免存在疏漏之处，敬请各界专家、从业人员和广大读者朋友批评指正。

未来，希望有更多人群和旅游机构深入开展实践，积极探索，不断创新，更好推动非遗与旅游深度融合发展，为进一步推动非遗系统性保护、文化和旅游高质量发展、中华文明永续传承，为文化强国和旅游强国建设贡献力量。

中国非物质文化遗产保护协会会长　王晓峰

目录

CONTENTS

前言概述

专家论著

案例篇

前言概述

2024 年，中国非物质文化遗产（以下简称“非遗”）保护与旅游融合发展步入新阶段。文化和旅游部发布的《2024 年文化和旅游发展统计公报》数据显示：截至 2024 年年末，全国共有国家级非遗代表性项目 1557 项、代表性传承人 3056 名；列入联合国教科文组织非遗名录（名册）项目达 44 个；非遗保护机构数量为 2397 家。全年各级非遗机构组织举办民俗活动 2.1 万场（同比增长 17.2%）、展览 2.2 万场（同比增长 2.3%）。文旅市场呈现同步繁荣态势，国内旅游出游达 56.2 亿人次（同比增长 14.8%），实现旅游总花费 5.8 万亿元（同比增长 17.1%）。上述数据有力印证了国家推动非遗与旅游深度融合系列政策部署的显著成效。同时，2024 年的实践充分证明，当非遗资源成功转化为可体验、可消费、可传播的文化 IP 时，其与旅游产业的深度融合正催生出效能倍增的新型产业生态。

一、政策法规建设取得积极进展

2024 年，在文化和旅游部的统一部署下，非遗与旅游深度融合政策体系不断完善。自中央到地方，各级政府相继出台政策文件，构建起从顶层设计到落地实践的多层级支持体系。中央层面明确发展方向与核心任务，为融合发展提供制度保障与资金支持；地方层面则因地制宜，积极探索“非遗 + 旅游”的多元融合路径，形成了一批具有示范效应的实践案例。

（一）中央政策为非遗与旅游融合提供顶层制度保障

2024 年，在文化和旅游部的统筹引领下，非遗与旅游深度融合领域的政策法规建设成效显著，为非遗的保护传承与旅游产业的创新发展提供了坚实支撑。其中，《关于推动非物质文化遗产与旅游深度融合发展的通知》在 2024 年全面落地实施。该纲领性文件以社会主义核心价值观为引领，系统提出了非遗与旅游融合发展的八大重点任务，包括建立非遗与旅游融合发展推荐目录、突出非遗门类特色、培育特色旅游线路、设立国家级非遗体验基地等创新举措。这些措施不仅为地方实践提供了明确指引，更确立了“在有效保护前提下实现创新利用”的基本原则，有力保障了非遗保护与旅游开发的平衡发展。

2024 年 3 月，国家发展改革委会同中央宣传部、住房城乡建设部、文化和旅游部、国家广播电视总局、国家林业和草原局、国家文物局等相关部门，对《文化保护传承利用工程实施方案》进行了重要修订。此次修订强调通过创新性发展，推动文化和自然遗产的活态传承与可持续利用，并聚焦文化强国建设、扩大内需、维护国家文化安全、深化文旅融合等重点战略领域。通过明确中央预算内投资等关键政策措施，为非遗与旅游的深度融合提供了坚实的政策依据和有力的资金保障。

（二）地方政策积极探索多元融合实践路径

地方层面，各地方政府积极响应，相继出台支持非遗与旅游深度融合的政策法规及配套措施。

2024 年 11 月 26 日至 12 月 3 日，北京市文化和旅游局《关于推动非物质文化遗产与旅游深度融合发展的实施方案（征求意见稿）》公开征求意见。征求意见稿创新性地将非遗元素深度融入城市更新与乡村振兴战略，打造“非遗会客厅”等新型文化空间载体，有效实现传统技艺、民俗活动与现代都市生活的有机衔接。特别是在数字化赋能领域，率先应用虚拟现实（VR）、增强现实（AR）技术，构建沉浸式非遗体验场景。

2024 年 4 月，辽宁省出台《推进非物质文化遗产与旅游深度融合发展的实施方案》，通过七大重点任务构建系统化融合体系。方案创新性地推动表演艺术类非遗项目进入旅游场景，依托戏曲振兴工程和曲艺传承发展计划，采用常驻演出、周末进驻等形式在景区开展非遗展演，实现了以非遗为核心的传统文化与旅游体验的深度融合。该方案在全面落实文化和旅游部《关于推动非物质文化遗产与旅游深度融合发展的通知》要求的同时，又立足地域特色进行创新实践，其系统化实施路径与多维融合模式为全国提供了“辽宁经验”。

2024 年 12 月，安徽省文化和旅游厅印发《进一步推动文化和旅游融合发展的实施意见》，系统推进非遗与旅游深度融合。方案通过建立动态调整的非遗与旅游融合推荐目录，精准对接市场需求；在旅游景区、度假区、街区及村镇植入非遗展厅、工坊和体验基地，实现文化场景化呈现；同步打造非遗主题景区、特色乡村、主题民宿和旅游线路，构建了体系化生态。创新性地开展非遗传承人与旅游从业者联合培训，促进技艺传承与服务质量双提升。这一系列举措以资源活化、空间赋能和人才协同为路径，既强化了非遗活态传承，又为旅游业注入文化动能，实现了围绕非遗的保护与发展良性互动。

（三）非遗与旅游深度融合行业标准逐步形成

随着非遗与旅游融合的不断深化，标准化建设成为推动其高质量发展的关键支撑。

标准的制定不仅有效地保障了非遗保护传承和旅游服务质量，还成为推动资源规范利用及产业可持续创新的重要工具。

2024 年，全国人大代表提交关于加强非遗与旅游融合标准化的建议，引发主管部门高度重视并推动开展相关调研与工作部署。在此基础上，国家层面正积极推进非遗馆、文化生态保护区等领域的标准研究，并将非遗标识管理、知识产权保护纳入工作重点，为下一步融合发展夯实制度基础。

文化和旅游部发布的《文化和旅游标准化工作细则》(以下简称《细则》)，为标准立项、审查、报批等流程提供了系统机制。《细则》为非遗与旅游融合领域标准的制定提供了重要支撑，引导非遗元素规范融入旅游产品。

2024 年出台的新一版《旅游景区质量等级划分》国家标准，新增文旅融合内容，要求不同等级景区具备丰富的文化旅游项目与非遗展示内容，强调互动性与体验感。这种标准引导机制，在推动非遗资源活化利用的同时，也保障其文化核心不被淡化，成为标准化引领发展实践的典范。

同时，各地及社会组织在积极探索标准化路径。其中，中国非物质文化遗产保护协会正在推动《非物质文化遗产与旅游融合景区基本要求》《非物质文化遗产主题旅游村寨基本要求》《非物质文化遗产主题民宿基本要求》和《非物质文化遗产馆服务规范》的相关工作。内蒙古、四川、山西等地，结合自身文化资源，先后制定非遗旅游体验基地、非遗主题民宿、非遗街区建设等领域的地方标准，初步构建了覆盖展示场所、运营机制、体验设计等多个维度的标准体系。例如，四川通过非遗主题民宿建设指南，从设施到活动内容均作出规范，实现了文化展示与民宿体验的深度融合；山西的非遗街区建设指南则在空间规划、配套服务等方面提供了操作性强的制度样本。

总体来看，标准化正逐步成为非遗与旅游融合发展的制度保障和路径指引。通过持续优化标准体系、提升制度执行力，不仅推动非遗实现更广泛的传播与消费转化，也为非遗与旅游融合发展开辟了稳定、可持续的新路径。

二、非遗与旅游融合发展模式愈加多样

2024 年，非遗与旅游融合模式进入创新爆发期，呈现出众多新趋势、新特征。从产业实践来看，非遗与旅游融合发展模式表现出明显的创新性发展趋势。在这样的生态

发展带动之下，一系列丰富的实践探索，不仅带来了文化传承的新路径，更增加了显著的经济社会效益。

从整体来把握，2024 年非遗与旅游融合发展模式的多样化特征可以概括为以下三大方面。

（一）“非遗 +”融合模式不断拓展，构建多元协同发展新矩阵

在非遗与旅游深度融合的进程中，以“非遗 +”为核心的融合模式正持续突破传统边界。其中，研学旅游作为超越观光与休闲的文化旅游新形态，通过“非遗 + 研学”模式将知识传递与技艺体验深度结合，为游客构建了沉浸式的文化认知场景。而“非遗 + 民宿”则精准契合了当代旅游对体验性需求的升级，在满足住宿功能的同时，以在地非遗元素赋能空间叙事，为非遗提供了生活化的活化载体。在消费层面，“非遗 + 文创”成功扭转了传统手工艺在年轻群体中的刻板印象，以扎染、刺绣等为代表的非遗技艺经由现代设计语言的转化，在旅游商品市场中焕发新生。

“非遗 + 演艺”通过山水实景演出、沉浸式戏剧等形式，将音乐、舞蹈、服饰、习俗等非遗资源转化为可感可触的视听盛宴，极大提升了旅游产品的文化内涵与吸引力。依托中国深厚的历法传统与丰富的节庆体系，“非遗 + 节庆”模式更展现出天然融合优势。从春节庙会到少数民族年节，全国各地依托民俗活动打造的节庆旅游“打卡地”，不仅强化了文化认同，也有效激活了区域旅游经济。

与此同时，产业跨界融合进一步拓宽了矩阵边界。“非遗 + 新消费”模式通过品牌联名等方式，实现非遗元素的时尚化传播与商业化落地，显著带动相关产品销售。“非遗 + 康养旅游”则探索了非遗的疗愈价值与文化附加值，如武夷山将茶道、香道融入高端疗愈项目，有效提升客单价，体现了非遗在健康休闲领域的市场潜力。以“非遗 +N”理念为指引的实践，正推动非遗系统性进入度假区等综合业态。

由此，一个层次丰富、互动紧密、创新迭出的非遗与旅游融合发展多元模式矩阵已蔚然成形，并在实践中持续深化其文化价值与产业效能。

（二）融合路径多维跃迁，推动非遗与旅游融合向系统性创新升级

非遗与旅游的融合正通过多元路径持续拓展创新空间，展现出蓬勃的进化活力。

首先，技术革新成为驱动融合纵深发展的核心引擎。以中国大运河博物馆为例，其利用 AR 技术赋能仿古舟楫展品，动态还原运河航行场景，使观众得以直观解构古代造

船技艺的精妙，将静态文物转化为可交互、可感知的智慧叙事载体。同时，人工智能（AI）的融入更预示着非遗与旅游融合路径的前瞻性探索，为个性化体验定制与智慧化传承管理开辟出广阔前景。

其次，空间载体的创造性融合则重构了非遗的呈现场域。典型案例如景德镇陶溪川文创街区以工业遗产为基底，有机整合非遗制瓷展示、创客孵化、体验工坊及文旅消费功能，形成了“生产性保护＋产业生态”的立体模型；开封清明上河园依托名画意象，全天候展演盘鼓、高跷、汴绣等民俗技艺，构建起时空穿越式的文化剧场；成都宽窄巷子则通过夜间植入川剧变脸、糖画等非遗展演，将市井街巷转化为烟火气与文化质感交织的沉浸式舞台。

最后，沉浸式体验的深度营造进一步释放了非遗的感染力与参与价值。例如，泉州在2024年春节期间打造全域展演网络——从“攻炮城”民俗活动到“穿越宋元奇妙游”时尚秀，以场景化、互动性活动激活传统文化基因，使游客在动态参与中体会文化脉动。

这些实践表明，“非遗＋”的拓展已从单一业态嫁接跃升至技术赋能、空间再造、体验升级协同驱动的系统性创新阶段，为构建更具韧性、更富魅力的文旅融合生态提供了核心动能。

（三）融合效益持续释放，助力文化赋能与产业增长双驱动

非遗与旅游融合发展的多元实践模式已展现出显著的经济效益与社会价值。以2024年10月由中国非物质文化遗产保护协会、延安市人民政府主办的“追寻红色足迹·共享非遗大集”活动为例，通过政府与行业协会协同搭建展销平台，短短四日主展区即创下31.7万元销售额，全域吸引近20万人次客流，带动272万元综合收入，生动印证了“非遗＋节庆＋红色文旅”模式的活力。

更为重要的是，资源富集地区的系统化融合战略正持续释放产业势能。云南省依托多元民族文化，2024年旅游总收入突破1.14万亿元，凸显“非遗＋全域旅游”对区域经济的强劲拉动；湖南醴陵通过深化“非遗＋工业旅游”融合路径，2024年接待游客超1100万人次，实现旅游综合收入超百亿元，成功走出县域经济“以文塑旅、以旅彰文”的典范路径。

三、非遗与旅游融合消费产品实现创新发展

2024年，以“产品创新”为引擎，非遗正被深度激活并转化为兼具文化价值与市场吸引力的旅游消费产品。可以看到，一系列以非遗为内核、以旅游为载体的产品，不再停留于展示与贩售的表层，而是在体验方式、传播路径、商业模式等方面不断拓展边界，塑造出具有独特文化辨识度与情感共鸣力的新型文旅消费形态，成为2024年旅游市场中的亮眼增长点。

（一）科技赋能文化表达，推动非遗消费场景与产业模式双重升级

2024年，非遗与旅游融合消费产品呈现出一条鲜明的发展主线：以科技手段重构传统文化的表达方式，使非遗“看得见、玩得动、带得走”，实现了从“物理记忆”到“沉浸体验”的跃迁。在这一趋势中，博物馆文创成为典型代表，通过数字化与新媒介技术的融合创新，成功打破非遗与观众之间的距离感，将传统文化注入现代消费语境。

以中国国家博物馆推出的凤冠冰箱贴为例。该产品融合了传统手工艺与增强现实技术，成为爆款文化商品。截至2024年11月底，累计销售量超过53万件，馆内日销量高达3500件，限购成为常态。

更深层的创新体现在产业链的结构性变革方面。随着AR、3D建模、大数据等现代技术的广泛应用，传统手工艺正进入系统化、可持续的数字转化路径。例如，景德镇陶瓷企业借助文创产品热销契机，建立了“非遗技艺数据库”，将历代纹样、技法、模具进行数字归档，为非遗技艺提供标准化管理和再利用基础。这一趋势不仅实现了传统文化的现代表达，也通过技术手段推动了陶瓷产业的现代化转型，使非遗成为可传播、可互动的“再生资源”。

（二）品牌化路径日益清晰，激活“非遗 + 旅游”消费新思路

在非遗与旅游融合持续深化的背景下，2024年非遗消费的一大创新亮点，是通过品牌化战略激活传统技艺，使非遗由“历史的遗产”转化为“时代的产品”。

一方面，以稻香村、全聚德、同仁堂等为代表的非遗老字号，在品牌塑造中不断实现传统技艺的当代表达。依托百年工艺与文化底蕴，这些品牌不再仅是产品提供者，也成了民族记忆的文化载体。例如稻香村围绕“两个半世纪的技艺传承”构建品牌叙事，将传统糕点从地域特产升级为具有文化身份的产品，通过标准化生产、IP化运营与全球

化布局，构建起覆盖全国、出口40余国的销售体系。在旅游场景下，这些老字号品牌以强标志性形象，构建起情感驱动的消费地标，使游客在购买商品的同时，获得可触、可感的文化连接，推动非遗产品从“物质消费”向“文化认同”跃迁。另一方面，非遗消费的激活路径也日益超越实体产品，转向高参与度、高感官价值的场景化展演。2024年春节期间，潮汕英歌舞、横山腰鼓、打铁花等非遗表演项目在多个城市引发大规模文化旅游热潮。这些项目通过“仪式感＋现场感”的场景再造，将地方信仰、民俗叙事转译为短时高能的沉浸式体验，唤醒游客的感官与情绪共鸣。

（三）非遗IP体系加速构建，拓展文旅融合的跨界应用空间

2024年旅游消费产品的又一创新亮点，体现在“非遗IP”体系的构建上。通过系统提炼散落于民间的精湛技艺与文化符号，并以品牌化手段塑造具备传播力与辨识度的文化符号，“非遗IP”成为连接传统与市场、民间与世界的关键接口。从苏绣的微针技法，到青花瓷的东方意象，再到竹编的结构美学，这些传统元素在被塑造成IP形象后，不再局限于地方技艺展示。

与此同时，“非遗IP”的发展也推动“非遗与各个行业”的跨界融合态势愈加显著，逐步打破非遗应用的边界限制，实现向旅游产业链的全面渗透。从餐饮、住宿到娱乐、研学，非遗正在被有机嵌入旅游目的地的各个消费场景，构建起更加丰富而立体的文旅体验。例如，国际奢侈品牌在服饰设计中引用中国传统刺绣或陶瓷元素，茶饮巨头借绒花、竹编等非遗意象推出限定产品。

旅游消费产品的创新正可以借鉴此类跨界路径并进一步深化。在2024年，越来越多的旅游项目开始围绕非遗IP进行系统化设计：打造可观赏、可参与、可携带的非遗体验体系。例如，以苏绣、绒花、螺钿等技艺为核心建设深度体验工坊，开发融合非遗美学的主题民宿、定制文创、沉浸式节庆活动等，不仅丰富了旅游产品结构，也拓展了文化消费边界。这种以非遗IP为核心驱动、以“百业融合”为平台支撑的创新路径，正构建出覆盖“食、住、行、游、购、娱”全链条的沉浸式旅游文化消费生态。

（四）非遗与潮流文化融合，重塑城市文化消费新场景

2024年，在“国潮”风尚的推动下，非遗与当代设计、青年文化等形态加速融合，催生出多元化、可持续的消费新形态。以泡泡玛特与景德镇非遗“扒花”工艺的跨界合作为例。2024年的创新性潮玩“嫣胭入轧·瓷”通过解构宫廷技艺，结合现代审美，将

需经粉彩满绘、针刻纹饰、高温复烧等多重工艺的“针尖上的芭蕾”转化为全球限量的高端收藏品，充分展现“非遗 + 潮流设计”对高端消费市场的破圈能力。这一合作不仅是美学层面的融合，更体现出 IP 思维与审美变革对非遗的重新赋值。

与此同时，非遗与国潮的创新不再局限于单一产品，而是通过“文化场域 + 生活方式”的深度融合，在城市空间中打造沉浸式消费体验。例如，沈阳非遗街区以“非遗 + 商业 + 旅游”一体的逻辑重构商业内容，通过嵌入传统膏方、糖画、剪纸、浮雕等非遗元素，创造出可体验、可分享、可传播的文化空间。

此外，非遗成为驱动城市文旅空间重构的活力引擎。非遗街区不再是传统商圈的附庸，而是成为社交平台上的流量枢纽与内容引爆点，激发出“打卡—传播—再消费”的滚雪球式效应，有效激活了城市中心商业体的文化吸引力与经济效能。当非遗真正融入潮流生活，城市也在悄然完成从资源富集地到消费引领区的跃迁。

（五）非遗国际化表达提质升级，塑造旅游目的地全球文化影响力

2024 年，非遗与旅游融合的创新路径愈加多元，旅游消费产品正通过文化深度、沉浸体验与全球共鸣的有机融合，探索非遗从“本土展演”到“国际对话”的升级之路。

泉州作为海上丝绸之路的重要起点城市，正是这一融合实践的鲜活样本。其拥有众多具有地域辨识度和情感厚度的非遗项目，如提线木偶、南音、惠安女服饰、蟳埔簪花围、水密隔舱福船制造技艺等。

2024 年，泉州文旅推介会在米兰的成功举办即一项典范实践。活动以“游园打卡”设计为核心，将非遗体验贯穿其中：提线木偶现场演绎惊艳全场，茶艺与闽南小吃调动味觉记忆，簪花围试戴与惠安女服饰展示则带来具象化的文化角色代入体验。观众不再是被动欣赏者，而成为文化场景中的主动参与者与内容生成者。这种基于“五感互动”的体验设计，极大提升了游客的文化愉悦感与身份共鸣，打造出“可参与、可消费、可记忆”的国际化旅游文化产品模型。

在伦敦泰晤士河畔举办的“海丝回响·石头记”展览中，非遗元素不再只是地域风情的展示，而是与当代艺术语汇深度融合。非遗技艺（如石雕、簪花、渔女文化）以影像、摄影、装置、雕塑、表演、互动体验等多种媒介呈现，并以“石”为文化媒介，联结泉州与伦敦作为港口城市的共同历史记忆与海洋文明背景，在“可持续未来”的全球

价值语境中进行重新演绎。

泉州在米兰与伦敦的“双城实践”深刻揭示了非遗旅游产品国际化表达的核心逻辑：通过在地文化的沉浸激活，构建参与感与身份认同；通过现代表达手法与全球叙事视角，拓展文化影响的传播维度。这种从“非遗展示”走向“文化共鸣”的路径，不仅为目的地构建了高度差异化的国际品牌形象，也满足了全球游客日益增长的高品质文化消费需求。在这一过程中，非遗完成了从本土传承向全球文化的跃迁，为旅游产品系统注入了更强的文化支撑力与持续生命力。

四、文化生态保护得到有力推动

推动非遗与旅游产业的融合发展，已成为兼具经济效益与文化价值的重要战略路径。这一融合不仅能够有效激活区域经济活力，为地方发展注入新动能，更能通过旅游这一现代载体，使深藏于民间的非遗技艺、表演艺术、民俗节庆等获得前所未有的展示平台与实践场景，实现其动态化、生活化的活态传承与有效保护。

（一）多方协同深化融合实践，夯实非遗与文化生态保护基础

2024 年适逢中国加入联合国教科文组织《保护非物质文化遗产公约》二十周年，具有重要的里程碑意义。经过二十载持之以恒的深入探索与实践积累，我国已成功构建起一套立足本土、特色鲜明的非遗保护体系。这一体系涵盖日益完善的政策法规框架、科学规范的名录认定机制、不断深化的理论研究基础、系统化的人才培养网络以及广泛高效的传播推广渠道，为文化生态保护奠定了坚实而全面的制度基石。非遗与旅游融合在促进文化生态保护领域结出丰硕成果，呈现出蓬勃兴盛的良好态势。无论是承载厚重历史的传统村落、古街古镇，还是具有鲜明文化特色的旅游景区，都在积极融入文化生态保护的理念与实践，共同推动非遗与旅游的深度互融。

中国非物质文化遗产保护协会（以下简称“协会”）在 2024 年通过策划并实施一系列具有高度方向性和影响力的重要活动及相关工作，不仅显著引领了非遗与旅游产业的深度融合进程，更对文化生态的整体性保护发挥了多层次、多维度的促进作用。

在文化和旅游部指导下，协会协同江苏省文化和旅游厅、无锡市政府于 2024 年 7 月组织了第二届中国非遗保护年会。通过非遗项目展览展售、年度保护成果权威发布以及高水平的学术研讨，全面梳理了非遗保护脉络，创新性呈现了非遗融入现代生活的丰

硕成果。其间，特别策划的“五好非遗大集”匠心独运，以创新形式集中展示、展售非遗精品，短短三日便吸引逾16万人次游客深度体验，沉浸式感受非遗“好吃、好看、好听、好玩、好用”的“五好”魅力，成为文旅融合的典范案例。活动获得了包括新华网、抖音、小红书、澎湃新闻等上百家主流及新兴媒体的广泛关注与深度报道，人民日报视频端、央视频等平台对开幕式进行了直播与转播，总观看量突破2000万，全网相关宣传信息约6万条，总传播量近80亿，形成了强大的舆论声势和文化影响力。

在龙年新春之际，协会联合河北省文化和旅游厅、中信国安集团及中央广播电视总台文艺节目中心，在香河国安第一城景区创新打造“龙年非遗大集”，并以此为实景录制了《新春非遗之夜》专题晚会，在央视平台播出后取得了大屏收视率1.85的佳绩。活动直播全网总观看量达2660万，相关话题总阅读量累积至1.26亿，线上热度空前。线下活动现场更是吸引了超过47万群众观摩参与，非遗传承人综合销售收入突破1680万元，充分实现了文化效益、社会效益与经济效益的有机统一，生动诠释了非遗在节日文化生态中的核心价值与活力。

同时，协会分支机构亦积极作为，精准发力。例如，中医药委员会联合新华社制作推出科普短视频《两分钟带你了解中医药非遗》，并组织召开中医药非遗保护年会，有效推动了中医药非遗的系统性保护与在当代的高质量发展进程。太极拳专业委员会则积极拥抱数字化生活，联合知名运动平台Keep共同开发并推广太极拳线上课程，累计跟练量达到542万次，为传统体育类非遗在数字时代的普及与传承开辟了新渠道。

（二）培育青年传承新生力量，增强非遗可持续发展内生动能

在非遗与旅游融合发展促进文化生态保护的整体图景中，非遗传承群体——包括代表性传承人及其所依托的社区民众——是整个文化生态系统的核心主体与活力源泉。为系统性地赋能新生代传承力量，协会于2023年启动“全国青年非遗传承人扶持计划”，积极联动社会资源，精心搭建平台，组织青年传承人深度参与中国非遗保护年会等全国性大型活动，召开“扶持计划”工作交流会，为青年传承人创造更多的成长机会。创设“老手艺与新匠人”圆桌沙龙，一方面，为他们搭建学习交流平台；另一方面，促进代际交流与智慧碰撞。同时，推荐非遗传承人亮相中央广播电视总台《人物·故事》等权威媒体平台，提升社会影响力；并定期召开工作交流会，精准对接发展需求。

尤为值得关注的是，协会联合多方力量创新性开辟“青年非遗传承人手作之窗”实

体空间，为青年匠人拓展市场渠道、传播品牌价值开辟了重要窗口。2024 年 6 月，杭州西溪湿地首家“手作之窗”投入运营。至今，该平台已有效带动直接及间接销售逾百万元，显著增强了青年传承人的市场生存能力。首批 20 名青年传承人参与各类传承实践活动 500 余场，辐射近 16 万人，带动乡村 14217 人实现家门口就业增收 1.3 亿元，为传承和弘扬优秀传统文化、带动乡村特色产业发展和帮扶群众就业创收做出了贡献，很多扶持对象分别获得中国妇女第十三次全国代表大会代表、全国民族团结进步模范集体、全国三八红旗手、全国首批“美丽工坊”、全国首批乡村工匠名师等殊荣。

（三）强化生产性保护路径，推动非遗融入市场实现可持续传承

生产性保护作为一种关键路径，其核心要义在于通过旅游消费市场的有效对接，激活非遗自身蕴含的经济潜能。2024 年，全国各地积极实践这一理念，密集孵化了众多“非遗 + 工坊”“非遗 + 旅游商品”等创新业态，并重点打造了一批非遗主题旅游线路。这些举措成功地将非遗资源转化为可观的经济效益，成为实现文化生态保护目标的重要且有效的现实路径。

文化和旅游部非物质文化遗产司于 2024 年委托中国旅游报社开展的全国非遗特色旅游线路征集活动，共收到全国各地报送的近 200 条线路，正是这一实践热潮的有力印证。其中，如北京市“古道拾遗”非遗体验之旅等代表性线路，通过精心设计，将区域内的国家级非遗项目、历史遗迹与自然人文景观创新性串联，形成具有活态保护功能的“线性文化空间”。

非遗产品的创新开发是生产性保护理念在市场化运作层面的深化实践。以苏绣为代表的经典案例在 2024 年展现出强大的生命力：七夕限定礼盒创下销售佳绩；与热门 IP“吾皇猫”的跨界合作，将传统双面绣技艺与当代流行文化元素巧妙融合，创造出备受市场追捧的收藏级艺术品；更在数字化领域积极探索，通过与科技品牌（小米、华为、VIVO 等）合作开发数字屏保、与手游《幻塔》共创虚拟时装、与珠宝品牌谢瑞麟推出实体首饰，以及在数字藏品平台发售《母爱》等苏绣数字作品，极大地拓展了非遗的表现形式、传播渠道和受众范围，赋予古老技艺以时代新貌。

这些成功实践表明，非遗产品的开发绝非简单的商业化过程，而是以坚守文化为根基、以创新设计为驱动的保护性发展行为。

（四）深化活态传承实践，推动非遗与旅游融合高质量发展

近年来，各地深刻认识到活态传承的关键作用，纷纷立足本土丰富的非遗资源禀赋，通过精准的政策引导与实践方案的持续调适，积极探索具有地域特色的非遗活态保护与传承路径。

山东省菏泽市在此领域的实践颇具代表性，其通过系统的政策引领、深入的问题剖析与持续的自我革新，显著推动了区域活态传承的良性发展，有力促进了文化生态的整体性保护。菏泽市始终坚持“因地制宜、突出特色”原则，深度挖掘并整合红色文化、黄河文化、牡丹文化、水浒文化、祖源文化等核心文化品牌资源，持续擦亮“中国牡丹之都”的金字招牌。

在推动中华优秀传统文化“双创”方面，菏泽建成了集文化展示、产品展销、研学体验等多功能于一体的“山东手造·创艺菏泽”鲁锦文化展示体验中心，成为活态传承的重要载体。在此，鲁锦纺织技艺传承人不仅传习授徒，更通过创新设计将传统工艺转化为服饰、家居用品等现代生活美学产品，有效拓宽了市场渠道，使古老技艺焕发新生。鲁锦的成功实践仅是菏泽文旅深度融合的一个缩影，巨野工笔牡丹画、单县羊肉汤、曹县汉服、东明粮画等一批具有浓郁地方特色的文旅产业项目蓬勃兴起，彰显了非遗资源活化的巨大潜力。

非遗与旅游融合框架下的活态传承，本质上构建了一条实现文化生态长效保护与旅游产业可持续发展的双赢路径。它通过构建沉浸式体验场景、推动非遗产品创新迭代、强化传承人队伍培养、借力数字技术赋能等多种方式，使非遗得以在旅游的浪潮中不断汲取时代养分、焕发蓬勃生机。

（五）推动自然与文化协同修复，探索文化生态保护的系统性路径

在文化生态保护的整体框架下，生态修复策略的内涵已远远超越了传统意义上单纯的自然环境治理范畴。自然生态与文化生态是相互依存、不可分割的有机整体，两者共同构成了人类生存与发展的根基。

江西省瑞昌市南义镇矿山生态修复竹编文化园的建设，正是这一协同修复理念的生动诠释与成功实践。南义镇曾因历史遗留的矿山开采活动，遗留下面积逾 200 亩的生态疮疤——裸露的岩体、松散的边坡、塌陷的地表，不仅造成严重的地质灾害隐患，更成为区域发展的沉重生态包袱。2024 年启动的二期项目，以“生态修复 + 非遗传承 + 文

旅融合”为核心，进行了一场突破性的生态治理与文化复兴实践。该项目彻底摒弃了传统的单一工程治理思维，将保障生态安全、激活文化基因、重构产业生态三者有机统一于整体规划与实施之中。尤为关键的是，项目在修复过程中创新性地邀请当地资深竹编艺人参与设计，使其凭借对工艺的深刻理解，巧妙结合山形水势等自然条件，创作出独具特色的竹编景观小品与生态围栏，将冰冷的工程措施转化为富含文化温度的艺术表达。

通过水土流失治理、植被恢复、边坡加固等综合生态手段完成 204.6 亩废弃矿山的修复治理后，项目精心打造了竹编工艺展示区、非遗工坊体验区、生态文化长廊等特色空间，使昔日的生态伤疤蝶变为集生态安全屏障、非遗活态传承基地、特色文旅目的地、科普教育平台和乡村振兴引擎于一体的综合性文化地标。瑞昌南义镇的实践，充分证明了自然与文化生态协同修复不仅是解决历史遗留问题的有效途径，更是资源枯竭型地区实现绿色转型、文化赋能、高质量发展的创新范式，为在更高层次上实现文化生态的整体性保护与可持续发展提供了极具价值的“瑞昌经验”。

随着时代的发展与认识的深化，生态修复政策的落实过程中也涌现出更具科技含量与前瞻性的干预手段，例如运用数字化技术对非遗资源进行系统性建档与虚拟复原，或构建基于环境承载力和文化敏感度的游客容量动态模型等，这些创新举措为多样化维护文化空间的真实性与完整性，提供了切实可行且富有成效的具体路径，显著提升了文化生态保护的科学性与可持续性。

五、非遗特色旅游线路建设成效显著

2024 年，一批主题鲜明的非遗旅游线路实现体系化构建与推广，标志着该领域已成功由早期的资源粗放式开发阶段，转型升级至价值深度挖掘与高质量发展的新阶段。

（一）非遗旅游线路加快布局，打造多元融合的全域文化体验网络

整体来看，2024 年，我国非遗特色旅游路线的推出呈现出全域化、多元化的发展态势，各地通过创新性线路设计生动诠释非遗与各个行业的实践路径。

在春节期间，湖北省文化和旅游厅率先推出 4 条主题化非遗旅游线路，通过系统性整合代表性非遗项目，并有机嫁接传统灯会、庙会等节庆场景，构建起沉浸式年俗体验体系，有效激活了传统文化资源的当代生命力。2024 年 9 月，云南省发布的“遇见丽

江·古城拾遗”非遗旅游线路，以地理空间为轴线串联17个核心节点（含景区、传习馆及工坊），覆盖束河古镇至观音峡的完整文化带。该线路深度融入纳西族热美蹉、白沙细乐等4项国家级非遗及19项省市级项目，依托29位传承人的活态展演与教学，实现非遗资源从静态展示向动态参与的功能转化，为游客提供多维度的文化感知场域。陕西省则聚焦研学旅行细分市场，推出5条“文化陕西·非遗旅游研学”主题线路，依托秦岭生态区、黄河文化带及历史遗迹三大空间载体，集成皮影、秦腔、茯茶制作等非遗体验项目，创新设计“非遗创新工坊”“民俗实景课堂”等互动模块。四川省青神县以竹编技艺为核心引擎，联合携程、途牛等平台推出5条主题线路，实现生态资源与非遗产业的深度耦合。

2024年11月，文化和旅游部非物质文化遗产司委托中国旅游报社组织开展了“2024全国非遗特色旅游线路征集宣传活动”，最终遴选出31条全国非遗特色旅游线路。入选线路涵盖北京市“古道拾遗”非遗体验之旅、天津市滨海非遗特色之旅、河北省“多彩石家庄·非遗美流芳”匠心体验之旅、山西省探寻非遗里的山西故事之旅、内蒙古自治区“西辽河畔　文明曙光”非遗体验之旅等。

（二）国家文化公园战略引领，推动非遗旅游线路转型升级

在推进国家文化公园建设的国家战略引领下，非遗与旅游的融合正加速向全域化发展格局迈进。依托国家文化公园建设保护规划体系所构建的系统性框架指引，各级地方政府积极响应，将“非遗活态传承”确立为文旅深度融合的核心战略支点。通过强化顶层制度设计与夯实政策保障基础，政府层面全力推动非遗特色旅游线路的系统化培育。2024年度非遗特色旅游线路的实践表明，全国范围内依托长城、大运河、长征、黄河、长江五大国家文化公园的战略载体，创新实现了离散分布的非遗资源向空间连续性文化体验产品的系统性转化。

这一实践不仅突破了传统的文化遗产保护模式，更重构了文化遗产的价值认知框架，显著强化了其在空间连续性、功能关联性及历史脉络延展性上的整体价值。其深远意义超越了对优质文旅产品供给的单纯扩充，核心价值在于通过系统整合线性文化空间内的物质文化遗产（如历史遗址、古建遗存）与非物质文化遗产（如传统技艺、民俗活动），构建起多维度的文化记忆传承体系，为文化基因的延续与区域协同发展提供了核心驱动力。

（三）边境文旅廊道协同推进，促进非遗与旅游融合纵深发展

在非遗与旅游融合全域化格局中，边境地区依托独特地缘区位、多民族文化生态及非遗资源禀赋，创新构建特色文旅廊道体系。

此类边境非遗线路作为跨文化纽带，深度整合族群文化记忆与跨境文明对话，在文化传承、经济提振、族际和谐维度发挥结构性功能。如西藏山南市文旅局主办的“盛世边疆·爱在山南”边境文旅勘察活动，线路覆盖乃东、桑日等10县（区），总里程1700公里。参与者通过体验18道工序非遗服饰制作、考察219国道文化景观带，促进民族交往交流交融；特邀援藏事业亲历者实地见证三十年发展成就，实践“以文塑旅、以旅彰文”的融合范式。

边境非遗廊道与国家文化公园主题线路形成主体功能互补：后者聚焦中华民族宏大历史叙事，前者则彰显多民族共生图景与跨境文化交互特质。中缅、中越边境线路呈现建筑形制、手工技艺、节庆体系的跨文化互渗，此类文化共同体建构不仅拓展了游客体验维度，更创造出非遗创新转化的跨界场域，驱动文化互鉴、边疆繁荣与经济协同发展，在非遗与旅游融合生态中表现出鲜明的定位价值。

六、非遗与旅游融合更好推动非遗融入现代生活

2024年，非遗与旅游融合的系统实践不仅显著激发了旅游产业的文化内涵和市场活力，更在根本层面上深刻影响并重塑了非遗的保护格局、传播路径与生存形态。这一过程对不同级别、不同类别、不同保护状态及融入生活程度的非遗项目产生了多层次、多类型的结构性影响，具体可归纳为以下几个方面。

（一）不同级别非遗的功能再定位与结构优化

非遗与旅游融合有效打破了以往“级别越高，关注越强”的单一评价机制，使大量基层非遗项目获得与其文化价值相匹配的发展平台与市场关注。县域、乡村层级的“小而美”项目，如地方方言说唱、民间剪纸、乡土服饰等，借助区域性旅游线路和在地文旅节庆实现原地出圈，展现出“小非遗、大效能”的传播潜力。

这一格局转型，不仅是传播路径的拓展，更是非遗功能体系的重塑与再定位。不同级别非遗项目在与旅游融合中逐步摆脱等级式的资源配置逻辑，转向“职能互补、各展所长”的多元生态结构。而这一结构不仅提升了各级非遗的存在感与转化效率，更促进

了非遗保护的系统化治理与文旅产业链条的价值整合，实现了从文化展示向文化能动的根本跃迁。

（二）不同门类非遗的传播半径与转化能力显著提升

传统技艺、传统表演艺术、民俗活动、传统医药等最易与旅游场景实现功能对接。在旅游介入下，传统技艺类项目实现“工坊化 + 产品化”转型，如苏绣、竹编、银饰锻制等通过沉浸式体验工坊和衍生文创商品实现可持续消费循环；传统表演类项目则通过“节庆化 + 演艺化”形式成为旅游引流 IP，如英歌舞、打铁花、傩戏等依托节庆打造视听盛宴；传统医药类项目借助“非遗 + 康养”路径进入高端旅游产品体系，成为差异化疗愈资源；而民俗类项目则成为文化节事旅游的核心构件，激活游客的情感共鸣与仪式参与感。各门类非遗项目的系统嵌入，使非遗不再局限于学术研究或静态展陈，而是成为可感知、可体验、可复购的文化能量载体。

随着融合场景的不断延展，不同门类非遗的传播边界与转化路径呈现出更为立体化的发展趋势。非遗项目不再被动等待“被观看”，而是主动融入景区空间、社区生活、城市节奏之中，形成“文化即场景”的动态生态。例如，传统技艺类非遗逐步走出展柜与工艺坊，借助“体验—购买—再传播”的链式机制，实现游客由“观赏者”向“使用者”与“传播者”的角色转变；表演类非遗则在“固定演出 + 流动快闪”模式中拓宽其时空覆盖面，形成旅游演艺与 IP 社交双重价值；而传统医药类非遗不仅与养生旅游结合，还拓展出研学旅行、亲子体验、主题酒店等跨业态合作路径，形成新的高黏性文化消费场景。更重要的是，民俗类非遗不再只是节日限定，而是通过在地化转译与社区化演绎，在日常生活中持续释放其仪式价值与情感价值。

通过这些跨维度融合，不同门类非遗获得了更大的“文化半径”与“产业通道”，推动非遗真正成为一个多维互动的文化系统，而非单向展示的静态遗产。

（三）不同非遗项目的“再激活”机制被有效构建

长期以来，部分非遗项目因缺乏传承人、濒临失传或处于“档案化保护”状态，难以进入公共生活视野。非遗与旅游的融合为这些项目提供了“再激活”的现实路径：一方面，通过游客参与、媒体传播、文化 IP 重构等方式，使小众非遗重新获得社会关注，特别是一些冷门技艺借助纪录片与文旅场景重获生机；另一方面，旅游带动形成的经济利益为传承人队伍建设提供了制度保障与现实激励，鼓励青年回流、技艺再学、市场再造，从而构建起良性循环。此外，技术赋能亦成为低活跃非遗的重要复苏手段，通过数字展示、虚拟还原、线上研习等手段，提升了非遗的可达性与再传播能力。

通过这一“再激活”机制的构建，对于非遗项目而言，旅游不仅是传播手段，更是生存逻辑的重构工具。通过将非遗嵌入旅游链条中，使原本脱离社会运转的技艺获得重新介入现实的机会。与此同时，“非遗 + 旅游”也推动相关制度设计发生积极调整，如部分地区设立旅游专项资金扶持青年艺徒培养、“非遗进景区”配套激励机制、在旅游人才培养体系中增设传统技艺模块等，使非遗的活化路径从“个体突围”走向“系统支持”。

更为关键的是，数字技术的介入打破了非遗传播的时间与空间限制，使原本零散的技艺知识得以系统归集、动态传播，激发起新的认知链条与传承兴趣。

（四）非遗融入现代生活的深度与广度同步拓展

非遗与旅游融合的最大改变，在于推动非遗从“专属性文化”走向“生活化日常”。随着非遗越来越多地进入酒店、街区、节庆、商品、演艺等常规旅游场景，逐步实现了“非遗即生活”的转化逻辑：游客通过佩戴苗绣饰品、饮用中草茶饮、体验皮影制作等方式，与非遗建立起日常性、感官性、情感性的多维联结。这种联结不仅提升了公众对非遗的亲近度与参与感，也促使非遗从“外在观看”走向“内化认同”，进而提升其在公众心中的文化归属地位与身份认同价值。

随着“非遗 + 旅游”模式的快速扩展，非遗保护与传播进入前所未有的活跃阶段。然而，在热潮之下，非遗与旅游融合的发展实践也暴露出一些问题，面临一些挑战。例如文化坚守与市场商业化逻辑之间的深层冲突，有些非遗一旦进入旅游场景，便需服从商业逻辑体系，这就导致非遗项目在旅游转化过程中，很容易落入“形在而神离”的境地。又如非遗与旅游融合项目周期短，较依赖展演、节庆或短期打卡热度。再比如部分非遗与旅游融合项目缺乏本地文化的特点和环境，简单照搬其他地方的做法，导致的“同质化”倾向等，这些都需要我们在未来非遗与旅游融合的发展过程中逐步改善。

专家论著

非遗与旅游融合发展的理论与实践

张凌云①

非物质文化遗产（以下简称“非遗”）是一种特殊的文化遗产和文化现象，非遗与旅游的融合也不同于其他类型的文旅融合，只有充分了解非遗的类型特点、表现形式和内在价值才能正确地认识非遗旅游，实现非遗与旅游融合的高质量发展。

一、非遗概念的由来

20世纪中后叶，快速的工业化、城市化、现代化以及全球化浪潮，对世界各地传统的、基于社群的文化实践造成了前所未有的冲击。许多口传心授的传统技艺、表演艺术、社会习俗、节庆活动面临失传的危险。人们开始意识到这些“无形”的文化财富的价值及其脆弱性。1972年联合国教科文组织（UNESCO）制定了《保护世界文化和自然遗产公约》后的第二年，玻利维亚政府向教科文组织总干事勒内·马厄提议对民间艺术的保护、促进和传播做出规定。1977年教科文组织在制定《联合国教科文组织第一个中期计划》（1977—1983）时，首次提及“无形文化财”一词。1982年，在墨西哥举行的“世界文化政策会议”上，教科文组织首次将“非物质因素”纳入文化和文化遗产的定义，承认其重要性。会议文件虽未直接使用“非物质文化遗产”一词，但明确提出了这类遗产的保护需求，并用“民间文化”（Folklore）表述其内涵。同年，教科文组织成立“保护民俗专家委员会”，并在机构内设立“非物质遗产处”（Section for the Non-Physical Heritage），这是官方文件中首次出现与“非物质遗产”直接相关的术语。

① 张凌云，北京第二外国语学院教授，《旅游学刊》执行主编，中国旅游研究院学术委员及旅游学术评价研究基地首席专家。

1989年，教科文组织通过《保护民间创作建议案》，正式使用“民间创作”（民间传统文化）替代“非物质遗产”，但定义内容已涵盖语言、表演、习俗等非物质范畴，为后续概念定型奠定基础。为避免“非物质”（Non-Physical）与“物质”的对立表述，教科文组织在1992年将术语改为“无形文化遗产”（Intangible Cultural Heritage，ICH），或许是由于约定俗成的原因，中文译名并没有随之变更，“Intangible”也依然被译为“非物质”。

1997年，教科文组织启动“人类口头和非物质遗产代表作”（Masterpieces of the Oral and Intangible Heritage）项目，首次将“口头”与“非物质”并列使用。在全球专家和成员国的讨论下，达成了非遗所具有“活态性”“实践性”“社群依赖性”和“代际传承性”的共识，以区别于物质文化遗产（如建筑、遗址、文物）。廓清了非遗的基本概念和内涵。

2003年，教科文组织第32届大会通过《保护非物质文化遗产公约》（*Convention for the Safeguarding of the Intangible Cultural Heritage*，2006年生效，以下简称《公约》），明确定义“非物质文化遗产”（Intangible Cultural Heritage），并确立五大范畴（口头传统、表演艺术、节庆习俗、传统知识、手工艺技能），标志着概念全球标准化。“口头”不再作为并列概念出现，这是因为公约定义明确扩大范围，不仅已包含了“口头传统”（如史诗、方言），还包括表演艺术、社会实践、仪式节庆、传统手工艺、自然知识等（见《公约》第二条），非物质文化遗产已涵盖了“口头传统”，已无须再单独强调了。2001—2005年间的三批“代表作”项目，在2006年《保护非物质文化遗产公约》正式生效后，转入《公约》的“人类非物质文化遗产代表作名录”。

2005年3月，国务院办公厅印发了《关于加强我国非物质文化遗产保护工作的意见》及附件《国家级非物质文化遗产代表作申报评定暂行办法》，开启了我国非物质文化遗产（代表作）名录项目的申报和评审并展开了全国非物质文化遗产普查；2006年2月，通过《关于加强文化遗产保护的通知》确立每年6月的第二个星期六为我国“文化遗产日”。

二、非遗概念的定义和内涵

（一）《公约》的定义和内涵

《公约》（2003）的定义：“被各群体、团体（有时为个人）视为其文化遗产组成部分的各种实践、表演、表现形式、知识体系和技能，及其相关的工具、实物、工艺品和文化场所。”

非遗的核心特征体现在：

1. 非物质性：以实践、技能等动态形式存在（如技艺流程、表演过程），而非静态实物。

2. 活态传承：需通过“身口相传”代代延续，依赖人的实践而存在，随环境变化不断创新。

3. 文化认同功能：承载群体的历史感与认同感，是文化多样性和人类创造力的体现。

4. 涵盖范围：口头传统与语言（如方言、民间故事）、表演艺术（音乐、舞蹈、戏剧）、社会实践与节庆（仪式、民俗）、传统知识与实践（医药、历法）、手工艺技能、相关文化空间（如庙会、祭祀场所）。

（二）中国《非遗法》的定义和内涵

中国于2004年8月加入《公约》，2006年对中国生效。2006年国务院发布首批《国家级非物质文化遗产代表性项目名录》，名称严格对应《公约》的“非物质文化遗产”。官方文件、法律法规均使用“非物质文化遗产”。

中国《非遗法》（2011）的定义：“各族人民世代相传并视为其文化遗产组成部分的各种传统文化表现形式，以及与传统文化表现形式相关的实物和场所。”

（三）中外非遗定义的异同

中外两大定义的共性都强调非遗的“活态性”和“传承依赖人类实践”的本质和都认可非遗包含“相关实物与空间”（如工具、仪式场所）。

中外两大定义的差异是：

1.《公约》强调群体认同和文化多样性价值,《非遗法》则更强调“各族人民世代相传”的民族属性和国家文化认同。

2.《公约》突出“文化多样性与人类普适性”,《非遗法》侧重中华民族文化认同与国家统一。

3.《公约》提倡“社区参与”和“活态创新”,《非遗法》强调“真实性”“整体性”“传承性”。

（四）非遗的“无形性”与“有形性”

非遗概念中“非物质”的确切含义就是“无形”的意思，是“看不见”“摸不着”的。构成这些非遗的精神内核是，知识、技能、意义、情感、创造力、社会关系等无形的东西，但这种“无形”又必须通过“有形”的物质形态予以呈现。如“孝道”本身不能认定为非遗，但“孝道”的具体表现形式，如花甲宴则可以认定为非遗；“忠诚”也不能认定为非遗，但“忠诚”的表现形式，如寒食节、端午节则可以认定为非遗；反之亦然，对于物质类的文化遗产如古建筑、坎儿井和宣纸等也不能认定为非遗，但古建筑的“营造法式”、坎儿井的挖掘技术、宣纸的制作技能可以被认定为非遗。与物质文化遗产不同，非遗不是历史遗迹或存放在博物馆里的标本，而是在文化实践中的“活遗产”，必须是“活态传承”，这就需要有传承人，非遗的传承人既可以是个体的、团体的，也可以是群体的。

三、非遗与非遗代表作

如果仅从非遗的定义来看，其内涵和外延都较宽泛。教科文组织《公约》的定义是“被各群体、团体（有时为个人）视为其文化遗产组成部分……”。也就是说，不排除个人视其为其文化遗产组成部分就可以认定为非遗；我国《非遗法》的定义是“各族人民世代相传并视为其文化遗产组成部分……”，而各族人民又是一个较为抽象的整体概念。因此，如果仅从定义来认定非遗的话，存在着不是边界较为模糊，就是范围过于宽泛的困境，甚至可以将传统文化都等同于非遗。但从保护的视角来看，应该是特指传统文化中的精华部分，也就是具有历史价值、艺术价值、文化价值、科学价值、社会价值的优秀传统文化，即“非遗代表作”。在现代化进程中，许多包括传统的生产方式、生活方式在内的传统文化已不适应时代的变化，逐渐退出历史舞台。“非遗代表作”是能够代表和见证一种重要的民族文化遗产，保护的目的就是为人类在创造新文化、新艺术、新技术的同时，保留下更多的重要历史信息、文化基因和文脉种源。此外，非遗作为“活态基因库”，其保护不仅是留存技艺或仪式，更是维系文明根脉与身份认同。无论是教科文组织的普世框架，还是中国本土化实践，均指向同一目标：让文化遗产在创新中延续生命力，而非成为博物馆里的静态标本。

教科文组织设立的《人类非物质文化遗产代表作名录》《急需保护的非物质文化遗

产名录》《优秀保护实践名册》就是对世界各国非遗代表作的遴选和认定，筛选出在人类文化多样性中具有突出意义、能体现特定群体创造力和文化认同的非遗项目。提供国际关注和支持，鼓励相关社区、群体及政府采取具体措施（如传承机制建设、教育推广等）保护遗产。

（一）《人类非物质文化遗产代表作名录》

该名录旨在通过认可和表彰具有杰出价值的非物质文化遗产，促进全球对非物质文化遗产的尊重与保护，推动不同文化间的对话与交流，确保这些遗产在当代及未来得以活态传承。截至2024年12月，该名录共收录788项遗产，涉及150个国家，中国共有46项。入选该名录须满足以下五项条件和标准：

1. 被社区认可为其文化遗产的一部分（R1）；
2. 列入名录有助于增强非遗的可见性和促进文化对话（R2）；
3. 有保护措施确保其存续力（如教育、传播计划）（R3）；
4. 社区、群体或个人广泛参与申报过程并自由同意（R4）；
5. 已列入申报国的国家级非遗名录（R5）。

（二）《急需保护的非遗名录》

该名录旨在识别和保护那些因缺乏保护资源、面临消亡危机或存续力受到严重威胁的非遗项目，通过国际层面的关注和支持，鼓励国际社会采取适合的保护措施，提升急需保护的非遗项目的存续状况，确保对非遗的尊重，提高对其重要性的认识，并在这些领域提供国际合作与援助，为其提供必要的保护措施和资源，使其能够继续传承和发展。此外，还为国际社会聚焦濒危非遗项目提供了平台，引导更多力量投入非遗保护工作中，提升全球非遗保护的整体水平。截至2024年12月，该名录共收录81项遗产，涉及44个国家，中国共有4项，其中2009入选的“羌年”和“中国木拱桥传统营造技艺”都已于2024年转入《人类非遗代表作名录》。入选该名录须满足以下三项条件和标准：

1. 符合《人类非遗代表作名录》的所有条件（R1～R5）；
2. 面临消亡的危险（如传承人减少、环境变化）（U1）；
3. 有紧急保护计划，且社区承诺参与（U2）。

（三）《优秀保护实践名册》

该名册旨在遴选并推广最能体现《公约》原则和目标的国家、次区域和区域保护非遗的计划、项目和活动。鼓励缔约国推荐优秀的非遗保护计划、项目和活动，形成国际上可供推广的范例，为全球非遗保护工作提供指导，促进国际合作与经验交流。对于入选项目的国家和地区而言，是对其非遗保护工作的认可与肯定，能提升其在国际非遗保护领域的影响力。同时，通过分享优秀保护实践经验，可为其他国家和地区提供借鉴，推动非遗保护方法和技术的创新，促进全球非遗保护水平的整体提升，更好地实现非物质文化遗产的传承与发展，维护人类文化多样性。截至 2024 年 12 月，全球共有 40 项非遗项目入选名册，涉及 35 个国家，中国共有 1 项（福建木偶戏后继人才培养计划）入选。入选该名册须满足以下七项条件和标准：

1. 体现《公约》原则和目标

——保护项目需符合《公约》的核心原则，包括社区参与、尊重文化多样性、可持续发展等。

——应促进非遗的存续力（viability），确保其代际传承。

2. 社区、群体或个人的广泛参与

——项目必须由相关社区、群体或个人自愿、知情同意并主导。

——需证明社区在保护过程中发挥了核心作用，而非仅由政府或外部机构推动。

3. 可复制的示范性

——项目应具有推广价值，能够为其他地区或国家的非遗保护提供借鉴。

——鼓励跨国或跨地区的合作项目，以促进国际经验交流。

4. 可持续性和长期影响

——保护措施须具备长期可持续性，而非短期或临时性干预。

——应展示项目如何增强非遗的生命力，如通过教育、培训、政策支持等方式。

5. 符合伦理原则

——项目需遵守教科文组织《保护非物质文化遗产伦理原则》，包括：

a. 尊重相关社区的权利和意愿（如事先知情同意）。

b. 避免商业化或过度开发导致非遗失真。

6. 与其他可持续发展目标（SDGs）的关联

——鼓励项目与联合国2030年可持续发展目标（如消除贫困、性别平等、生态保护等）相结合。

7. 监测与评估机制

——项目需建立有效的监测和评估体系，确保保护措施的实际效果。

（四）《国家级非遗代表性项目名录》

为了履行国际公约义务，结合《公约》精神，中国建立了《国家级非物质文化遗产代表性项目名录》，国务院先后于2006年、2008年、2011年、2014年和2021年公布了五批，共计1557个国家级非物质文化遗产代表性项目。这些非遗项目既有濒危项目的保护，也有一些急需保护的项目，还包括非遗保护良好实践的典型案例。除国家层面外，我国还建立了省级、市级、县级代表性非遗名录登记制度，共覆盖了10万余个项目，以及跨地区的名录扩展机制，同一项目可被多地区联合申报（如“剪纸”涵盖53个县市），共享项目编号。文化和旅游部还设立了“国家级文化生态保护区”，对非遗密集区域（如闽南、徽州）实施区域性、整体性、创新性保护，截至2024年12月，已设立了24个国家级文化生态保护区，2个国家级文化生态保护实验区。此外，在非遗保护中还采用数字化技术，提升了非遗保护的质量。2023年发布了首部非遗数字化行业标准，规范采集与著录流程。

四、非遗的分类

（一）《公约》非遗五大分类（五大领域）

1. 口头传统和表现形式：最直接对应“口述”的部分，包括语言本身（作为载体），以及通过口头传承的各种形式，如神话、史诗、传说、民间故事、谚语、谜语、歌谣、诗歌、仪式诵词、特定的语言表达方式和技巧等。依赖口头传播，是文化认同和知识传递的重要工具。

2. 表演艺术：包括音乐、舞蹈、戏剧、曲艺、木偶戏、仪式表演等。通过身体动作、声音、乐器、道具等进行的艺术表达，通常在特定的文化或社会场合中呈现。

3. 社会实践、仪式、节庆活动：包括人生礼仪（出生、成年、结婚、丧葬）、岁时节令活动（春节、端午、丰收节等）、宗教仪式、社区聚会、朝圣、特定的行为规范、游戏、体育、传统治理体系等。

4. 有关自然界和宇宙的知识和实践：包括传统生态知识、农耕实践、天文气象观测、历法、传统医药知识体系、动植物分类与利用、环境保护的习俗和禁忌等，体现了人类在与自然环境互动中积累的知识、智慧和适应性策略。

5. 传统手工艺：包括各种手工技艺，如编织、刺绣、雕刻、制陶、漆艺、金属加工、造纸、印刷、乐器制作、传统建筑技艺、服饰制作、烹饪技艺等，特别是不仅指制造出的物品，更强调制造物品所需的“知识、技能和过程”。这些技艺往往承载着深厚的文化内涵、审美观念和社会价值。

这五大类并非截然分开，在实际的文化实践中常常相互交织融合。例如：一个节庆活动（第 3 类）可能包含口头诵词（第 1 类）、音乐舞蹈表演（第 2 类）、特定的手工艺品制作与使用（第 5 类）以及对自然时令的知识（第 4 类）。而传统手工艺（第 5 类）的技艺传承往往依赖于口传心授（第 1 类）。

（二）中国《非遗法》的分类（十大门类）

中国的非遗分类方案基于《非遗法》（2011），结合联合国教科文组织《公约》的精神，建立了具有中国特色的“十大门类”体系，并构建了国家、省、市、县四级保护制度。

1. 民间文学：口头传承的神话、传说、史诗、歌谣、谚语等，代表性项目有五羊传说、包公传说、珠玑巷人南迁传说等。

2. 传统音乐：民间歌曲、器乐曲、仪式音乐等。代表性项目有侗族大歌、蒙古族长调民歌、咸水歌、客家山歌等。

3. 传统舞蹈：节庆、礼仪、祭祀舞蹈。代表性项目有龙舞、狮舞、麒麟舞、禾楼舞等。

4. 传统戏剧：融合唱念做打的戏曲艺术。代表性项目有京剧、昆曲、粤剧、皮影戏等。

5. 曲艺：说唱表演艺术，如评书、鼓书。代表性项目有粤曲、苏州评弹、快板书等。

6. 传统体育、游艺与杂技：武术、竞技、民俗游艺。代表性项目有太极拳、赛龙舟、蔡李佛拳等。

7. 传统美术：绘画、雕塑、工艺美术。代表性项目有剪纸、潮州木雕、苏绣、木版年画等。

8. 传统技艺：手工艺技术与生产实践。代表性项目景泰蓝、宣纸、普洱茶等制作技艺。

9. 传统医药：中医及民族医药知识体系。代表性项目有针灸、藏医药浴法等。

10. 民俗：节庆、礼仪、民间信仰活动。代表性项目有端午节、春节、瑶族盘王节等。

（三）中外分类的异同

《非遗法》在《公约》的基础上，作了本土化调整，分类特色与《公约》相衔接，将《公约》的“表演艺术”细分为音乐、舞蹈、戏剧等，将“自然宇宙知识”部分融入传统医药类，新增门类单列“曲艺”“传统体育”等中国特有实践。通过“四级名录”与整体性保护结合，覆盖从社区技艺到国家代表性项目的完整链条，并通过数字化、文化生态保护区创新性地拓展保护路径。鼓励项目多维度申报（如端午节涵盖民俗、体育、手工艺）。

五、非遗保护与非遗旅游

当我们谈论非遗时，既要慎终追远，认识到其所承载的文化实践本身古老而深厚的根基，也要理解现代非遗概念和全球保护运动是特定历史背景下应运而生的产物。与物质文化遗产（遗址、墓葬、文物等）不同，非遗是活态的、代代相传的文化实践，在人类历史长河中从未间断。它们随着环境变化、技术发展、社会变迁、文化交流而不断被再创造和适应，成为社群身份认同和延续性的基石。对非遗最好的保护是利用，最好的利用是传承。但在工业化、城市化、现代化和全球化浪潮冲击下，根植于农业文明的非遗在后现代社会中面临消亡的危险，特别是传承人的身份认同，以及他们对生产方式（从事行业）、生活方式（物质生活）的选择，是当下非遗保护面临的最大困局。只有让非遗传承人有职业荣誉感，通过非遗传承能过上体面而有尊严的生活，非遗才能得到有效和可持续地保护。而非遗旅游就是走出这一困局的有效途径。对于社区居民而言，他们（特别是Z世代的年轻人）迫切希望改变日常生活的惯常环境，向往和追求现代化带来的便利、舒适，以及时尚文化。但对于旅游者而言，非遗是构成“非惯常环境”的重要吸引因素和体验内容，正是由于旅游者对于非遗的好奇、热爱、欣赏、凝视和体验，让传承人有了用武之地，非遗与旅游融合，是将文化资源转化为旅游资源和经营性资产。在现实的惯常环境里已遭淘汰的老旧设施设备和交通工具，如马车、蒸汽机车等，可以在旅游者建构的非惯常环境里“复活”，物质文化遗产如此，非物质文化遗产亦然。有些传统手工艺非遗产品过去是具有使用价值的，但在工业化时代，这些产品已被大规模机器生产或技术进步所替代（迭代），已经在“惯常环境”中消失，如算盘、扇子、毛笔等，但在旅游者的“非惯常环境”中可以提供超过原先使用价值的情绪价值，满足对原真性非遗的乡愁、怀旧、猎奇、凝视、探究等另类悦己体验。正如美国著名旅游人类学家贾法·贾法利（Jafar Jafari）认为，许多宗教或考古建筑之所以从被毁坏的境地中拯救出来，更多的是由于旅游的发展，而不是由于它们在当地居民看来所具有的价值。由此可以看出，非遗旅游与非遗保护是可以做到并行不悖和互相促进的。

（一）非遗资源与非遗旅游资源

非遗资源的价值可以入选非遗代表作或代表性项目的名录名册的等级来确定。由高到低依次为联合国教科文组织的《名录（册）》、国家级、省级、地市级、县级非遗名录等5个等级。而非遗旅游资源的评价较之非遗资源复杂得多。对于非遗旅游资源而言，非遗类型可能比非遗等级更重要。不同类型的非遗资源带给旅游者的游览效果和现场体验程度不尽相同，非遗旅游资源有着多个评价维度。

（1）观赏性——单一型、复合型；

（2）特色化——主题化、地方化；

（3）参与性——技艺型、娱乐型；

（4）稀缺性——濒危型、稀有型；

（5）体验度——浏览型、沉浸型。

我们可以从上述的这些评价维度来构建非遗旅游资源的评价体系框架，选取评价因子和评价指标。显然，这个评价体系是不同于非遗资源的评价。如果将非遗旅游作为一种非遗传播载体的话，相关利益方就不只是传承人和非遗工作者，还包括非遗旅游的运营商和旅游者，特别是作为非遗传播受众的旅游者，他们的评价至关重要，也是非遗旅游与旅游融合发展成效的试金石。

（二）非遗旅游资源与非遗旅游产品

非遗旅游资源不等于非遗旅游产品，旅游者消费的是旅游产品，而不是旅游资源，好的旅游资源，不一定是好的旅游产品。对于非遗旅游尤其如此，因为非遗资源具有“无形性”的特点，给非遗旅游利用和开发带来了一定的难度，需要将这种非物质的“无形性”转化为有趣味、可参与、场景化、沉浸式、深体验的“有形性”产品、项目和活动。同样的非遗资源不同的利用和开发方式，其效果大相径庭。最为简单的非遗解说和呈现形式是“文字＋图片”，其次是“视频＋现场表演”，效果更好的是“参与＋互动”，以及“场景＋创意”。由此可见，不同类型的非遗资源决定了非遗旅游产品开发的可能方式、产品形态、产品链长和业态规模等，尤其是在当今数字化时代，数字仿真技术、数字孪生技术、大数据和人工智能在非遗旅游产品和场景渲染、设计研发、运营管理和市场营销中大有可为，非遗也为地方旅游文创产品的开发提供了丰富的创作素材，“非遗进景区（街区、村寨、民宿等）”丰富了地方旅游空间的游客体验，一些地方还争着将神话传说类的非遗“符号化”，打造成当地旅游 IP 和地方旅游名片。

六、几点简要结论

本文简要地探讨了非遗与旅游融合发展的相关理论与实践，可推论出以下几点结论。

1. 非遗旅游是促进非遗推广传播的有效方式，也是非遗传承得以可持续发展的有效途径。

2. 不同类型的非遗资源，构成了不同类型的非遗旅游（旅游利用）形态和业态。

3. 非遗旅游资源的评价不等同于非遗资源评价。

4. 非遗旅游需要文化创意，将无形文化有形化、故事化和趣味化。

5. 非遗旅游应重视社区参与、主客共享。

6. 非遗旅游需与时俱进，创造性转化、创新性发展。

主要参考文献

[1] 梁治平. 法律何为：梁治平自选集，谁来保护非物质文化遗产？[M]. 桂林：广西师范大学出版社，2013：370-384.

[2] 苑利，顾军. 非物质文化遗产学[M]. 北京：高等教育出版社，2009：7-14.

[3] 苑利，顾军. 非物质文化遗产保护[M]. 北京：社会科学文献出版社，2013：3-4.

[4] 中国非物质文化遗产网. https://www.ihchina.cn

[5] 中华人民共和国文化和旅游部官网. https://www.mct.gov.cn/

[6] [英]约翰·厄里，[英]乔纳斯·拉森. 游客的凝视. 黄宛瑜，译. [M]. 上海：格致出版社，上海人民出版社，2016：218-248.

[7] 张凌云. 旅游学研究的新框架：对非惯常环境下消费者行为和现象的研究[J]. 旅游学刊，2008，23(10).

[8] 张凌云. 非惯常环境：旅游核心概念的再研究——建构旅游学研究框架的一种尝试[J]. 旅游学刊，2009，24(7).

[9] 张凌云. 旅游：非惯常环境下的特殊体验[J]. 旅游学刊，2019，34(9).

[10] 张凌云. 遗产保护的经济学思考，旅游理论与实践探索文集[M]. 北京：旅游教育出版社，2009：358-364.

非遗与旅游融合的原则与路径

萧 放[①] 所揽月[②] 周茜茜[③]

【摘要】作为中华优秀传统文化的重要组成部分，非物质文化遗产在文化和旅游融合的视域下是重要的文化资源。对于非遗的资源转化与利用，应该将它们与现代人们的生活环境、生计方式与精神状态结合起来，让具有传统特性的非遗的文化因素有机地融入现代生活之中，从而使民族社会文化既保持着古今关联的文化传承特性，又具有服务当代社会的实际价值。如何实现文化资源向旅游资源转化，并实现非遗与旅游融合的理想目标是需要认真研究的。首先需要对非遗的资源进行类别区分；其次在非遗与旅游融合的过程中应重视非遗保护与旅游开发的均衡原则；最后探讨非遗资源转化、非遗旅游产品开发、非遗旅游组织传播的实践路径。

【关键词】文旅融合；非物质文化遗产；非遗旅游；非遗保护

【基金项目】2024年国家社会科学基金文化遗产保护传承研究专项“以时代精神激活中华优秀传统文化生命力研究”（项目编号：24VWB004）。

近年来，文旅融合发展已成为党中央立足全局、把握规律作出的重要战略决策。从2009年文化部与国家旅游局联合发布《关于促进文化与旅游结合发展的指导意见》，初步探索部门协作机制；到2018年文化和旅游部正式组建；再到2020年“十四五”规划建议提出“推动文化和旅游融合发展”，2022年党的二十大报告指出“坚持以文塑旅、

① 萧放，北京师范大学社会学院人类学民俗学系教授、博士生导师，研究方向：历史民俗学、岁时节日与礼仪民俗、非物质文化遗产等。

② 所揽月，北京师范大学社会学院博士研究生。

③ 周茜茜，贵州理工学院讲师。

以旅彰文，推进文化和旅游深度融合发展”，以及2024年党的二十届三中全会《中共中央关于进一步全面深化改革、推进中国式现代化的决定》提出“健全文化和旅游深度融合发展体制机制”，文旅融合的政策框架与改革方向日益清晰。

在党中央持续深化文旅融合的战略引领下，我国文旅融合蓬勃发展。作为中华优秀传统文化重要组成部分的非物质文化遗产，其与旅游的融合发展日益受到相关主管部门的高度重视，一系列针对性政策措施相继出台。2021年5月，文化和旅游部印发的《“十四五”非物质文化遗产保护规划》明确指出“推动非遗与旅游融合发展”，强调需“妥善处理非遗保护与旅游开发之间的关系，在有效保护的前提下，推动非遗与旅游融合发展”。同年8月，中共中央办公厅、国务院办公厅印发《关于进一步加强非物质文化遗产保护工作的意见》进一步强调了“在有效保护前提下，推动非物质文化遗产与旅游融合发展、高质量发展”的要求。2023年2月，文化和旅游部专门发布《文化和旅游部关于推动非物质文化遗产与旅游深度融合发展的通知》，不仅深刻阐明并强调了非遗与现代旅游产业深度融合的文化社会意义，而且对非遗与旅游深度融合的工作方法和组织实施进行了全面性的规划与指导。

随着政策框架的明晰与实践的深入，非遗与旅游融合的核心议题在于如何将丰富的非物质文化遗产资源有效转化为旅游资源，实现非遗与旅游深度融合发展的目标。这要求我们细致地研究非遗内涵与旅游特性，推动非遗有机融入当代生活环境、生计方式与精神需求，并在保障文化传承内核与服务当代社会的前提下，探索切实可行的融合路径与模式。

一、非遗与旅游融合的基础与资源类别

非遗与旅游的深度融合，既是激活传统文化、赋能产业发展的创新路径，也是赓续中华文脉、彰显文化自信的时代要求。这种融合建立在对其必要性的清晰认知与对非遗资源类别的系统把握之上。因此，下文将首先聚焦融合的必要性，进而梳理非遗的资源类别。

（一）非遗与旅游融合的必要性

推动非物质文化遗产与旅游产业深度融合发展，是立足国家产业发展、提升人民福祉的应时之举。通过以文塑旅、以旅彰文的深度融合，既能为非遗注入当代生命力，也

能为旅游产业赋予深厚的文化内核，从而实现中华文化传承与经济社会发展的双赢。

在经济赋能方面，非遗与旅游融合是促进旅游业高质量发展的重要途径。通过挖掘非遗项目的文化内涵与时代价值，设计符合现代审美的特色旅游产品、体验基地和主题线路，能够显著丰富旅游产业体系。同时，旅游业产生的经济效益能有效反哺非遗的保护与传承，为其提供可持续的资金支持。旅游业及其带动的相关产业，还能为社区创造体面的就业机会，为非遗传承发展提供更广阔的社会基础。

在社会效益方面，非遗与旅游融合有助于筑牢文化教育根基，彰显中华文明魅力，实现文化传播的内外协同。2023年《文化和旅游部关于推动非物质文化遗产与旅游深度融合发展的通知》的发布，就体现了非遗传承与保护在当代社会拥有的两种文化面向：对内而言，旅游成为文化教育传承的重要方式。游客通过沉浸式体验，能切身感受非遗蕴含的思想观念、人文精神及民众生活智慧，从而增强文化认同与民族凝聚力。对外而言，旅游是展示中华优秀文化的柔性窗口。非遗项目通过旅游互动向世界生动展现中华文明魅力，彰显国家文化软实力，搭建文明互鉴的国际交流平台。

（二）非遗的资源类别

联合国教科文组织2003年通过的《保护非物质文化遗产公约》（以下简称《公约》）将非物质文化遗产划分为五大领域：①口头传统和表现形式；②表演艺术；③社会实践、仪式、节庆活动；④有关自然界和宇宙的知识和实践；⑤传统手工艺。在我国建立国家级非物质文化遗产代表性项目名录的具体实践中，则采用了十大门类的划分方式，包括：民间文学，传统音乐，传统舞蹈，传统戏剧，曲艺，传统体育、游艺与杂技，传统美术，传统技艺，传统医药，民俗。

联合国教科文组织《公约》提供的五大领域为确认非遗形态提供了一个基础性的框架。然而，这五大领域并非相互排斥的，其边界具有流动性。这是因为现实中的非物质文化遗产项目通常并非单一形态的呈现，而是常常融合了来自多个领域的元素。例如，传统节日就是一个综合性的非物质文化遗产项目，它可能同时包含关于节日起源的传说（口头传统）、特定的节日饮食（传统手工艺）、相关的表演艺术以及特定的节日仪式等。鉴于非物质文化遗产的这种综合性特征，为了更好地理解和整合资源，我们可以尝试从资源类型的角度，将其归纳为三大类别：物质载体资源、社会实践资源和精神文化资源。

第一，物质载体资源。物质载体资源是指非物质文化遗产中有形的物质表现形式，主要包括饮食、器物、服饰等具体形态。它们是承载和展现非物质文化遗产内涵的重要物质基础。具体而言，在传统节日领域，物质载体资源包括特定的节日饮食（如年糕、清明团、粽子、月饼等）以及节日仪式所需的各类用品与消费品（如春联、纸马、鞭炮等）。这些资源不仅构成节日的物质生活传统，用于献祭、馈送和集体分享，其本身也是深厚的文化创造物，承载着独特的民俗情感与象征意义。在表演艺术领域，物质载体资源体现为演出所需的道具、戏本、乐器、服装等。在传统手工艺领域，则主要包括制作工具及最终的技艺成品等。总的来说，物质载体资源是非物质文化遗产中最为直观、可感的部分，也是其文化价值得以呈现和传递的重要载体，因而在非遗的保护、传承与利用中具有重要作用。

第二，社会实践资源。社会实践资源是指非物质文化遗产中以集体参与和社会交往为特征的活动形式，主要包括仪式、表演、节庆活动等群体性实践。这些活动是社会关系网络构建、价值观念传递与群体认同强化的重要纽带。具体而言，贯穿全年的各类节庆活动就拥有丰富的社会实践资源。无论是汉族和部分少数民族共庆共享的春节，还是傣族泼水节、苗族“苗年”、蒙古族“白节”等民族特色节日，大多以群体活动为特征。这些节日成为社会交往与团结的重要契机，常倡导回家团圆、社会和美的家国情怀。地方社会也常依托节会来建构社会秩序、增进人际联系。人们周期性地参与这些群体性的社会活动，形成共同的群体依恋和文化认同，并将其视为重要的精神寄托和情感依托。同样，社会实践资源同样广泛存在于口头传统、表演艺术等其他非遗领域，表现为具有特定规程、象征意义且需要群体协作的环节或活动。

第三，精神文化资源。精神文化资源是指非物质文化遗产中蕴含的深层精神内核，主要包括信仰观念、伦理道德、审美意识以及价值观等无形的思想文化要素。不论是口头传统、表演艺术，还是仪式、节庆活动以及传统手工艺，都蕴含着丰富的精神文化资源。例如，传统节日是人们周期性表达情感、调整精神世界、强化伦理道德的重要时间。通过特定的祭祀仪式、礼仪庆典与风物传说，传统节日为参与者提供精神寄托、情感释放、文化记忆传承以及道德伦理强化的契机。在普遍崇尚科学理性的现代社会，节日更成为人们调节精神世界、纾解压力、寻求情感慰藉与生命意义的重要方式。在表演艺术领域，精神文化资源则体现为戏剧、曲艺、舞蹈中所传递的忠孝精神、善恶有报等传统价值观念，以及特定的审美情感和精神追求。在传统手工艺领域，则表现为图案、纹样或造型中蕴含的审美观念、对美好生活的祈愿以及自然观等。总体而言，精神文化资源是非物质文化遗产最深层的核心与灵魂。它区别于有形的物质载体和具体的社会实践，是一个民族或社区最根本的宇宙认知、价值体系、情感世界和身份认同，是维系文化传统生命力的内在精神支柱。

二、非遗与旅游融合的基本原则

在推动文旅深度融合的进程中，确保非遗保护与旅游开发的动态平衡至关重要。过度商业化可能削弱非遗的传承根基，而封闭保护又难以激活其当代活力与社会价值。实际上，在联合国教科文组织《公约》的框架中，“商业化”也一直是备受争议的话题，在近 20 年的讨论中，教科文组织对非遗商业化的态度就发生了明显转变：从最初对其持谨慎态度，预设负面影响，到将其接纳为可持续发展的重要维度并制定相关指导文件。因此，在非遗与旅游融合发展的过程中必须坚持均衡发展的基本原则。

（一）非遗内涵保持与资源可活化原则

非遗资源有特定的文化内涵与文化属性，我们在考虑文旅融合时，应该首先重视非遗内涵与文化属性的保持，不能因为旅游需要而肆意损耗甚至丢弃非遗的文化内涵。“非物质文化遗产的动态性和活态性应始终受到尊重”（《保护非物质文化遗产伦理原则》第八条）。一般说来，具有生活属性的文化，易于活化利用的非遗资源，比如民间节庆、礼仪、风味饮食等较为适用于旅游，它们具有活化利用的天然便利性，外来的游客易于进入情景中进行文化体验。

有部分学者质疑节庆旅游的“舞台展演”会“亵渎”地方文化的真实性，会导致一种“客观真实”的存在。但这里需要看到，传统也在发生变化，“民俗主义”在“流动的现代性”中是不可避免的，活态的存续也不可能一成不变。我们在创造性地使用遗产资源的同时，坚持非遗核心内涵不变也就是对文化资源的最大限度保护。正如马坎耐借用戈夫曼的理论指出，在旅游景观中，为了保证“前台”表演的“真实性”和“可信度”，就必须保证“后台”的“封闭性”和“神秘感”。“后台”的开发者和表演者也不会允许文化核心内涵的改变，因为他们也明白“物以稀为贵”的产品生存法则。非遗作为活态的、流动的资源，只有让地方文化有继续“呼吸”的空间，文化与旅游的结合才能实现平衡发展的最佳状态。

（二）文化传承与旅游娱乐并重原则

在文旅融合的政策下，我们重视文化传承与旅游娱乐并重的原则。非遗资源转化为旅游资源需要文化资源具有可欣赏的文化特性，这种可欣赏性的文化具有吸引人的外在形态与打动人的内在魅力，所以我们需要认真辨析什么样的文化资源具有引起游客兴趣的特质。文化资源各个层面因为性质的不同，其功能价值有明显的区别。如精神信仰方面的文化资源虽然在特定文化体系中占有核心位置，但它是特定群体的内在观念，不易于为外来人理解，而且也不大引得起人们的关注，所以它不适合作为旅游资源。而民间表演艺术、民间传说、民间手艺、民间建筑、历史文化遗存、生态文化景观等，都能使游客获得精神愉悦、感官趣味与知识，具有很强的旅游欣赏与研学修习价值。

可以这样理解，一方面，文化传承在一定程度上需要依赖大众娱乐形式来展现。大众娱乐不只是单一的“凑热闹”，而是一种精神上的释放和享乐。民间传统文化深藏在人们日常生活中，需要用大众娱乐休闲的方式来感知，比如要在天津听相声、在成都看川剧变脸都得去当地的小茶馆，用一壶茶的工夫来品尝地方文化乐趣。而一些特定地区的旅游表演，比如借用地方傩戏讲述民间故事的展演，可以通过与游客进行娱乐性互动，向游客通俗介绍傩戏面具和服饰特点，以及讲述傩戏起源来消解由于地方方言、地域文化差异所产生的区隔。互动展演通过娱乐化形式达到文化共情和文化传播的目的。

另一方面，娱乐性是“旅游在场”的体验，当娱乐过后的“旅游离场”是否带去了文化价值的延续？旅游商品是“旅游离场”后的文化存在物，是文化传承的物质载体。依托地方文化属性设计生产旅游商品要十分注意文化价值在商品上体现的可行性。正如塞托用“抵御的战术”这一概念，指出消费也是一种生产，消费者的日常实践会选用一种“反规训”的生活，来对提供给他们的商品进行“战术性”抵御。这就提示旅游商品的生产需要站在消费者立场思考他们的消费习惯和消费动机，如果只是打着文化概念的粗制滥造，或许就会受到消费者“抵制”。

实际上，旅游商品是一种“溢价”商品，溢价的本质是附着的文化价值。由于游客在旅游消费中是“不理性”行为（相对日常理性消费而言），部分商品离开旅游地后，要谨防它们被视为废弃不用之物或仅用于观赏或回忆之物，这就容易形成商品设计理想与商品实现文化价值的不对等。更甚者，游客可能也会采取“二次生产”创造出新的产品，从而又赋予其另一种文化内涵。

（三）社会文化建设与经济发展协调原则

将非遗资源转化为旅游资源还有一个社会文化建设与经济发展协调的原则，换句话说，要能够让非遗资源有利于文化社会建设，也可以让非遗资源通过旅游策划变成可以获取经济效益的资本，当然我们坚决反对单纯追求经济指标，忽视非遗传承特性的滥用。文化资源是历史积淀形成的，它自然存在，自在传承，要将它转化为旅游资源当然也需要资金、技术与服务旅游的种种基础设施与物质条件，没有相当的财力投入是达不到预期目标的。

在非遗资源的开发利用中可以引入资本，但是政府要做好政策引导，保护单位要把握好平衡原则，非遗可以利用资本，但不适宜资本化。因此政府或旅游部门在选择开发文化旅游资源时，必定会在文化旅游项目启动之初就考虑预期的利益产出，当然这也是文化旅游获得延续发展的物质保障。如果不计成本吸引资本入驻，短暂地扩大 IP 流量，造成传统文化“脱域”，却不能有效监管，势必会是未来发展延续的最大阻碍。

政府要以民众的参与为前提做好旅游设计，监管社会资本市场既不因自由竞争而失衡，又不会对非遗产生巨大冲击。我们所说的“政府搭台，经济唱戏”也需要站在可持续发展视角，让经济唱的“戏”更加符合国家和人民的诉求，也就是体现本地文化的“客观真实”，而不是为了“博眼球”而致传统文化消失或走样。

科恩在 1995 年指出：通过进行合理的真实性设计，不但可以使“真实”获得“可持续性的发展”，还可以使真实的传统文化得到保护。例如，由呼和浩特市文旅局、区政府牵头在莫尼山非遗旅游小镇主办“非遗中国年”，通过腊八做腊八粥、二十三祭灶神、正月初十吃莜面、正月十五赏花灯、二月二登山寻宝等民俗体验活动让游客体验传统过年习俗；古城西安也结合了大雁塔、大唐不夜城等景区举办春节系列节庆活动，让千年古都西安再度跻身新春热门旅游打卡地；山城重庆除了节庆民俗资源的开发外，还结合三峡游、冰雪游、温泉游、康养游等特色资源项目，让游客在体验中感受文化魅力。这一系列如此大体量的旅游文化产品设计背后必然会需要强大资本的支持。营造政府牵头、企业入驻、民众参与的共商共享环境，做好区域旅游规划，通过整合地方传统节日民俗、自然观光等旅游资源，形成综合性旅游项目，使得地方经济获益、文化提升，更能促进地方社会文化建设发展，同时也为增强民族自信，强化文化认同起到积极作用。

三、非遗与旅游融合的实践路径

非遗与旅游深度融合需构建系统性的实践路径。以下将分别阐述如何通过非遗资源分层转化、旅游产品多级开发彰显非遗的当代价值，并依托可持续的运作机制，实现文化传承与旅游发展的目标。

（一）非遗资源转化为旅游资源的选择路径

首先，非遗中的物质载体资源因其外显性和易感知性，最易于转化为旅游资源进行开发利用。其中，节日特色饮食与用品尤为适宜作为转化重点。“旅游六要素”中排首位的就是“吃”，饮食文化已逐渐成为游客探索目的地文化的重要窗口。旅游节令饮食也逐渐成为公共民俗饮食，其功能性也开始向审美性、旨趣性、创意性转变。例如，北京稻香村作为融合南北风味的糕点代表，既能满足本地居民的传统节日需求，也成为游客选购京味文化伴手礼的选项。众多旅游城市涌现的文创食品热潮，如长沙“茶颜悦色”、故宫“文创雪糕”、柳州“螺蛳粉”、厦门鼓浪屿“牛轧糖”等，也直观展现了饮食文化作为创意型物质载体资源在旅游市场中的巨大吸引力和经济价值。

其次，非遗中的社会实践资源天然具有凝聚人气、促进交往的特性，是文化旅游体验的核心载体。应特别重视其强大的社会文化传播与情感联结功能。例如，在四川大凉山彝族火把节中，来自各地的游客与当地居民围绕篝火踏歌起舞；贵州丹寨苗族“苗年”期间，人们通过共享长桌宴、同唱祝酒歌，与游客共品地方美食。这些活动超越了语言与地域的差异，以最直观、最鲜活的方式展现地方文化特色，搭建起质朴而深刻的情感交流桥梁。节日也因此成为促进民族团结、铸牢中华民族共同体意识的重要实践场域。

最后，非遗中的精神文化资源因其涉及深层信仰与核心价值，在旅游转化中尤需审慎。必须尊重地方信仰与禁忌，避免将其简单转化为旅游观赏对象。在具体操作中，应以非遗持有群体的意愿为前提，尊重其核心文化，并建立动态调整机制以优化开发策略。在这类资源的选择上，要严格遵循国家民族宗教政策、社会公序良俗以及地方文化传统规定。优先选择讲唱传统及不触及核心信仰的仪式表演作为旅游展示内容，以实现文旅融合的健康发展。

（二）非遗旅游产品开发的多层级路径

首先，在静态产品开发方面，可以将非遗的物质载体资源转化为旅游商品。这类开发依托非遗中最直观、可感的物质表现形式，如节日特色饮食、仪式用品、手工艺成品以及表演艺术中的代表性道具或服饰。开发与转化的关键在于深度挖掘其承载的民俗情感、象征意义与文化故事，通过创意设计提升其实用功能，使其更契合现代生活需求。例如，将传统节日食品进行便携化、礼品化包装，或提取传统纹样、造型元素开发文创饰品、家居用品等。这类商品不仅满足游客购买文化纪念品、体验地方风物的需求，更能有效彰显非遗的当代价值并实现可持续的经济反哺。因此，静态产品开发是非遗与旅游融合中最基础且直接的转化路径之一。

其次，在互动体验设计方面，可以将非遗的社会实践资源融入旅游展演、手工艺体验、非遗研学等体验型产品的设计中。这类开发聚焦非遗中的群体性实践，关键在于通过情境化再现与适度参与，让游客从旁观者转变为沉浸式体验者。例如，将非遗的生产性保护与体验经济结合，让游客在传承人指导下亲身体验手工艺制作；或引导游客学习简单歌舞，与当地人共享节日氛围；又如，围绕地方独特的知识体系和文化实践，开发深度研学课程，让游客体验节气节俗、农事生产等。文化资源在转化为旅游产品与服务的过程中，不可避免地需要基于游客体验进行适度改编和再创作，过去不少学者常担忧这难以平衡真实性与体验感，但大量案例显示，掌握传统的社区可通过分型发展兼顾社区传承与旅游展演。

再次，在核心理念表达方面，可以将非遗蕴含的精神文化资源进行提炼，运用丰富的形式对符合时代精神的思想理念、传统美德、人文精神进行当代表达。这类开发聚焦非遗中最深层的精神内核，如人与自然和合共生的自然观、孝亲仁爱的伦理观、惩恶扬善的价值观等。关键在于如何通过创意叙事与现代媒介，将这些核心理念融入旅游开发和策划之中，让游客在旅游活动中进一步感知和体认。这不仅能满足游客深层次的文化理解与精神共鸣需求，更能在潜移默化中激活传统文化的生命力，促进中华优秀传统文化的创造性转化、创新性发展。

最后，还可以对非遗进行整合创新实践。其一，以传统节日为平台综合展示各门类非遗。通过有机串联节物制作的传统手工艺、民俗艺术展演、史诗歌谣传唱、特色饮食共享及地方历史人物追念等活动，将节日文化空间转化为文旅融合的旅游场所。纵向依托节气时序设置节庆节点，并横向整合特色技艺、文化记忆、饮食文化与历史伦理等要素，实现节日资源的深度活化。其二，设计融合物质与非物质文化遗产的特色旅游线路。2022 年国际古迹遗址理事会（ICOMOS）《国际文化遗产旅游宪章》中强调："遗产的展示和推广应该诠释并传达物质与非物质文化价值的多样性和关联性，以提高公众对其重要性的认识和理解。"2024 年《关于非物质文化遗产地的国际宪章与指南》首次系统性地提出将非物质文化遗产纳入遗产地保护实践的框架，明确指出"非物质文化遗产是遗产地不可分割的组成部分"，倡导开展更加综合的物质与非物质文化遗产实践。这为系统整合物质载体、社会实践与精神文化资源，构建主题化、体验式的遗产旅游产品提供了指引。

（三）非遗旅游的组织传播路径

首先，建立"传承人学旅游、旅游从业者学非遗"的双向人才培育机制。2023 年，文化和旅游部《关于推动非物质文化遗产与旅游深度融合发展的通知》中专门指出："双向培训是增进非物质文化遗产保护领域和旅游行业相关群体之间相互了解、促进交流合作的重要渠道。"在传承人培训方面，需着力提升其将非遗资源创造性转化为旅游产品的能力，并强化面向游客的文化阐释和传播技巧。在旅游从业者培训方面，需加强非遗相关知识体系培训，培养其在旅游活动中尊重非遗、准确阐释并合理利用的意识和实践能力。培育"懂市场的传承人"和"懂文化的旅游人"，为非遗与旅游的融合提供坚实的人才支撑。

其次，强化政府引领，联动多元力量并尊重民众主体性。2015 年，联合国教科文组织发布的《保护非物质文化遗产伦理原则》第四条为："与创造、保护、延续和传承非物质文化遗产的社区、群体和个人的所有互动应以透明的合作、对话、协商和咨询为特征，并取决于尊重其意愿、使其事先、持续知情并同意的前提而定。"在文旅融合进程中，非遗资源的旅游转化必须以充分尊重非遗持有者权利为前提，保障其对资源开发方案的知情权、参与权与持续监督权。同时，借助非遗与旅游的深度融合为社区提供可持续生计、带动社区就业，使非遗持有者切实获益，从而将民众文化主体性转化为驱动旅游可持续发展的内生动力。

最后，构建全域媒体传播矩阵，以口碑效应提升非遗旅游品牌的知名度和美誉度。

例如，贵州榕江县政府摒弃惯常的以官方媒体发布为主的传播方式，开创性地采用“官推民办、群众述事”的组织方式以及口碑传播方式，构建“主账号 + 子账号”的新媒体传播矩阵，推动“村超”火爆出圈，使其成为非遗资源转化、乡村振兴的标杆案例。这一案例也印证了民众既是旅游服务的接受者，也是旅游体验的检验者和传播者。民众的积极参与，不仅能为旅游业带来丰富的文化内涵和生动的生活气息，还通过口碑传播等方式，为旅游目的地的知名度和美誉度注入源源不断的活力。

结语

非物质文化遗产在历史长河中生成，展现出的文化多样性为旅游开发提供了丰富的文化创意源泉。非物质文化遗产在当代社会的价值与意义，就在于我们不断地给自己创造回归传统的机会。我们通过回归传统来辨识、确认自己的文化身份，树立我们的民族自信。旅游服务业的兴起，不仅承担了服务地方经济效益的功能，同时还肩负着宣扬和传承传统文化、树立身份认同的历史使命。文化的输出往往需要一种向外传送的机制，非物质文化遗产作为一种群体认同的、动态的、外放的文化类型，既能生动鲜活展现地方生活样态，又能实现外向传输文化的功能。今天我们谈文化与旅游的融合，就是要寻找到这样的“内”与“外”的联结。依托文旅的融合，让非遗旅游成为促进地方文化的保护与传承的重要途径。实践证明，让旅游成为非遗在当代传承的有效载体是可行的。

当然，在这个过程中，国家非遗保护传承的生活化、文旅融合中的社会化，是一个系统的工程，需要政府部门的强力保障，充分发挥非遗保护协会协调职能，扶持一批民间传统文化振兴会或传承会，以政府、民间协同的工作方式，共同推进非遗与旅游的深度融合与发展。同时，我们也要充分调动民众的积极性，发挥民众主体作用，创造更多人们共同参与的非遗旅游活动，营造祥和欢乐的旅游氛围，共创美好幸福的生活。

非物质文化遗产与旅游融合发展研究

林继富①

非物质文化遗产是中华优秀传统文化，是各民族重要的旅游资源。旅游是推动社会经济发展的手段；旅游成为非物质文化遗产知识生产动力要素，极大地激发非物质文化遗产的生机活力。

旅游以“润物细无声”的具体实践实现多民族生活交往交流，弘扬中华优秀传统文化，在旅游过程中游客与旅游目的地居民实现生活互动融合，不断满足人民日益增长的精神文化需求，彰显中华民族共同价值观念和思想情感。

非物质文化遗产与旅游融合是生活创造和文化创新过程，其表现民众对于非物质文化遗产体系，以及构成要素的认知，挖掘非物质文化遗产在旅游中可以利用的元素，使其融入旅游活动之中，是各方力量有目的且合目的的实践，形成“非遗＋节庆”“非遗＋演艺”“非遗＋研学”“非遗＋文创”“非遗＋小镇（街区）”“非遗＋民宿”等新业态，在此过程中贯穿了多元互动，包括非物质文化遗产传承人、社区民众、非物质文化遗产旅游规划人员，政府和社会力量等与自然环境互动，与游客互动，从而扩大非物质文化遗产影响力，提升非物质文化遗产活化实践品质。

一、价值彰显：非物质文化遗产是重要旅游资源

非物质文化遗产与旅游融合推动非物质文化遗产创造性转化、创新性发展，这就需要在传统旅游基础上遵循非物质文化遗产本质内涵，深度挖掘非物质文化遗产价值，采

① 林继富，中央民族大学二级教授、博士生导师，文化和旅游部文化和旅游研究基地（中央民族大学）首席专家，中国民间文艺家协会副主席，中国民俗学会副会长。

取科学方法合理利用，使非物质文化遗产深度融入旅游具有合法性、合理性和有效性。“优秀传统文化是一个国家、一个民族传承和发展的根本，如果丢掉了，就割断了精神命脉。”非物质文化遗产作为中华优秀传统文化，黄帝、神农、大禹等是中华民族共同祖先，其祭典仪式和神话传说是国家级非物质文化遗产代表性项目，也是各地重要的旅游资源，比如，河南新郑黄帝拜祖祭典、湖北竹山女娲传说、武汉大禹治水传说等，这些非物质文化遗产成为中华民族共同祖先，是中华文化的“根”与“魂”，“武汉大禹治水传说”传承地晴川阁位于长江边，这里已经建设成大禹文化园，将传说中大禹的生活以雕像、绘画的形式展示出来，是武汉重要的旅游景区。游客在进入这些非物质文化遗产景区，能够深刻感受到中华文化“共根共祖”的文化血脉，极大提升了旅游景区的优秀传统文化含量。非物质文化遗产包含各民族实践活动直观体验和科学凝聚，是各民族生活与文化共存、共创、沟通、融合的结果，表现了多民族、跨地域共同的思想文化、观念形态，在各民族生活中发挥维护社会秩序，协调族际与人际关系，维护国家统一的重要作用。比如，“义门陈家训传统”发生、传承在江西德安县车桥镇义门陈村，以及周边50多个自然村落。唐朝大顺元年，义门陈氏订立《家法三十三条》《家规十六则》《家范十二则》等家训传统，后来不断丰富，形成忠、孝、礼、义、悌、廉，以及爱国、和睦的传统道德观念影响我国许多地区和多民族民众生活。“义门陈家训传统”传承最为丰厚的车桥镇，建成非遗旅游小镇和江州义门陈风景区。非物质文化遗产蕴含中华文化基因，构成中华民族共有精神家园的重要组成部分，2014年，习近平主席在会见第七届世界华侨华人社团联谊大会代表时强调：“中华文明有着5000多年的悠久历史，是中华民族自强不息、发展壮大的强大精神力量。我们的同胞无论生活在哪里，身上都有鲜明的中华文化烙印，中华文化是中华儿女共同的精神基因。”福建莆田市湄洲岛是妈祖文化发源地，妈祖信俗流传在二十多个国家和地区，国内建有五千多座妈祖分灵庙宇，其“妈祖祭典”蕴含立德行善、济世助民的文化基因得到弘扬。“妈祖祭典”期间，各地游客到湄洲“共叙妈祖情缘，共享幸福生活”。这些均表现出非物质文化遗产与当代民众生活相融通，非物质文化遗产传统价值转化为当代生活的实践。非物质文化遗产与旅游融合发展，深刻影响旅游目的地居民和游客对于非物质文化遗产的认知、接受和生产，从而彰显出中华文化的生命力和自信力。

非物质文化遗产与旅游融合贯通于多民族、跨地域民众旅游活动中，这就必然形成跨区域、多民族民众生活的交流交往实践，形成共同创造、接受和分享非物质文化遗产，“非物质文化遗产在生活中传承，每一次传承就是一次再创造、再生产的过程，就是多民族民众以非物质文化遗产为中心的共同生活实践，在持续的共同生活实践基础上加强不同民族的生活关系和情感联结，也不断巩固多民族共同体意识”。非物质文化遗产与旅游融合发展的生活实践是利用非物质文化遗产蕴含的共同价值观念，并且在民众集体生活实践中凝聚共同价值。

非物质文化遗产与旅游融合是将非物质文化遗产蕴含的优秀传统文化价值资源转化为旅游资源，转化的过程包含地方政府和民间社会团体赋予非物质文化遗产融入旅游的各种权利和便利。各级政府在发展地方经济，改善民生、实施社会建设，以及区域社会产业结构调整等方面，发展旅游是重要方法，提升旅游品质是重要内容。因此，政府和民间社会团体将非物质文化遗产作为优质旅游资源进行利用，实现非物质文化遗产融入旅游的最大化。云南省大理市喜洲镇和大理古城等地旅游活动融入白族霸王鞭、彝族打歌等多种非物质文化遗产项目元素；我国许多地区建立非遗旅游小镇、非遗旅游街区等旅游目的地的非物质文化遗产争奇斗艳，其中表现最为活跃有饮食、工艺品，以及民间文学、传统舞蹈、传统音乐、民俗等类型的非物质文化遗产，以及在非物质文化遗产基础上转化创新的产品和文化旅游节，这些非物质文化遗产成为旅游主题或者内容彰显非物质文化遗产蕴含的优秀传统文化价值，传递了中华各民族，以及人类的共同价值。非物质文化遗产作为旅游资源得到政府大力支持和充分赋权，得到旅游部门对于非物质文化遗产蕴含旅游资源的充分挖掘和合理利用。这就使非物质遗产融入旅游举办的系列活动运行顺畅，各地游客在旅游过程中欣赏、了解和理解非物质文化遗产，消费以非物质文化遗产为核心的文化产品，这就使非物质文化遗产的经济能量在旅游中得到显现，在政府赋权中带来经济赋权，就是要坚持创造性转化和创新性发展，积极适应当代旅游需求和旅游带来生产生活方式变化，在提高非物质文化遗产传承发展利用水平基础上，为旅游提供丰富的、多彩的文化资源，实现非物质文化遗产实践贯穿旅游活动全过程。

二、差异体验：非物质文化遗产旅游主题选择

“非物质文化遗产，是指各族人民世代相传并视为其文化遗产组成部分的各种传统文化表现形式，以及与传统文化表现形式相关的实物和场所。”“非物质文化遗产世代相

传，在各社区和群体适应周围环境以及与自然和历史的互动中，被不断地再创造，为这些社区和群体提供认同感和持续感，从而增强对文化多样性和人类创造力的尊重。”这两个关于非物质文化遗产定义，以及内涵界定明确了非物质文化遗产的历史性、传统性，认同感、多样性和创造力，这些特质表现出非物质文化遗产与旅游融合过程中差异性、多样性追求，这也决定旅游融入非物质文化遗产时候主题选择的多元性。非物质文化遗产类型多，不同类型有不同的历史要义、内涵要旨和审美表达形式，不同类型非物质文化遗产融入旅游带给游客不一样的享受，也带给游客不一样体验，“民间传说中的地方风物传说具有‘随物赋形’的特征，它借助神奇的幻想，由眼前一景一物联想开去，把人带到一个神奇虚幻、美妙动人的境界，把平常而普通的事物装扮得虚无缥缈，让人浮想联翩，以期达到陶冶性情的审美愉悦”。这就需要我们“找准各门类非物质文化遗产与旅游融合发展的契合处、联结点，非物质文化遗产涉及不同门类，要深入挖掘民间文学的价值和精神内涵，讲好当地传说故事，让游客了解地方历史文化。鼓励面向游客开展传统表演艺术类非物质文化遗产展演。积极开发传统工艺产品，丰富旅游商品内涵。将传统体育、游艺纳入旅游体验。依托传统医药类非物质文化遗产发展康养旅游。挖掘饮食类非物质文化遗产的丰厚内涵，让游客体验当地民众的生活方式，体会中国人顺应时节、尊重自然、利用自然的思想理念和独特智慧。发挥传统节日、民俗活动参与性强的特点，让游客感受当地民风民俗，提升中华文化认同感”。这就需要在非物质文化遗产与旅游融合发展中不要“一刀切”，不要采用一个模式，而是要根据不同门类特点，遵循非物质文化遗产传统表达形式，实现游客在欣赏、理解和参与非物质文化遗产过程中差异化体验，建设围绕非物质文化遗产多样性的旅游文化特色。

非物质文化遗产与旅游融合主题选择是多方面的，也是多层次的。在非物质文化遗产进入旅游市场过程中，非物质文化遗产舞台展演是常见现象，并且形成了“非遗 + 演艺”的新业态。同时，充分利用舞台表演，激活、吸附非物质文化遗产，成为非物质文化遗产传承传播的重要方式。非物质遗产舞台化尽管带有人为制造特质，却使许多非物质文化遗产能够找到生存空间，“很多传统艺术消失了，只剩下少数人知道。在许多社区，传统文化由老人培育着，而年轻人对此兴趣不大。歌曲、舞蹈形式、编织和工艺制作技术，随着老人们的去世而消失不见。艺术家们只能提供有限的剧目和一些代表性样式，结果往往成了‘固定化’的舞台表演”。游客与非物质文化遗产所在社区居民常常通过舞台表演场景进行交流，游客只有在短时间内通过表演接触、了解和欣赏非物质文化遗产，对于以非物质文化遗产作为舞台表演的人员来讲，进入舞台的非物质文化遗产被“固定化”了，但是对于观众来讲，却是通过舞台化的非物质文化遗产传承传播，让非物质文化遗产走向广阔的社会，也传播到更多人群，这是旅游“舞台化”非物质文化遗产带来的效果，也是旅游传承传播非物质文化遗产的效果，比如，各地为旅游服务推出的“印象系列”就是典型，从桂林漓江的“印象刘三姐”开始，陆续出现的“印象丽江”“夷水丽川”“魅力湘西”等均是以非物质文化遗产为中心的创新转化。这类非物质文化遗产舞台表演者主要是当地民众，舞台上的非物质文化遗产是他们的生活，却又与他们传统生活有些距离，也就是说，进入旅游系列的非物质文化遗产被舞台化和符号化了，留下的是非物质文化遗产形式上的表现，从而使“舞台化”的非物质文化遗产的表意功能，以及自主性和自生性活动受到限制。

非物质文化遗产融入旅游要进行包装，或者品牌制造，这就需要在一定时间内有目的地选择非物质文化遗产表演内容，在此基础上培育旅游品牌，于是，不同旅游目的地的非物质文化遗产就会出现差异化，也构成旅客差异化体验。非物质文化遗产旅游直接面对游客，非物质文化遗产的生活形态也是面对游客，两种旅游形式和空间呈现非物质文化遗产有差别，游客对于不同情景下的非物质文化遗产体验也有差别。无论哪种场景，游客对非物质文化的观赏与“凝视”，与非物质文化遗产主体之间并不是无差别化关系。

非物质文化遗产旅游差异化体验推动并创造不同旅游空间，以及旅游关系，这些空间结构了差异化主体与客体关系，“主客互动分为公共空间的主客互动、半公共空间的主客互动和私人空间的主客互动。公共空间主要包括广场、街区（街道）、博物馆等，半公共空间主要包括餐馆、商店、宾馆、表演舞台（收费）等，私人空间主要指当地居民的家。按照空间的公共化程度所分成的三种类型彼此之间具有互斥性，即不会存在重叠交错现象，并且可以囊括所有的互动场所类型”。不同空间构成旅游实践形式成为差异化潜在动力，游客在旅游过程中对不同空间的非物质文化遗产体验和情感不一样，获得对于非物质文化遗产认知也不一样。

当然，以非物质文化遗产为中心的旅游出现差异化是地方性、区域性和不同类型非物质文化遗产展现出来的特点。非物质文化遗产作为国家主导的传统保护和知识生产，其交往交流特性超过历史上任何时代，“过去那种地方的和民族的自给自足和闭关自守状态，被各民族的各方面的互相往来和各方面的互相依赖所代替了。物质的生产是如此，精神的生产也是如此”。在《中华人民共和国非物质文化遗产法》《国家级非物质文化遗产保护与管理办法》等非物质文化遗产保护法律法规推动下，非物质文化遗产的知识生产方式和表现形态能够跨越民族、地域受到普遍性的接受和认同。

三、空间赋能：非物质文化遗产旅游目的地建设

空间赋能是非物质文化遗产生活空间转化为旅游空间的重要表现。其转化过程就是非物质文化遗产融入旅游的建设过程，包含了文化关系、情感关系和权力关系，“关系的存在并非局限于认同和沟通的样式，它们亦在知识分布和权力配置的过程中构成了关系的关系，即权力关系，它常常以微观形式渗透、散布和穿行在日常生活的生产和再生产之中”。非物质文化遗产赋能旅游空间是非物质文化遗产生活、传承空间赋能旅游空间和旅游空间关系。

非物质文化遗产空间赋能旅游主要表现在原生性空间和新空间的建构方面，“原生性空间生产强调生活在保护区内的多民族、多群体以语言、信仰、社会关系，以及关于族源、祖源的历史记忆和口头文学等核心传统要素为文化生产的素材和认同基础，借助自然生态、物质生活及情感纽带等维系民众强烈的归属感和持续的认同感，这是原生空间内非物质文化遗产知识生产传承的动力旨归。建构性空间生产承继了原生空间知识生产的认同要素和特性，但是，新时代社会生活的外部环境一定程度上影响和改变了文化生态保护区内民众的非物质文化遗产认同意识和认同要素”。非物质文化遗产融入旅游依托民众生活空间，就是原生性空间基础上将建设的旅游小镇、旅游街区，将度假区、旅游景区融入非物质文化遗产，形成“非遗 + 小镇（街区）”的空间赋能方式，这些方式提升旅游空间质量品质和丰富旅游内容。非物质文化遗产与旅游融合是生活的融合，也是生活空间的融合，不仅要利用非物质文化传统生活空间作为旅游目的地，古村落、古镇、古街区蕴藏丰富的非物质文化遗产，也是旅游重要景区，在建设旅游空间过程中保留原生性空间的非物质文化遗产前提下进行改造升级，使其成为以非物质文化遗产为主要内容的景区在我国各地十分普遍，像湖北宣恩彭家寨古村落旅游就包括三

棒鼓、肉连响、民间歌谣等土家族非物质文化遗产项目；喜洲特色旅游小镇以创新方式保护、整合与呈现白族传统文化，建设喜林苑、天谷喜院等为代表的酒店品牌；融入白族扎染、甲马、剑川黑陶、剑川木雕、大理土陶、喜洲粑粑、鲜花食品制作技艺等多种非遗项目，利用老建筑建设多个非遗展示馆，举办插秧节、农耕文化艺术节、非遗美食节、“文创 +”赋能乡村等民俗活动。喜洲特色旅游小镇建设走出非物质文化遗产和旅游产业联动发展新路。

非物质文化遗产与旅游融合出现许多新的空间建设，就是建构性空间，比如，非物质文化遗产馆、传承体验中心（所、点）、非遗工坊等，这些空间聚合丰富的非物质文化遗产，不仅为游客展示非物质文化遗产项目内容、特点，而且提供游客体验非物质文化遗产的实践活动，“非遗 + 研学”增强与游客互动演出和体验教学功能。游客在各类非物质文化遗产展示馆体验、研学过程中感受非物质文化遗产独特魅力。大理弥渡民歌和花灯戏综合传习展示中心位于弥渡县城老城区建宁公园，自 2019 年以来，弥渡民族民间歌手选拔赛、弥渡传统花灯歌舞、弥渡传统花灯戏、弥渡彝族歌舞乐、弥渡非遗活态传习展示、弥渡刺绣大赛、弥渡现代题材花灯剧（节）目展演等多项活动在该传习中心举办。弥渡民歌和花灯戏综合传习中心天天有表演、天天有游客，成为弥渡文化与旅游融合发展的核心区和带动区。

无论是非物质文化遗产生产、传承的传统空间的改造升级，还是新建空间的非物质文化遗产的人为汇聚，均体现在空间赋能旅游过程中“非遗 + 景区”的融合建设模式。“白族扎染技艺”国家级代表性传承人段银开的大理市璞真白族扎染有限公司建立“公司 + 农户”合作模式，帮助周城农村妇女通过扎染增加家庭收入，而且推出针对大、中、小学生不同群体的研学旅游。研学游客在博物馆同吃同住，系统全面了解博物馆，在传承人和手工艺人言传身教下，熟悉掌握白族扎染技艺，实现依托非物质文化遗产传承保护空间白族扎染的深度文化旅游。

非物质文化遗产空间由以非物质文化遗产为中心的系统物质与非物质组成空间关系，这些物质化、可以感知的非物质文化遗产载体成为旅游景观重要对象。空间中非物质文化遗产的载体与人、与自然构成紧密生活关系，承载空间内人的生活和情感，然而，在旅游发展中，这些非物质文化遗产作为旅游景观具有消费符号价值，这种关系是自然的、自在的，也是熟悉和彼此认同的关系。然而，在依托非物质文化遗产旅游建设中，许多外来的物质文化、非物质文化遗产进入旅游空间，成为与传统非物质文化遗产景观共构的旅游资源。为了旅游活动丰富性引进的文化与传统空间中的非物质文化遗产建立起新的关系，外来的非物质文化遗产，以及文化景观作用于当地人存在某种紧张感和陌生感，但是，对于游客来讲却是新奇的、新鲜的，也是丰富的。

作为非物质文化遗产生活空间中的旅游，非物质文化遗产传统性在景观中不能有太多改变和包装，这些传统景观及其文化是空间关系的核心，成为空间记忆和空间认同边界，有的时候充满信仰，“永远过往者乃是神圣。因为它作为原初之物在自身中始终是未受损伤者”。比如，贵州黎平四寨村中心的古树、古井、河流，以及鼓楼等均是重要的非物质文化遗产载体，这些古树、古井以及鼓楼等景观包含四寨侗族民众的生活实践、历史记忆、家园情感，充满了神圣性和历史性。四寨的非物质文化遗产景观是家园重要组成部分。“只有当此在是将来的，它才能本真地是曾在。曾在以某种方式源自将来。”村落承载非物质文化遗产旅游不仅是过去、现在，而且影响未来，从这些意义上讲，非物质文化遗产旅游中的传统应该保护，而不是将非物质文化遗产完全旅游化、时尚化，乃至陌生化处理。

非物质文化遗产传承空间成为旅游空间，离不开外来文化浸入。这些外来非物质文化遗产经过选择和过滤，云南剑川沙溪古镇包含丰富的非物质文化遗产，明朝徐霞客《徐霞客游记》曰：“剑川湖之流，合驼强江出峡贯于川中，所谓沙溪也。其坞东西阔五六里，南北不下五十里，所出米谷甚盛，剑川州皆来取足焉。”“沙溪”河两岸出产“米谷”，是“剑川州”的粮仓。沙溪居住有白族、汉、彝、傈僳、纳西等民族。沙溪古镇作为旅游小镇，包括每年七月底至八月初的石宝山歌会，歌会期间附近白族和其他民族青年男女到石宝山唱情歌，交友聚会，这个时节也是旅游黄金时间。沙溪白族本主祭祀民众集体参加，迎请本主活动中民众要打霸王鞭，唱滇戏，跳“耕牛舞”等，这些非物质文化遗产成为沙溪古镇旅游重要组成部分，也是吸引游客的重要原因。近年来，外地各种刺蜡染、饮食等非物质文化进入沙溪，这些对于游客来讲不仅是历史记忆，而且是着眼于当下和未来的旅游发展，诚如迪克斯所说：“受过教育的手和眼睛建构、接受、诠释一番景色，而忙碌的底层劳动者也在建构、接受、诠释另一番景色。经过社会与美学高低标准的过滤，透过表面意义和隐喻意义的‘视角’，决定了哪些人能看到哪些景色。”沙溪古镇旅游建设经过“社会与美学高低标准的过滤”是非物质文化遗产地方性和外来非物质文化遗产有机结合，共同构成非物质文化遗产与旅游深度融合，不仅是沙溪人熟悉的，也是外来游客喜欢和认同的。“通过给自然风景添加文化图示和叙述，诠释把场所变成了某些特定含义——特别是有关环境保护的话语——被预先挑选出以展示给游客的地方。游客进入充满符号的风景区，并以可控制的方式与其互动。”沙溪古镇充满历史景观的茶马古道上古镇房子建筑、古桥古树、非物质文化遗产等成为风景、成为历史与现代交织的符号，从而实现沙溪人与外来游客的互动，沙溪历史与现代互渗，构成非物质文化遗产旅游景区的重要旅游资源。

四、产品形塑：非物质文化遗产性质的旅游纪念物

旅游产品很大程度上满足游客需要，游客绝大部分是外来民众，因此，旅游产品塑造是主体与客体互动，包含微观的、具体产品活动的跨文化互动。游客进入非物质文化遗产旅游目的地，就会使非物质文化遗产商品化，包含非物质文化遗产消费现象发生，诸如，对非物质文化遗产进行包装、改造等。游客进入旅游景区慢慢进入非物质文化遗产情境之中，非物质文化遗产的意义就在情境之中发生。但是，游客对于目的地社会历史和传统知识积淀，以及游客的生活境遇也会影响到非物质文化遗产作用于游客旅游效果的程度。

非物质文化遗产与旅游融合发展过程就是非物质文化遗产旅游化和旅游化的非物质文化遗产实践过程，其核心是将非物质文化遗产符号化的过程。人类知识是区域性的，也带有认同性质的，“科学的社会史研究显示，人在时空中创造知识”。时空中创造的知识就是区域性的知识，并且是与民众生活紧密相关的选择性知识生产，诚如哈丁所说，“自然界不是均质地组织起来的。各个社会没有办法观察所有形形色色的大自然特征”。作为民众生活知识，非物质文化遗产与自然界、与人的关系不是均质性的，而是具有强与弱、远与近的关系，因此，非物质文化遗产作为旅游产品，设计上既要彰显区域价值理念，也要传递人类普遍的共同价值，非物质文化遗产作为区域社会知识体系，显示出“一种新型的知识观念。而且‘地方性’或者说‘局域性’也不仅是在特定的地域意义上说的，它还涉及在知识的生成与辩护中所形成的特定的情境，包括由特定的历史条件所形成的文化与亚文化群体的价值观，是由特定的利益关系所决定的立场和视域等”。哪些非物质文化遗产可以作为旅游纪念品是地方性的，是由“特定的利益关系所决定的

立场和视域”。

通过多种形式创造生产非物质文化遗产产品，将不同类型和不同功能产品通过“非遗购物节”“非遗美食节”等活动融入旅游之中；将非物质文化遗产或相关元素融入旅游产业融合发展示范区、主题公园、游客服务中心、酒店民宿之中；创作以非物质文化遗产为主要内容的演艺产品，传承传播非物质文化遗产蕴含的传统美德、人文精神。

非物质文化遗产作为旅游产品，在设计上要满足不同游客精神文化需要，让游客体验到、认识到旅游目的地非物质文化遗产生活美和传统力量，规避“流水作业化”和“机械化”旅游，让游客广泛参与非物质文化遗产活动。这就需要在规划和挖掘非物质文化遗产旅游上科学提炼、巧妙运用非物质文化遗产的旅游符号，增强非物质文化遗产旅游产品、纪念品在经济赋能中增强传统附加值，创造性用于非物质文化遗产产品主题、宣传口号、游客参与方式等规划设计，这不仅是非物质文化遗产旅游目的地吸引游客、建设区域代表景区的需要，也是游客对旅游目的地和非物质文化遗产旅游产品感知、游客偏好的自我观念、社会角色的体现。因此，非物质文化遗产性质的旅游产品设计、制造并非设计者的事情，而是包含以非物质文化为中心的旅游目的地居民与游客结合和协商的关系。从这个角度上说，非物质文化遗产旅游产品就是重视地方知识创新转化，地方知识生产与再生产。

旅游纪念物最重要的就是旅游纪念品。旅游纪念品设计上要深度挖掘非物质文化遗产的传统内涵和生活价值，并将这些价值贯穿在旅游纪念品制造之中，增加旅游纪念品的传统附加值，游客就愿意购买，丰富和推动非物质文化遗产融合发展；通过旅游纪念品提升游客对于旅游目的地历史、文化和生活的理解，“恢复与特定地方相关的意识形态的历史，是理解风景的基础”。非物质文化遗产旅游风景能够超越区域被更多人接受和认知，推动非物质文化遗产在旅游融合过程中成为文化生产对象和文化消费对象。

当然，我们也注意到非物质文化遗产需要通过多层级申报、评审和认定，这个过程就是经典化过程，这也使地方知识、民间习俗进入国家主导的知识生产和知识谱系之中，这也为进入国家知识体系的非物质文化遗产作为旅游品牌进行合理利用，挖掘更充分的旅游资本价值。

结语

非物质文化遗产与旅游融合发展提升旅游文化内涵，为非物质文化遗产“活”起来开辟新道路。在文旅融合过程中，“非遗 + 旅游”模式从静态结合发展到活化利用，无论是非物质文化遗产保护传承，还是旅游产业创新发展均表现出新形态和新业态。非物质文化遗产与旅游融合对于非物质文化遗产保护是传统的新常态，旅游为非物质文化遗产传承发展带来新拓展和新机遇；非物质文化遗产是具有历史性、穿透力的旅游资源，极大提升了旅游的传统品质和生活附加值。

非物质文化遗产与旅游融合是遗产消费中保留身份认同属性，这种属性对于非物质文化遗产主体来讲，凸显地方身份意义，对于游客来讲，实现互动交流，在消费和休闲中实现身份认同，“人们在重要而富有象征意义的风景区休闲，以此来建构自己的身份”。

非物质文化遗产融入旅游是融入生活，而非为了游客进行景观生产。尽管非物质文化遗产与旅游融合代表区域性质的文化走向和生活倾向，但是，外来非物质文化遗产作为旅游对象和内容融入地方，需要将非物质文化遗产保护传承和旅游创新实现科学、可持续发展的对接。

非物质文化遗产旅游以典型符号方式进行文化表演，在一定程度上是非物质文化遗产表象化和表层化。非物质文化遗产在旅游过程中常常是简单复制，歌舞表演、民居、饮食、服饰只停留在表演上，是各种类型非物质文化遗产符号的聚合。这就形成旅游中非物质文化遗产内涵被简单化。游客是被动的，并没有参与到非物质文化遗产生产与传承过程，这对于非物质文化遗产旅游来说是需要克服的，要规避对于非物质文化遗产作为符号体系过度应用或滥用。非物质文化遗产旅游不能游离于旅游目的地的生活传统和文化表达，尽管兼顾游客的多元化“凝视”取向，但是仍然要立足旅游目的地的地方生活和区域传统。

非物质文化遗产与旅游融合是生产知识和产生效益的过程，其主体是非物质文化遗产持有者，包括个人和社区等，游客进入旅游目的地形成主客体间的互动关系，显示出隐性和显性不同面相。非物质文化遗产构成旅游活动过程和场景的意义生产和生活关系受制于主体和客体互动的具体情境。

非遗活化与旅游融合发展的场景构建与展望

吴若山[①]　赵利圆[②]

【摘要】随着非物质文化遗产保护与传承工作的深入，非遗活化与旅游的融合发展逐渐成为推动文旅产业高质量发展的新引擎。本文通过分析非遗活化与旅游融合发展的构建逻辑、路径与现状，结合各地典型案例，归纳总结当前非遗活化与旅游融合发展存在的问题，试图探讨推动非遗活化与旅游融合健康发展的建议。

【关键词】非物质文化遗产；文旅消费；场景构建

非物质文化遗产与旅游场景的融合，旨在实现非遗的活态传承，两者的深度融合已成为推动文化传承、促进经济发展的重要路径，非遗活化与旅游融合发展的构建促使非遗保护从传统的“博物馆式”静态保存转变为“见人、见物、见生活”的动态传承。在相互交融的过程中，非遗的融入丰富了文旅市场的产品供给，提升了文旅目的地的竞争力，同时提升了游客的人文素养，使得传统文化在现代社会中焕发了新的生机。本文将从构建逻辑、路径与现状、存在问题及对策建议四个维度，系统分析近年来非物质文化遗产与旅游场景融合发展的趋势与实践经验，以期为未来深度挖掘非遗与文旅融合实践提供参考。

一、非遗赋能文旅高质量发展的逻辑

近年来，随着国民消费升级，传统观光游正加速向沉浸式体验转型，融合成为文旅

① 吴若山，本名吴俊，新时代文旅研究院院长，文旅中国·发展研究中心特聘专家、北京旅游学会理事、中国劳动关系学院文旅政策研究中心副主任。

② 赵利圆，新时代文旅研究院研究员。

发展的核心驱动力，非遗成为塑造具有中国特色文旅体验的独特密码，故宫文创、大唐不夜城、“只有河南·戏剧幻城”、中华彩灯大世界等成功案例依靠独特的文旅 IP 打破同质化僵局，讲出了文化感十足的新国潮故事。2025 年春节期间，“非遗游”热度较 2024 年大增 40%，逛灯会、赏民俗表演等成为最热门活动项目；“非遗体验”“非遗手工”的搜索量分别增长 168% 和 321%；非遗热门目的地如河南开封、广东汕头、陕西西安、四川阆中等搜索热度翻倍；历史文化、博物馆类的热度较去年增长超 50%；泉州提线木偶、佛山舞狮、潮汕英歌舞等年俗项目及扎染、木版年画、花灯制作等非遗体验活动也得到大量游客青睐。文旅业将延续“非遗赋能 + 文化创新”趋势，在满足人民美好生活需要中实现文旅行业的高质量发展。

1. 传承保护更有活力。非遗与旅游的深度融合，不仅为传统文化注入新的生命力，还通过旅游场景的延伸，显著拓展了非遗产品的市场空间，有效激发了非遗从业人群的创新创造活力和创业就业热情。这种融合通过场景化体验、产业化升级、数字化传播、跨界联动等方式，推动非遗从“小众传承”走向“大众消费”，形成可持续的商业生态，促进了非遗传承保护的可持续发展。

2. 文旅体验更添新意。在文旅发展从风景转入场景的当下，非遗与旅游融合跳出特定时间、空间和节点的限制，融入文旅发展全过程，通过与文旅全要素的深度融合，无限定空间非遗进景区为游客营造了全方位的沉浸式非遗旅游体验，在保护传承非遗的基础上，非遗展陈、展演、体验活动等非遗文旅形态突破时间、空间的限制，让游客在景区内感受非遗活态魅力。如西安大唐不夜城将皮影戏、秦腔表演融入街区，带动相关文创销售额增长，衍生出研学旅游产品。同时，非遗的“活态传承”特性让游客从旁观者变为文化参与者，敦煌莫高窟数字化展演、洛阳“唐宫夜宴”等沉浸式场景项目，通过文化浸润式手段强化文化现场共鸣，增强了游客情感联结。

3. 旅游目的地建设更具深度。民族的才是世界的，非遗作为地域文化的核心载体，为旅游目的地建设提供了独特的文化内涵和差异化竞争力。非遗通过独特的技艺、表演和民俗，成为旅游目的地的文化符号，塑造地域文化 IP，提升了旅游目的地的辨识度。如福建土楼以客家夯土技艺和民俗表演为核心，打造“世界文化遗产 + 非遗活态展示”的复合吸引力。再如西安“长安十二时辰”主题街区依托唐风非遗体验，成为现象级文旅 IP，日均客流超 2 万人次。非遗与文旅的融合还催生出多元体验场景，丰富了旅游业态，延长了产业链，苏州评弹茶馆、景德镇陶艺 DIY 工坊等非遗创新空间提升了游客的参与度和停留时间，非遗灯会、打铁花表演等成为目的地夜游亮点，推动夜间经济繁荣兴旺，以第 31 届自贡恐龙国际灯会为例，入园游客达 194.65 万人次，总收入 2.23 亿元。贵州苗绣村、浙江龙泉青瓷小镇等地通过非遗活化，实现了文旅赋能乡村振兴的联动发展。

二、非遗赋能文旅高质量发展的路径与现状

只有将非遗的厚家底转化为高质量发展的新引擎，才能最大限度释放文旅经济新动能。近年来，各地在实践中探索出数字赋能、空间活化、节庆 IP 打造、产业联动等非遗赋能创新路径，推动非遗从文化资源角度赋能文旅高质量发展，形成可持续的发展模式。

（一）场景开发：构建“非遗 +”文旅综合体

1. 非遗街区与古镇成为城市文化新地标。物理空间的创新利用是非遗文旅场景拓展的重要载体。天津打造“运河不夜城”，福州三坊七巷非遗街区将传统建筑与现代生活结合。北京大吉巷通过系统性利用非遗资源，融入北京胡同文化，构建了“食、住、行、游、购、娱”全链条文旅生态。南宁三街两巷历史文化街区将非遗美食与文旅结合，打造具有“餐饮 + 文化”属性的饮食文化盛宴。

2. 非遗工坊与研学基地推动深度旅游。湖南推动非遗工坊进景区，陕西铜川举办非遗美食大集。武鸣五彩壮乡文化产业园集合壮族五色糯米饭制作技艺等非遗项目，开展基地观光游、周末游、亲子游等活动。合肥罍街小饮非遗茶空间展示六大茶类、中国书法、花道茶艺等非遗项目，通过技艺展演、品鉴沙龙等形式连接客群。

3. 主题酒店与空间创新非遗生活化场景。天津滨海新区试点“非遗进酒店”，合肥罍街小饮非遗茶空间日均接待游客数百人，有效解决游客餐前餐后的驻足需求，非遗正从表演展示向日常生活场景渗透，不断增强游客的文化认同与情感黏性。

（二）数字赋能：科技重塑非遗体验方式

1. 数字技术突破。集 VR、AR、MR 于一体的 XR 技术的广泛应用，使非遗展示突破时空限制。2025 年春节档，《消失的法老》通过 VR 技术让游客穿越到 4500 年前探索古埃及文明；哈尔滨《王的战车》运用裸眼 3D、仿真科技打造奇幻时空之旅；张艺谋

执导的《澳门 2049》集“XR 内容制作 + 载具研发 + 数字运营”于一体，呈现沉浸式非遗艺术演出。VR 昆曲演出这些案例表明，技术不再是炫技的工具，而是“让文物说话、让历史呼吸”的媒介。

2. 区块链与数字藏品。数字赋能为非遗 IP 保护与开发提供新路径，部分非遗项目通过数字衍生品开发，收益已超过实体产品销售。北京民间艺术家、非遗传承人结合 NFT 非遗藏品技术，开发京剧脸谱数字藏品，受到市场认可。连云港市计划引入区块链技术保护文化版权，推动徐福文化 IP 国际化。当前文化和旅游部正研究修订非遗标志管理办法，加强非遗领域知识产权保护。

3. 线上传播矩阵。新媒介的出现极大拓展了非遗的受众范围与传播边界，抖音生活服务 2025 年推出“非遗好去处”专区，提供亿级流量曝光，培育 10000 个非遗体验主体，并为参与主体提供最高达平台交易额 5% 的补贴。福建“非遗好物 · 云端邂逅”通过直播推广非遗产品，安徽则开展“皖美非遗”主题短视频创作大赛，以数字化营销推动非遗产品流通半径扩大化。

4. 智慧旅游技术。依托文旅数字化提升非遗文旅的服务体验成为各地的重要手段，连云港市开发“一键导览”App，集成 AI 语音讲解、AR 实景导航功能；在连岛、花果山等景区部署智能监控系统，优化游客分流。扬州“非遗 + 古巷”通过无限定空间非遗进景区，在旅游全环节植入非遗元素，体现了数字技术对非遗文旅场景的无缝融合。

（三）节庆 IP 化：强化非遗文旅融合热点

节庆活动是非遗文旅融合的重要引爆点。传统节庆非遗活化成效显著。2025 年春节，汕头英歌舞、福建簪花、自贡灯会成为爆款，文化和自然遗产日活动中，福建主会场推出“非遗院子”“街艺巡演”等互动项目，宾阳万兴炮龙文化园将炮龙活动搬上舞台，一条符合现代发展的非遗传承之路初现雏形。

1. 创新节庆 IP 打造拓展非遗体验场景。抖音生活服务发起“宝藏小城 · 非遗季”，围绕城市特色非遗进行热点文旅营销。安徽开展“当景区邂逅非遗”巡游表演活动，招募“非遗旅游景区合伙人”。扬州打造“非遗 + 演艺”“非遗 + 研学”“非遗 + 科技”等文旅新场景，如蜀冈—瘦西湖风景名胜区景区聚焦食、住、行、游、购、娱，在趣园茶社、扬州宴等特色餐厅展演扬州清曲、扬州弹词等本地民俗文化，因地制宜打造唐子城非遗民宿客栈集群，推出扬州工艺、扬州传奇、扬州印记等近 200 种“瘦西湖游礼”文创产品。同时，利用自身培育的网红号宣传矩阵，邀请非遗传承人走进直播间，推介扬派盆景、淮扬美食等非遗好物，将非遗技艺、产品同日常生活体验的需求紧密结合起来。这些创新做法使非遗节庆从单一表演向多元化体验升级。

2. 国际文化交流提升非遗 IP 影响力。各地着眼全球化思路，推动非遗从地方特色向国际化 IP 跃升，拓展文旅体验的全球辐射半径。连云港市计划与日本、韩国等东亚国家合作，举办徐福文化国际论坛。安徽支持非遗企业“走出去”，打造“皖美非遗”国际品牌。云南傣族泼水节通过“同泼一江幸福水——听见湄公河”成为中国、泰国、老挝、柬埔寨、越南五国青年交流的载体与平台。福建妈祖祭典通过“妈祖文化旅游节”“妈祖回娘家”“春秋祭典”“海祭”活动，策略性向海外华人传播妈祖文化特色，已发展为具有广泛国际影响力的地方文化品牌。

（四）产业联动：推动“非遗 +”跨界融合

产业协同是非遗文旅融合可持续发展的关键，非遗工坊的全面铺开有助于带动乡村振兴。全国非遗工坊中，2400 余家位于脱贫地区，可以将支持非遗工坊与当地助残扶困相结合。湖南湘绣、铜川泥塑等非遗工坊既传承技艺，又促进乡村经济。武鸣五彩壮乡文化产业园实践“非遗 + 旅游”模式，扎实推动非遗和旅游深度融合。

1. 产业链延伸提升非遗附加值。天津“蓟州宴”、关中五地非遗美食大集形成“非遗 + 餐饮 + 旅游”闭环。安徽鼓励将非遗元素植入影视剧、微短剧、动漫、网游等产品。扬州个园通过“非遗 + 文旅”探索文化传播新路径，非遗与相关产业的深度融合潜力得以释放。

2. 金融资本催化助力非遗产业化。安徽创新金融服务路径，引导金融机构推出“非遗贷”“非遗工坊贷”以及创业担保、项目保险等专项金融服务产品，推动非遗技艺的现代化转型和市场拓展。举办非遗类企业政银企对接会、金融投资洽谈会、路演等活动，促进跨行业、跨产业供需对接合作，推动企业做精做强。鼓励社会资本投入，探索“政府引导 + 市场运作”模式，解决非遗企业融资难、融资贵等问题。

3. 夯实人才根基保障产业可持续发展。江苏省连云港市与江苏海洋大学共建“文化科技学院”，四川省自贡市与电子科技大学、四川轻化工大学合作，培养彩灯数字文创、仿真科技等方面专业人才，着力破解面向未来的非遗产业发展的人才瓶颈问题。

4. 非遗社区参与构建循环生态。非遗文旅的可持续发展高度依赖地域化社区，各地通过利益共享机制激发出非遗植入文旅体验场景的内生动力。黔西苗绣合作社立足本地，围绕“打造一个品牌、培育一批巧匠、建立一个基地、开发一批产品、设置一个示范展区、畅销 N 个销售平台”的发展思路，搭建了研发、生产、销售、展示、行业五个平台，采取“龙头公司 + 小微企业 + 合作社 + 农户（绣娘）”的发展模式，以苗绣经济反哺社区发展。云南扎染村通过村民共同管理运营工坊，以游客反哺村落建设。

表 1　非遗文旅融合的四大路径

构建路径	主要做法	典型案例	成效表现
场景开发	非遗街区、工坊研学、主题酒店	福州上下杭、合肥罍街茶空间、南宁三街两巷	日均接待游客数百至数千人，消费停留时间延长
数字赋能	XR 技术应用、区块链确权、线上传播、智慧旅游	敦煌数字藏经洞、抖音“非遗好去处”、连云港“数字西游”	非遗产品客单价提升 6 倍，线上销售渠道拓展全国市场
节庆 IP 化	传统节庆活化、创新 IP 打造、国际交流	自贡灯会、宾阳炮龙、安徽“非遗进景区”	春节非遗活动吸引 4.9 亿人次，部分景区收入增长 11 倍
产业联动	乡村振兴、产业链延伸、金融支持、人才培养	全国 9100 余家非遗工坊、安徽“非遗贷”、连云港人才计划	带动 500 万人就业，非遗年产值破万亿元

通过这四大路径的协同推进，非遗文旅融合正从单一展示向多元体验转型，从区域向全国拓展，从文化保护向产业振兴升级，展现蓬勃生命力与广阔发展前景。

三、高质量发展面临的挑战

尽管非遗文旅融合生态发展迅速，取得了显著成效，但在实践过程中仍面临一系列挑战和问题。深入分析这些痛点与瓶颈，有助于针对性提出对策，在更深层次推动非遗与文旅融合。

（一）非遗产品开发与新兴需求脱节

1. 同质化现象较为严重。许多地区的非遗旅游产品缺乏创新设计，非遗 IP 的内涵缺乏系统性的深入挖掘和创新性的开发，未能构建出一系列连贯、主题明确且具有品牌效应的产品。同时，与周边的旅游景点和社区的整合程度较低，规划上往往盲目模仿，缺乏地方特色。多数非遗展示主要通过馆内的固定展览和动态表演等传统方式来进行呈现，展示内容单调、游客参与度不足、线上线下互动体验不佳以及缺少具有创造价值的特色项目，难以满足公众日益增长的多样化需求。

2. 数字化转化能力不足。虽然 XR 技术、区块链等数字工具为非遗展示和交易提供了新可能，但数字技术与非遗创意融合还有很长的路要走，大多数非遗传承人缺乏相关技术应用能力，难以独立完成非遗资源的数字化转化和 IP 开发。

（二）跨界融合程度不高与产业链不完善

1. 跨界融合的深度广度仍显不足。非遗文旅消费生态的构建需要多产业协同，虽然全国非遗工坊众多，但如何与旅游、教育、科技等产业形成良性互动仍需探索。非遗工坊多集中在生产环节，与下游的销售渠道、终端消费场景衔接不畅，完整的产业链仍有待形成。

2. 区域发展不平衡问题突出。脱贫地区的非遗种类虽然数量可观，但普遍面临市场对接能力弱、产品附加值低等挑战。安徽、福建等东部省份非遗文旅融合发展较快，而中西部地区受限于资金、人才、基础设施等因素，发展相对滞后。在各省（区、市）内部，城市核心区的非遗文旅项目发展水平又明显高于县域项目。

3. 金融支持体系不健全。尽管安徽等地已试点“非遗贷”“非遗工坊贷”等专项金融产品，但全国范围内非遗企业仍面临文旅产业普遍面临的轻资产融资难问题。且非遗项目更普遍缺乏标准化评估体系，难以获得传统金融机构的认可。同时，投资回报周期长、风险高的特点也降低了社会资本的投入意愿。财政专项基金虽撬动了百亿级社会资本投入非遗开发，但相对于万亿级的非遗年产值，资金支持力度仍有很大提升空间。

（三）专业人才短缺与传承断层风险

1. 复合型人才欠缺。非遗文旅融合发展的复合型人才严重不足，非遗传承人多精于传统技艺，但缺乏现代商业管理和市场营销知识。而文旅从业者又往往对非遗理解不深，导致产品开发和推广中文化失真或商业价值挖掘不足。

2. 人才培养体系不完善。当前非遗传承仍以师徒制为主，与现代职业教育体系衔接不畅。虽然有部分地方先行先试的试点经验，但全国范围内系统化的非遗文旅人才培养机制尚未形成，难以满足产业快速发展的人才需求。

（四）标准缺失与机制障碍

1. 知识产权保护不足影响创新。非遗项目的集体属性与知识产权个体保护之间存在张力，许多非遗技艺和图案被无偿使用或仿制，在没有适当保护机制的情况下，这不仅存在损害了传承人经济利益的风险，也不利于强化传承主体持续创新和传承的意愿。

2. 数据共享与协同机制不健全。非遗数字化资源分散在各个机构和平台，缺乏统一标准和共享机制，难以形成合力。目前各地正在开展的文化数字化虽为推动资源共享提供了契机，但由于体量太大，这类基础性工作需要更多地区的协同参与和资源共享。

（五）可持续发展能力尚需强化

部分非遗文旅项目存在重开发轻保护倾向，过度迎合市场需求导致非遗内涵被稀释或扭曲，丧失了原有的文化价值和精神内核。如何求解与平衡市场效益与本真文化之间的矛盾，是非遗文旅可持续发展面临的核心挑战。

1. 社区参与度不高影响项目生命力。非遗源于社区生活，其活态传承离不开社区的积极参与。但当前许多非遗文旅项目由外部资本主导，本地社区和传承人处于被动接受地位，难以真正实现“见人、见物、见生活”的保护理念。

2. 环境承载压力日益显现。非遗文旅项目的集中开发可能对当地生态环境和文化遗产造成压力，特别是在古镇古街等脆弱性较高的区域。如何实现非遗文旅的绿色发展，是未来需要重点关注的议题。

3. 商业模式单一抗风险能力弱。部分过度依赖门票收入的非遗景区在新冠疫情波动中遭受重创，反映出商业模式单一、抗风险能力不足的问题。同时，作为非遗活态传承与生产性保护的重要载体的非遗文创开发仍处于初级阶段，产品创新性不足，商业化、同质化问题严重，文旅消费场景吸引力不足，传统文化发展存在一定的庸俗化现象。

四、对策建议

（一）以需求场景为导向提升非遗转化效能

非遗文旅开发应建立面向市场需求场景的即时反馈机制，以先进科学技术赋能非遗产品迭代创新，如可依托文化数字化对非遗项目进行高精度的 3D 建模和数字化存档，依托数字云端逐步建立“非遗数字博物馆”，进而促进产品创新，安徽泾县等地就对宣纸、宣笔等制作技艺进行了数字化记录，促进了传统制作工艺数字新生。再如可鼓励科技企业开发低门槛的数字工具包，帮助非遗传承人将非遗技艺转化为数字沉浸式体验、数字藏品等新型业态。可建立非遗 IP 孵化体系，选择具有市场潜力的非遗项目，通过专业团队进行 IP 化开发和全产业链运营，鼓励将非遗元素植入影视剧、微短剧、动漫、网游等产品，扩大非遗 IP 影响力。针对非遗产品的不同实施分级开发策略，针对高端文旅市场开发注重文化内涵和工艺价值的收藏级非遗艺术品；针对大众文旅市场开发融入现代设计和功能的实用型非遗文创；针对年轻形态群体开发虚拟体验、游戏皮肤等数字非遗产品。

（二）以产业场景为载体构建全域全链生态

可根据地域特色的不同规划具有不同特色的非遗主题产业园，以“品牌 + 文旅 + 产业”形式，逐步打造非遗产业集群，在提供产业孵化平台的同时实现区域内非遗的整体保护和整体发展。深化“非遗 +”跨界融合，吸引年轻群体参与非遗创新，鼓励“非遗 + 科技”“非遗 + 教育”“非遗 + 农业”等多元融合，促进非遗呈现方式多业态跨界发展融合创新。以拓展延伸非遗产业转换场景为目的，试点建立并完善非遗文旅项目价值评估体系，探索非遗收益权质押、知识产权证券化等新型融资方式，创新金融支持方式，为金融机构提供信贷决策依据，撬动金融杠杆助力非遗传承转化。打通非遗产业转化末端环节，完善基础设施和服务配套，在景区、街区、交通枢纽等场所设立非遗展示销售专区，提升非遗产品曝光率，改善非遗集聚区的交通可达性、信息服务、环境卫生等基础条件，提升文旅情绪体验。

（三）以传承场景为驱动优化人才培养机制

促进非遗与文旅深度融合发展，探索“非遗 + 研学游”模式，将非遗传承从“博物馆记忆”转换为“生活中的潮流”，增进年轻人群对非遗的认同感与接受度。实施传承人能力提升计划，可采用“师徒制 + 商学院”的混合模式，针对非遗传承人开展系统性培训，内容应涵盖产品设计、品牌建设、电商运营等实用技能。支持高校开设非遗管理、文化数字化等交叉学科专业，鼓励实施“非遗文旅创客”计划，为设计师、策展人、数字艺术家等创意人才提供工作室、启动资金、技术培训等支持，引导“一店一技艺”等多样集群形成。完善非遗传承激励机制，成立非遗文旅人才联盟，不定期举办论坛、工作坊、技能大赛等活动，促进经验分享和思想碰撞。

（四）以制度场景为牵引完善政策保障体系

加快非遗文旅融合标准化建设，制定非遗进景区、非遗产品标识等具体标准，推动非遗发展从自变量转化为因变量，为融合发展建立规范。健全知识产权保护制度，推广区块链等新技术在非遗确权中的应用，建立非遗传统知识数据库，为非遗认证与维权提供可溯源的技术依据。优化管理体制机制，深化文化和旅游部门职能整合，建立跨部门协调机制，统筹文化、旅游、教育、科技等政策资源，完善政府、高校、企业多方合作机制推动非遗融合创新，可试点探索在基层设立非遗文旅融合发展专职机构或临时性专题议事工作机制推动跨部门问题解决，省级及以上机构在制定政策时应注意强化政策协同，推动非遗保护政策与乡村振兴、数字经济、文化旅游等政策的衔接配套。

（五）以生态场景为底线平衡保护利用体系

实施非遗分类保护策略，对濒危非遗项目以抢救性保护为主，限制开发。对市场化生存能力较强的非遗项目鼓励合理利用，通过生产性保护实现活态传承。注重人在文化可持续发展中的主观性作用，推广社区参与式发展模式，非遗文旅项目规划应充分听取所在区域和传承人意见，将非遗符号嵌入文旅项目开发过程，可探索试点建立社区分红机制，以居民为主体保障文化真实性，让居民共享发展成果，如浙江金华市婺城区“小冰岛”就由村民合作社运营，并由村民进行民俗讲解。倡导绿色非遗理念，优先开发环境友好型非遗项目，如传统饮食、手工技艺等，对可能产生污染的非遗生产流程进行环保改造。构建风险防控体系，鼓励非遗文旅企业开发线上线下融合的商业模式，提高抗风险能力，加强国际交流合作，借助“春节申遗成功”的契机，推动非遗旅游国际化，通过国际平台展示中国非遗魅力。

促进非遗与文旅共通融合，其根本目的是实现文化基因与现代生活的和合共生，是一项复杂且持续演进的系统工程，需要政府、企业、传承人、社区等多元主体共同参与。通过产品创新激活市场需求，通过产业协同提升经济效益，通过人才培养夯实发展基础，通过制度保障优化整体环境，通过可持续发展理念平衡多方利益，方能构建文化效益与经济效益统一、传统传承与现代创新融合的非遗文旅融合新生态。

从双向奔赴到价值重构
非遗赋能浙江民宿高质量发展的实践与思考

吴健芬①

五千年前，良渚玉琮镌刻着中华礼制的图腾；一千年前，龙泉青瓷满载着海上丝绸之路的星光。今天，当非遗传承的火炬交到我们手中，什么样的“载体”能够让大众更容易、更愿意接受这些文化瑰宝。我们的答案是——民宿。这些散落在山水之间的驿站，也正成为古老文明与现代生活对话的“会客厅”。

从多年前开始，浙江非遗主题民宿的实践始终围绕三个命题展开：如何让沉淀千年的文化基因，在当代旅居空间中“生长”出新的生命？如何让民宿能够因非遗体验而长出飞向千家万户的翅膀？如何让游客能够在乡村和民宿度假休闲时感受非遗的魅力？

一、非遗与民宿融合是一场文化与产业的双向奔赴

在全球化与城市化浪潮的冲击下，非遗作为民族文化的基因库，正面临传承断层与活力衰退的危机；而民宿作为乡村旅游的新兴载体，虽凭借个性化体验迅速崛起，却因同质化竞争陷入发展瓶颈。两者的融合，恰似一场文化与产业的双向奔赴：非遗需要民宿这一现代生活场景实现“活态传承”，民宿则需要非遗这一独特文化 IP 构建差异化竞争力。这场融合不仅是文化保护与商业创新的结合，更是乡村振兴战略下“以文促产、以产兴文”的生动实践。

---

① 吴健芬，浙江省旅游民宿产业联合会会长，《旅游民宿基本要求与等级划分》国家标准和实施评定办法、《民宿基本要求与评价》浙江省地方标准及评定细则、《浙江省民宿蓝皮书》等起草人和撰稿人，浙江省乡村文旅运营相关导则起草人。

从现实需求看，文旅深度融合已进入“体验经济”时代。游客不再满足于走马观花的观光，而是追求深度文化体验与情感共鸣。非遗与民宿的融合，恰好能满足这一需求——通过将非遗元素植入民宿的建筑、餐饮、活动等消费触点，打造多维度文化体验，让非遗从博物馆的展柜走向日常生活的场景。例如浙江创新“非遗体验日历”模式，将技艺转化为可参与的活动。日常体验：每日提供 1 ~ 2 项简易体验（如扎染方巾、香囊缝制）；节日专题：春节推出“打年糕 + 写春联”套餐，中秋开展“月饼制作 + 灯笼绘制”活动。

非遗与民宿的融合，蕴含着文旅深度融合的三大价值维度。一是文化空间的重构价值。目前较多非遗以博物馆、文化馆等静态空间呈现，与现代生活存在距离感。民宿作为生活化场景，能通过空间设计、活动策划等方式，将非遗转化为可感知、可互动的体验。例如，丽水畲文化主题民宿，建筑采用天井结构，融合现代美学与畲族传统符号，装饰细节融入畲族彩带、刺绣等传统工艺，镜面、坐垫等物品均体现民族风情，游客在入住体验过程中，品味畲族人民审美和生活方式，也感受到了传统文化的温度。二是体验经济的赋能价值。体验经济的核心是“创造记忆”，非遗与民宿的融合，能通过沉浸式体验设计，为游客提供独特的文化记忆点。例如，有的民宿推出“非遗下午茶”，将传统茶点与非遗包装结合，游客在品尝茶点的同时，还能参与茶具制作、茶艺表演等活动，形成“吃、玩、学、购”的链式体验，既提升了民宿附加值，又增强了游客黏性。三是乡村振兴的驱动价值。非遗与民宿的融合，能通过产业联动带动乡村经济，也为非遗传承人提供扩大影响和生产的机会，例如，嵊州市大志然工艺竹编厂依托国家级非遗代表性项目嵊州竹编，设立嵊州竹编非遗工坊，通过“工坊 + 民宿”开展非遗研学、非遗民宿建设等措施，更好地传承发展了嵊州竹编技艺，直接或间接带动周边群众数十人就近就业，人均年收入超 5 万元，还开展嵊州竹编公益性技能培训，为当地乡村振兴、共同富裕贡献了非遗力量。

然而，尽管非遗与民宿融合前景广阔，但当前行业仍存在三大问题。一是文化符号的浅层堆砌。部分民宿仅将非遗作为装饰元素，如悬挂几幅剪纸、摆放几件陶器，缺乏与空间、服务的深度结合。游客虽能看到非遗，却无法参与、体验，文化传播效果有限。二是产品同质化的困局。由于缺乏创新，许多民宿的非遗体验项目雷同，如扎染、陶艺等“标准套餐”泛滥，导致游客审美疲劳，民宿竞争力下降。三是不可持续运营的挑战。非遗体验项目依赖传承人入驻，但若民宿客源不稳定，传承人难以长期合作，导致活动断续、品质波动。同时，非遗文创产品普遍存在创意不足、价格虚高等问题，游客购买意愿低，难以形成持续收益。面对行业瓶颈，浙江通过“价值引领＋生态构建”双轮驱动，探索非遗与民宿融合的可持续路径。

二、浙江实践和探索是从价值导向到生态营造的“四重奏”

（一）明确引导方向：奠定融合发展的政策基石

非遗与民宿的融合，需要解决“如何定义、如何评价、如何规范”的核心问题。浙江通过“廓清边界—量化指标—基因解码—更新迭代”四步走策略，构建了全国首个省级非遗主题民宿建设指南，为行业树立了示范标杆。

首先，廓清边界，破解定义与建设的难题。长期以来，“非遗主题民宿”缺乏统一定义，导致市场存在“文化浅表化”“体验项目名不副实”等问题。浙江从概念入手，明确“非遗主题民宿”需满足三个条件：①文化主题贯穿性：非遗元素需深度融入建筑、服务、活动等全场景；②体验活动常态化：至少提供 1 ~ 2 项非遗技艺的沉浸式体验；③产业带动实效性：需与在地非遗传承人或工坊建立合作，形成文化—经济闭环。接着浙江省旅游民宿产业联合会通过举办沙龙、现场指导、微改精提等方式，从文化渗透度、体验完整度、产业延伸度等维度宣传推广非遗主题民宿创建模式。然后是通过基因解码，构建“浙江非遗主题民宿基因库”，解决非遗元素“碎片化应用”问题。浙江依托“文化基因解码工程”（2020 年启动），对全省非遗资源进行系统性梳理。该工程通过“调查—解码—利用—试点—推广”五阶段，提炼出易于表达的符号基因。调查阶段：组建专家团队，对全省非遗项目进行田野调查，筛选出与民宿场景适配度高的技艺类、民俗类非遗；解码阶段：运用符号学、设计学方法，将非遗转化为视觉符号（如蓝印花布纹样）、行为符号（如扎染工艺流程）、空间符号（如传统建筑构件）；利用阶段：收录解码成果，供民宿主人免费使用；试点阶段：在温州等地选取 10 家民宿进行基因植入试验，优化应用方式；推广阶段：将非遗主题民宿纳入案例库，形成可复制的“基因—场景”转化模式。

浙江非遗主题民宿经过 8 年的迭代，引导差异化发展。自 2017 年浙江推出首批省级认定的等级民宿以来，通过“制定—实施—复评—修订”的动态循环，持续优化非遗融合要求。2017 版标准：首次提出“非遗特色”概念，建议民宿设置独立空间展示非遗技艺；2020 版修订：增加“非遗传承人群驻场”条款，要求民宿主人应深刻理解和尊重所选非遗项目；2023 版升级：引入“文化增值率”指标，衡量非遗元素对民宿房价、复购率、口碑传播的贡献度。连续 8 年的推进，促进浙江非遗主题民宿从“数量增长”转向“质量提升”。数据显示，截至 2023 年年底，全省非遗主题民宿达 327 家，获得了良好的市场反应。

（二）制订实施方案：达成实践与理论的互促

非遗民宿建设需要制订可操作的方案。浙江通过“名录梳理、适配分析、试点推广”三步法，将抽象导则转化为具体行动。第一步，名录梳理：匹配非遗与民宿的“最佳 CP”。浙江省非遗保护中心联合浙江省旅游民宿产业联合会，对全省非遗项目进行分类筛选：技艺类（如竹编、刺绣）：适合手作体验、文创开发；民俗类（如节庆、礼仪）：适合主题活动、场景营造；表演类（如戏曲、音乐）：适合夜间经济、沉浸式演出。同时，根据民宿类型（山居型、水乡型、古镇型）推荐适配非遗。例如，山居型民宿优先匹配竹编、茶艺；水乡型民宿适配蓝印花布、船模制作。第二步，走访市场主体做适配分析与调整。为确保非遗项目与民宿运营的“化学反应”，浙江组织专项调研组，走访 200 余家民宿，同时修订《浙江省民宿评定实施意见》，明确“非遗项目需与民宿主题强关联”“民宿有非遗展示、实践、体验、培训等场地和设施”等条款。第三步，地方标准：温州市先行探索。2022 年，浙江指导温州市制定全国首个地级市《非物质文化遗产特色民宿要求与评价》，从空间、活动、合作等维度细化量化指标。空间维度：应设置与接待规模相适应的非遗项目活动场地、非遗特色产品展示区。活动维度：非遗民宿内应至少有一项宾客可体验的非遗项目，具备持续开展非遗相关活动的能力，并提供相应服务。为宾客提供了解非遗相关信息的服务。合作维度：为宾客提供购买非遗特色商品的服务，可与非遗工坊或传承人签订长期合作协议等。发布实施地方标准的同时，温州市文旅局及时出台配套补贴政策，对新获评的省级非遗主题民宿一次性给予 10 万元奖励，推动全市非遗主题民宿从 2021 年的 12 家增至 2023 年的 58 家。

8 年来的浙江实践，总结出非遗主题民宿建设的核心可以归纳为“三有”，第一，有魂：文化主题贯穿建筑、服务、产品全链条。例如，台州“石塘海景民宿”采用温岭石屋建造技艺，墙面嵌入渔民画浮雕。安吉“竹语民宿”办理入住时赠送竹编钥匙扣，退房时赠送竹筒茶。这种“润物细无声”的融入，让游客在无意识中接受文化熏陶。第二，有根：深度结合在地非遗，避免“文化移植”。如龙泉市金品窑民宿，依托老宅中保留的一支祖传的古龙窑——金品窑，打造一家宜居、宜体验、宜购物的“龙泉青瓷主题”民宿，游客来这里可与非遗代表性传承人近距离交流、可在青瓷手作体验区感受制瓷的乐趣，还可以定期参加开窑活动，也可以到青瓷展厅参观。第三，有效：带动传承实效可见。丽水“一默家”通过植物染、布老虎制作等体验，带动周边32位女性就业，年生产手工香囊2万件，成为先锋书店的稳定供应商。一位北京游客在先锋书店购买香囊后，专程到“一默家”体验制作，感慨：“原来真正的文化在这里。”

（三）构建非遗场景：打开文化转化的创新维度

维度是框架，场景则是血与肉。浙江通过“空间—体验—传播”三维场景创新，让非遗从“可看”变为“可沉浸、可带走、可传播”，让非遗成为旅游中的“文化地标”。

1.空间场景：非遗元素的建筑化表达。浙江民宿将非遗转化为空间语言。如宁海岚月山房，建筑传承唐宋古建智慧到新中式的延续，经典木色搭配灰瓦白墙，通过空间规划、小品摆饰设计，给人一种旧时光的返璞归真，还将宁海十里红妆婚俗、泥金彩漆、清刀木雕等非遗项目与民宿相结合，把十里红妆传统家具、摆件植入民宿，让入住的客人直观体验到非遗的魅力。

2.体验场景：从“观看”到“参与”的升级。如象山“朝山暮海”建在海边，主打渔文化，与象山鱼拓顺利牵手；“玖悦初见”的民宿主曾有在海上乘风破浪的经历，便引进了船模艺术；“俞家小院”的负责人十分喜欢酿酒，与白药制曲工艺传承人“一见钟情”；“溪上山隐”整体装修是新中式风格的，便引进了盘扣制作技艺。

3.传播场景：多媒体手段的流量赋能。浙江民宿利用短视频、直播、时装秀等新媒体手段，扩大非遗影响力。如林栖36院：返乡设计师将非遗时装走秀引入乡村，通过抖音直播吸引百万观看，单场走秀带动周边民宿预订量增长300%。这种“场景+流量”的模式，让非遗从乡村走向全国，形成“文化IP—流量变现”的价值提升渠道。

（四）打造生态之网：编织永续发展的协作网络

非遗与民宿的融合，需构建政府、协会、企业、传承人“四位一体”的协作生态，通过利益共享、客源联动实现可持续发展。四位一体协作网络的构建。建立“政府引导、协会协调、企业主体、传承人参与”的机制。政府：出台补贴政策（如非遗主题民宿补贴）、组织培训（每年举办非遗传承人群研修班）；协会：制定团体标准、搭建资源对接平台（如非遗项目库、民宿需求库）；企业：投入资金改造空间、开发文创产品；传承人：提供技艺指导、参与活动设计。例如，温州市文旅局联合民宿协会，举办“非遗主题民宿对接会”，促成 30 余家民宿与传承人合作。利益共享机制的创新。探索“分成制”“股份制”“客源联动机制”等合作模式。通过“线路串联”“套餐打包”等方式，实现客源共享。例如，推出“非遗研学一日游”，游客可参观工坊、体验技艺、购买文创，形成完整消费链。这种模式既保障了传承人收益，又降低了民宿运营风险。生态滋养传承。通过政策引导、资源整合，推动非遗与民宿形成共生生态，构建“保护—转化—增值”闭环。鼓励民宿与周边非遗工坊、传承人合作，开发主题旅行线路、研学课程等延伸业态。支持民宿研发非遗文创产品，如将传统蓝印花布转化为抱枕、笔记本等实用品，既提升产品附加值，又增强游客购买意愿；通过培训、补贴等方式，帮助民宿主人成为非遗爱好者或研究者，提升其文化解读与运营能力。

当竹编灯影摇曳在民宿的庭院，当游客在指尖感受传统技艺的温度，当文化基因在民宿主的传承中焕发新生，我们看到的不仅是非遗与民宿的融合，更是一个可持续的文化增值生态——在这里，文化不再是孤立的符号，而是驱动产业升级、乡村振兴的核心动能。浙江的实践证明，只有通过价值引领与生态构建，才能让非遗与民宿实现双向奔赴，真正走向文化与产业的共赢未来。

三、行业启示：让优秀基因找到宿主，非遗主题民宿的温度与使命

在乡村振兴的宏大叙事中，乡村被比作承载中华文明的“皇冠”，而非遗恰是这顶皇冠上“最璀璨的明珠”。当民宿产业深度融入乡村肌理时，其使命已超越提供住宿本身，更在于成为激活文化基因的宿主。非遗主题民宿的本质，是让那些濒临消失的技艺、仪式、节庆重新“长在生活的土壤里，活在体验的空间里”，使游客在木门开合间触摸文明脉搏，在晨昏起居中感受文化呼吸。这不仅是商业模式的创新，更是工业文明时代人们精神的慰藉——用一盏灯、一杯茶、一双手作，为漂泊的现代心灵提供诗意栖居的锚点。

打造非遗主题民宿需要把握三个深层逻辑：价值逻辑、运营逻辑和融合逻辑。

（一）价值逻辑：从文化借用到文明共生——让非遗重新定义生活

非遗主题民宿的核心价值，在于将传统文化转化为当代生活的“脚本”，让非遗不再是博物馆中的展品，而是融入居住节律、空间美学与日常体验的文化叙事主体。这一过程需要突破“文化符号浅层堆砌”的误区，实现非遗与民宿的“化学融合”。首先，非遗作为空间与时间的定义者，可以启动文化叙事的重构。传统民宿往往以自然景观或建筑风格为卖点，而非遗主题民宿则通过文化叙事重构空间意义。例如，杭州西湖畔的民宿，将灵隐寺的晨钟暮鼓融入居住节律：清晨，游客在梵音中醒来，推开窗可见僧侣扫落叶；夜晚，民宿提供“抄经＋品茶”体验，让文化重新定义时间。这种设计打破了“住宿＝休息”的单一功能，使民宿成为文化体验的起点与终点。再如，绍兴一湖酒场·朴筑民宿，游客可以体验老绍兴人用土灶做饭的乐趣，有省级黄酒酿制技艺非遗传承人为大家讲解、展示传统的手工酿酒工艺，这种深度融合，让非遗从“背景板”变为“主角”，重新定义了民宿的价值维度。其次，通过文化认同的塑造，可以使宾客从“游客”转变为“文化参与者”。非遗主题民宿的价值，在于通过体验设计唤醒游客的文化认同。舟山“海岛非遗主题民宿”聚焦渔民画、船模制作，坚持“在地性”原则。游客在制作船模时，需了解渔船结构与航海文化；在临摹渔民画时，需理解海洋生态与渔民情感。这种“做中学”的过程，使游客从旁观者变为文化传承的参与者。相关研究数据显示，参与非遗深度体验的游客，其文化认同感得分较普通游客高42%，复购率提升35%。这印证了非遗主题民宿的文化价值：它不仅是住宿场所，更是文化认同的孵化器。最后，非遗主题民宿的最高境界，是实现传统文化与现代生活的“共生”。传统文化需要在时代浪潮中“蓬勃生长”，将年轻人喜闻乐见的现代元素与传统非遗相结合，如“旧材新用”的设计让非遗在当代生活中找到新的表达方式，引入智能控制系统实现传统美学与现代科技的平衡等。更值得关注的是，非遗主题民宿正在推动文化基因的“再创造”。温州“林栖36院”将蓝印花布纹样与现代服装设计结合，开发出“新中式”服饰系列，年销售额突破500万元。这表明，非遗并非僵化的遗产，而是可以通过创新激活的“活态基因”。

（二）运营逻辑：从体验消费到价值反哺——构建可持续的生态闭环

非遗主题民宿的可持续发展，需突破“一次性消费”的短视模式，通过“非遗＋研学”“非遗＋文创”“非遗＋节庆”等复合业态，延长消费链条，形成文化保护与商业利益的良性循环。

1. 反哺机制的建立：让消费成为文化保护的助力。浙江瑞安“未见山染”民宿的实践具有示范意义。主人先开设非遗工坊，开展扎染、蓝印花布研学项目，年接待学生5000人次；后依托工坊建设民宿，非遗体验区占比达40%。其创新之处在于建立“分成制”：民宿与工坊按销售额5∶5分成，工坊负责生产，民宿负责销售与体验。这种模式既保障了传承人收益，又降低了民宿运营风险。

2. 消费链条的延长：从“单点体验”到“全域消费”。非遗主题民宿需打破“住宿+体验”的简单组合，构建“食、住、行、游、购、娱”全链条消费场景。象山“在水一方民宿”，精心打造“竹雕研学+民宿”，这种“跨业态联动”延长了游客停留时间，提升了人均消费。丽水畲凤民宿开发300多个文创伴手礼，包括彩带围巾、手作香囊、畲绣包包、手作布偶、民族服饰等，每一件作品，均来自乡村的手艺人，以产业反哺乡村，带动乡亲们就业。

3. 生态闭环的形成：从“文化输入”到“价值输出”。非遗主题民宿的终极目标是构建文化保护与商业发展的闭环。丽水“云上平田”，传承人以技艺入股，占股30%，共享文创产品利润。公司开发竹编灯具、文具等系列产品，年销售额达300万元，其中30%利润反哺非遗保护。这种“文化—产业—保护”的闭环，使非遗主题民宿成为文化活态传承的“造血机”。

（三）融合逻辑：从地方叙事到文明对话——让非遗走向世界

非遗主题民宿的使命，不仅在于保护地方文化，更在于通过文明对话展现中华文化的包容性与生命力。当民宿成为跨文化交流的窗口，非遗便获得了世界意义。杭州径山寺周边的民宿，在径山寺举办“中日茶道对话”期间，邀请日本茶道家与径山茶宴传承人同台表演，双方在茶具、礼仪、哲学层面的交流，不仅深化了对各自文化的理解，更共同探索了“茶道精神”的现代价值。这种对话，使非遗成为连接不同文明的纽带。当非遗主题民宿走向国际市场，其使命升级为讲述“人类共同遗产”的故事。这种润文细无声的方式，使非遗从“中国故事”升华为“人类遗产”，展现了中华文化的世界价值。宁波的“宋小姐别院”以古法酿酒技艺为民宿IP，从建筑外观到客房命名（如桃花醉、桂花香等），从酒坊陈列到邀请境内外游客品酒体验、开发伴手礼、网络传播，构建了一个多维的非遗主题空间，让境内外游客在旅居生活中接受传统文化的浸润，带走非遗技艺酿造、符合现代审美的伴手礼。这种将地方文化升华为普适价值的叙事，使非遗主题民宿超越了地域限制，成为文明对话的桥梁。非遗主题民宿的文明对话，需避免“文化展示”的单向度模式，转向“共享智慧”的互动模式。

（四）时代使命：从一张床到一扇门——非遗主题民宿的终极追求

非遗主题民宿的终极目标，是重构一种有温度的商业文明，让民宿成为非遗活态传承的灯塔。非遗主题民宿，不应仅关注床位数、入住率，更应计算：我们让多少濒临消失的手艺再次焕发生机？多少年轻人走向了非遗传承之路？多少游客带走了文化传承的“火种”？

浙江的实践给出了答案。截至 2023 年年底，全省非遗主题民宿带动了 327 项非遗项目。长兴“云栖舍”民宿，奶奶是乌梅制作技艺代表性传承人，也擅长制作乌梅鸡，民宿便将乌梅鸡锁定为主推的大菜，并邀请当地知名主厨助阵，在奶奶制作乌梅鸡的传统做法上加以改进，推出了自制乌梅排骨、乌梅汤、乌梅咖啡等一系列乌梅衍生美食，成为吸引民宿客人的一大特色，使非遗从“保护对象”变为“经济资源”。非遗主题民宿正在吸引年轻人，数据显示，参与非遗主题民宿运营的年轻人中，62% 表示“愿意长期从事非遗相关工作”。这种“逆城市化”的文化传承，为非遗注入了新生力量。非遗主题民宿的温度，在于让游客成为文化传承的“火种携带者”。五峰山房民宿主人的实践颇具启发性。她用南宋点茶接待外宾，在茶筅击拂的沙沙声中，向客人讲述径山茶宴的历史与禅意。一位日本游客感叹：“这杯茶里，我听见了径山茶宴的禅音，也看到了中国文化的包容。”回国开设了“南宋茶道”工作室。这种“体验—传播—再创造”的链条，使非遗主题民宿成为文化传承的“中继站”。

民宿从来都不该只是旅途中的一张床，而应成为非遗回家的那扇门。这扇门，浙江已经推开——通过价值重构、场景创新、生态共建，构建起非遗与民宿融合的可持续模式；更期待与全国同人一起，让千门万户尽是文明传承之光，让传统文化在现代乡村旅居生活中焕发新生。当我们点燃非遗的薪火，不仅是在重构商业文明，更是在守护人类共同的精神家园。这，正是非遗主题民宿的时代使命与温度所在。

非物质文化遗产与旅游业关系的国际经验探析

杨　红[①]　毕经纬[②]

【摘要】文旅融合背景下，我国各地各类非物质文化遗产（以下简称“非遗”）正处于与旅游业大范围接触、植入、组合的关键时期，如何发挥旅游的经济社会发展工具作用，有力推动非遗的系统性保护与创新性发展，并避免融合过程中可能存在的负面影响，值得非遗保护、旅游管理等相关学科开展交叉应用研究。本文从国外学者对非物质文化遗产与旅游业的关系研究着手，具体从非遗保护与商业使用、非遗保护与旅游发展、不同非遗门类及个案与旅游业等三对关系进行分层次梳理，并基于国外非遗与旅游业融合的相关应用理论与实践案例的译介，归纳处理三对关系的国际经验要点。

【关键词】非物质文化遗产；旅游业；非遗旅游；关系；国际经验

【中图分类号】G127

【资助】国家社科基金后期资助项目《中国非遗保护的当代传播实践》（21FYSB052）

联合国教科文组织于2003年通过《保护非物质文化遗产公约》（以下简称《公约》），无论是国际还是国内，有关非物质文化遗产概念的共识达成、大规模普及认知都始于《公约》。但实际上，“非遗”所指向的那些文化事象和艺术表现形式并不是新事物，表演艺术、手工艺、节庆活动……在人类社会中长期存续并从不间断地发挥着不同的社会功能。因而，当人类社会出现旅行现象的最初阶段，非遗所涵盖的某些门类、事

---

① 杨红，中国传媒大学文化产业管理学院艺术管理系教授、博士研究生导师。

② 毕经纬，中国传媒大学文化产业管理学院在读硕士研究生。

象就已然成为旅行的动机、吸引物，比如为参加特殊的节事活动而发生的旅行。

到了现当代，旅游业渐成一大经济产业，文化、艺术、遗产等的价值体系中增加了旅游价值、旅游开发价值这类指标，并开始被作为一类旅游资源去看待。与此同时，在旅游业介入地方自然人文生态的过程中，虽然会发生许多负面问题，但也在协调矛盾甚至冲突中谋求了不少解决之道，使得许多兼具旅游目的地功能的文化遗产地成为国际公认的遗产保护管理示范案例。围绕非遗与旅游业的关系，探索非遗相关旅游活动的正向意义、可持续旅游的可能性是本文研究的动机。

遗产旅游是近年来国际非遗相关研究的一个重点。有学者根据 Web of Science 数据库中已发表的 249 篇非遗相关论文，分析得出目前国际非遗研究主要集中在遗产保护、遗产空间、遗产管理、遗产政策和遗产国际化方面，而近年来的研究重点是创意遗产旅游、遗产保护与发展中的社区参与、遗产的真实性。[1] 而在国内，在非物质文化遗产概念进入中国后，一些旅游管理学者将民族旅游、民俗旅游等相关选题转向为"非遗旅游"，开展了不少交叉研究；"文旅融合"政策实施后，非遗旅游又一定程度上迎来了研究热潮。

非遗与旅游业的关系研究大多位于文化旅游、遗产旅游、创意旅游等相关研究领域之中，因此不少国际学者基于这些关键词开展的与非遗相关的应用研究及业界案例实践也是本论文重要的参考来源。

一、关系研究的意义

（一）动力支撑：回应非遗与旅游融合的现实需求

我国非遗保护进入新阶段，与旅游的深度融合亟待应用理论支撑。自 2004 年我国加入联合国教科文组织（以下简称"UNESCO"）《公约》以来，我国在履约方面成果显著。截至目前，已有 43 个项目列入 UNESCO 人类非物质文化遗产代表作名录（名册），居世界第一。多位学者撰文表达同类观点：我国非遗保护进入了新阶段，将由注重"保护名录"转向注重"保护成效"，由政府主导的抢救性保护、有限扶持升级为系统性保护、能动发展。而其中的核心问题是正确认识文化遗产保护与社会经济发展的关系，应秉持"在保护中发展，在发展中保护"的理念，其中非遗与旅游的深度融合，实质上就是非遗如何借助旅游业获取更多保护和发展动力的问题。

旅游通过区域经济学中的"引致效应"，为非遗相关文化展示交流提供了平台，为非遗资源的合理开发利用提供载体，有利于促进文化遗产“有效保存—合理利用—反哺保护”的良性循环。非遗是中华优秀传统文化的重要组成部分，而实现创造性转化、创新性发展的重要渠道和动力是旅游，非遗在与旅游的融合中实现从日渐式微的原有存续场景到各类当代场景的延伸。2023 年 2 月，文化和旅游部印发《关于推动非物质文化遗产与旅游深度融合发展的通知》，该通知从加强项目梳理、突出门类特点、融入旅游空间等八个方面为非遗与旅游深度融合发展指明了重点任务。[2] 政府主管部门出台政策措施之外，学术界也应对该命题予以正向引导，从而共同推动我国非遗保护事业在与旅游的深度融合发展中获得更多动力支撑。

（二）正向引导：辩证采纳学界观点以供业内参考

遗产保护与旅游发展的关系问题存在立场差异，需要辩证采纳。国际上，相关机构与学者看待遗产保护与旅游发展关系的角度和立场各异，需要梳理后辨证采纳并提供业内参考。有些学者主张在传承的基础上应适当发展非遗，保护非遗不能仅依靠政府的支持、传承人及社区的持续力，因为它们的优势有限，而旅游业是从遗产中产生经济价值的重要手段，可成为保护非遗的有效途径。借助旅游业可提高非遗开发和推广的力度，从而为传承人等利益相关者创造经济利益并反哺非遗保护。[3] 一方面，非遗为旅游、创意产业提供了发展动力，在人力（知识、技术）和创意方面发挥着战略性作用，成为地区差异化竞争的重要优势；另一方面，文化创造力也是非遗延续发展的一种方式，古代文化与现代创造力的结合赋予了遗产传递其文化精髓的新的生命力，并为人们的精神生活提供了新的支持。[4] 与此同时，要对旅游开发可能产生的负面影响进行预警和控制，联合国世界旅游组织在一份名为《旅游业和非物质文化遗产》的报告中指出：发达国家需警惕的主要风险是遗产的商品化带来的真实性问题；发展中国家则是面临着经济公平和可持续性问题。[5]

其一，旅游业是经济社会发展的重要工具。当代，文化旅游增长持续，如果管理得当，旅游业可为文化资源及其主体提供可持续发展机会。从早期的民族文化旅游到新近的非遗主题旅游，诸多案例表明：非遗相关主体借助旅游业获得可观收益并反哺保护，对增加就业机会、减轻贫困、遏制人员外流、增强身份认同和自觉意识、增强发展潜力等方面有益。

其二，非遗与旅游融合发展的现实意义已不局限于商品化带来的经济利益，更重要的是着眼旅游者主体与文化旅游的客体（旅游目的地、吸引物等）之间互动关系的价值，在互动中确认非遗在身份认同、精神效益层面的重要价值，旅游所形成的互动关系赋予文旅消费行为以特殊的意义。比如，非遗与旅游融合发展中的一项重要使命是维系传统公共文化空间、建构新型公共文化空间。作为“共同体象征”的公共文化空间，对于在地居民具有重要的文化认同、情感维系功能。城乡结构及生活方式的变迁使得原有的一些传统公共文化空间逐步退出历史舞台，借助旅游业，这些传统公共空间可以重获存续动力；也可以建构更多新型公共空间，兼顾外来游客和本地居民的现实需求，让人们“共同在场”并感受到对所在城市、乡村的情感认同。

二、关系研究中的三对关系

“非物质文化遗产与旅游深度融合发展”是适于当前国情、符合行业政策的提法，从学术层面则主要是厘清非遗与旅游业的关系，从不同理论视角和分析层次归纳非遗旅游化利用的积极和消极因素，并寻求可有效解决现有问题的理论依据和管理工具。旅游人类学、旅游文化学等相关学科领域从历史回顾、个案分析等角度对非遗与旅游业的关系已开展了一定的前期理论研究，不少相关学科学者也从区域个案角度对现实问题进行了探索。其中涉及的核心问题主要包括三个方面。

（一）非遗保护与商业使用：寻求矛盾解决之道

非遗保护与商业使用之间可能存在某种紧张关系。大量前期研究强调应注意旅游业及商品化对社会文化的负面影响，在全球化和地方性的互动进程中，非遗相关文化事象与艺术表现形式可能面临商品化和符号化，以及“去上下文化”或所有权等问题。如商业开发过程中可能存在的文化挪用以及“外来者”对本地非遗利用的影响等问题。[6]在商品化过程中本土文化被转化和重构为消费产品，消费者价值体系代替长期存在的社区价值体系，这种消费者价值体系有可能带来营销叙述的不真实及文化资源的不当使用。[7]有不少学者开始寻求该矛盾的解决之道，如从非遗在旅游中运用的可适度、非遗旅游产品在旅游市场中的可及性两类影响因素着手，充分考虑哪类非遗适宜进行旅游开发以及旅游业和文化遗产保护之间可能存在的冲突，提出整合旅游规划和遗产保护规划以满足共创价值的利益相关者需求。同时也强调了社区参与旅游和文化遗产保护规划的重要性，居民感知是规划成功的重要因素，因此需提高社区居民等利益相关者的参与度，加强不同层次利益相关者（国家、区域组织、社区）之间的沟通，整合利益相关者意见。[8]

（二）非遗保护与旅游发展：建立互惠互利关系

非遗保护与旅游业两者之间可建立互惠互利的关系。不少区域个案研究在试图证明遗产的资本化可促进其增值、振兴和保存，包括：可带来可观的外汇和投资、重振传统手工业，提高人们对其社会文化价值的认识，并为本地自豪感和地方特色做出贡献，对国家、地区身份维系至关重要等。[9]同时，不少学者也指出非遗与旅游融合是快速将遗产地转变为旅游目的地的重要方式之一，非遗对旅游业的发展有着多方面的积极影响。第一，丰富旅游目的地产品，吸引具有不同旅游动机的游客，为旅游利益相关者创造经济利益；第二，非遗当中包含着约定俗成的文化规则和社会规范，通过非遗对游客行为进行引导从而减少旅游活动对环境的负面影响，实现旅游的可持续发展。[10]

学者 Bob Mckercher 和 Hilary du Cros 认为缺乏长期规划和管理的旅游活动可能导致文化资源被过度使用、地方对旅游经济的过度依赖、旅游者行为不当而引起文化冲突、旅游基础设施建设改变当地环境舒适性、受益者有限引发社区分裂、对文化财产失去控制、文化资产的实质性恶化七大风险，但发展旅游业也能够带来提供经济发展机遇、振兴当地传统文化、改善当地基础设施、提高旅游者对文化遗产的保护意识、加强当地的文化交流、实现文化资产的可持续发展六大好处。[11]虽然文化资源的旅游开发具有一定的风险，但建立在遏制过度商业化、合理规划旅游开发基础上的非遗与旅游融合发展，能可持续地给当地带来就业机会和可观收益，减少人员外流，增强当地人的文化自信和身份认同，并将旅游收入再投入非遗保护事业，从而助力国家及地区的非遗保护，促使非遗保护和旅游业两者之间形成互惠互利的关系。

（三）不同非遗门类及个案与旅游业：采取差异化的融合策略

依据不同非遗门类的特点，非遗与旅游业融合的切入点主要包括三个方面：其一，非遗融入与文化旅游相关的创意产业。传统手工艺类非遗与之相关度最高，对当地家庭经济水平提升明显，也是国家、外来企业等易于进行正向干预的非遗门类。如何将手工艺相关传统知识、材料科学、审美观念等整合融入旅游体验项目，是有利于旅游可持续的重要类型。其二，文化旅游中的非遗相关表演艺术。表演艺术、口头传统和表现形式是非遗的重要类型，也是当地社区发展旅游业的核心文化资源。非遗相关表演艺术融入旅游服务的具体方式（项目、活动等）表明了当地社区如何在掌握传统表演艺术知识的同时又适应不断变化的社会经济环境。其三，非遗成为专业文化旅游、生态旅游等不断增长的子行业。专门针对细分市场的专业文化旅游、农业旅游、生态旅游等细分行业为非遗提供充沛发展潜力，如乡村生活体验、特定自然区域中的社区生活体验等，通过旅游体验当地居民在该环境中世代相传的特殊遗产。

需从不同非遗门类和个案中寻求非遗与旅游业融合的合理策略。国际层面，大量学者从个案入手研究不同非遗门类与旅游的关系，归纳优势和瓶颈问题。如“奥地利自然相关知识类非遗保护和旅游利用”的案例归纳了当地知识类非遗融入旅游的途径——让游客学习和体验当地的实践活动，体验活动能跨越语言的障碍，让非遗更加“有形”；但该研究也发现旅游活动会造成地区之间的竞争，甚至引发所有权争夺等问题，最终认为非过度的商品化且保持社区主导性的非遗商品化是积极的。[12] 又如波兰“博博瓦传统花边制作”案例探讨了旅游业与传统手工艺类非遗之间的关系，该案例指出：虽然旅游业在很大程度上剥夺了当地社区代表的代理权、决策权和创造力，即非遗传承人被简化为表演者的角色，但旅游业对促进传统手工业发展具有更积极作用，随着外界对传统花边制作技艺的日益关注和认同，传统手工艺者在社区中的地位得到了提高，社区传承的环境得以营造，社区内传承手工艺的意识也更加强烈，这种意识尤其体现在代际传承上。[13] 此外，也有不少研究从区域入手归纳非遗融入旅游的普遍性策略或原则。如有学者在对西班牙科尔多瓦的非遗与可持续旅游进行个案研究后提出：可以创建专用于非遗展览的景点、建筑设施或非遗类文化空间，并综合利用原有旅游线路或设计新路线来吸引游客。[14] 又如有学者对马六甲等地区旅游与非遗的相关研究进行综述后指出，“文化遗产景点”比“一般景点”更具有吸引力，旅游和非遗之间已形成了相互依赖的关系；进而提出非遗融入旅游应遵循以人为本、动态保护这两项原则。[15]

需要注意的是，不少国外研究将非遗旅游纳入创意遗产旅游范畴，有学者专门研究非物质文化遗产可持续性的文化创意框架，通过构建 5As（Actor，Artifact，Action，Audience，Affordance）文化创造力互动模型，识别有助于维持非遗创造力的元素，并研究如何发挥创造力在维系世界遗产地非遗存续力中的工具作用，为行业从业者、政策制定者以及公众提供指导，[16] 为非遗与旅游融合发展这一命题提供了新的思考角度。

三、国外处理非遗与旅游业关系的主要经验

依据前文所述非遗与旅游业融合的三个切入点：以传统手工艺为主的非遗融入与文

化旅游相关的创意产业，以表演艺术为主的非遗融入文化旅游，以及知识实践等地方非遗综合形成旅游新兴子行业等，对国际上一些实践理论与案例进行如下梳理。

（一）非遗融入与文化旅游相关的创意产业

以传统手工艺为主的非遗项目通常以制成品售卖、衍生品开发、工艺体验等方式融入地方旅游及相关产业。其一，开发传统手工艺产品，丰富旅游商品内涵。例如，美国的波士顿茶党船舰及博物馆（Boston Tea Party Ships & Museum）就围绕“以购买纪念品的形式带回一点历史”[17]的宣传语，开发了与茶相关的全品类物品及衍生纪念品。其二，将传统手工艺融入酒店、民宿、餐厅等旅游设施及其他旅游场景。例如，日本静冈县的工艺民宿（mariko craft inn IZUMIGAYA）[18]就为住客们提供了一个欣赏当地工匠制作的精美工艺品的机会，民宿的房间中摆放有：用骏河竹篮技艺编织的灯具和床头板、用骏河染色技术染色的靠垫，以及使用细木工和骏河漆器工艺制作的小木质品。其三，增强互动演示、体验教学等功能，面向游客提供体验、研学等旅游服务。例如，芬兰罗凡涅米市的特色民宿（LAURI Handicrafts & Guesthouse）[19]，就围绕拉普兰传统制造工艺，探索了一种“民宿 + 手工艺体验班”的运营模式。游客不仅可以观看手工艺制作全过程，还可以报名参加体验课程：在手艺人的指导下，用驯鹿角、桦木等天然材料制作精美的纪念品。

在工艺体验服务的提升方面，国外学者及相关案例还十分关注游客的参与度及其参与的深度。深度的工艺体验就要求，在具备基础性动手体验环节的前提下，还应鼓励游客的创意发挥和个性表达，并引导游客通过亲身参与去探索、了解非遗项目所蕴含的自然、文化、历史等要素，从而达到理解本土知识、实现个人价值的目的。具体而言，可以借鉴 Bernd Schmitt 提出的“体验营销”五层面——感官（Sense）、情感（Feel）、认知（Think）、行为（Act）、关系（Relate）来提升体验的整体质量。[20]例如，葡萄牙阿连特茹（Alentejo）为发展乡村旅游而设计的深度体验活动——制作袜子玩偶（Sock Dolls Activity）：该活动是以传统的阿连特茹玩偶为灵感，以天然填充物（如羊毛、香草）作为制作材料，游客在手工艺人的指导下通过观看（故事性的演示视频）、触摸（材料和纹理）、闻气味（自然材料的香味）、听声音（手工艺人的指导）等感官教育，学习并制作自己的袜子玩偶。[21]在情感体验方面，该项目引导游客在制作中回忆童年经历，和游客建立起情感连接；在认知体验方面，游客通过对自然材料、回收材料的触摸和使用，认知循环经济和生态理念；在行为体验方面，不同性别的游客共同参与制作，有助于解构纺织活动与女性性别之间的刻板印象；在关系体验方面，则通过学习制作传统玩偶，帮助游客理解当地文化（见表 1）。

表 1 葡萄牙阿连特茹的制作袜子玩偶（Sock Dolls Activity）活动：经验和策略[22]

体验的类型	体验的描述
感官（Sense）	观看：观察创意工作坊中使用的香料和羊毛；通过观看演示视频了解制作过程。 触摸：材料及其纹理。 气味：闻自然元素的香味（例如香料和羊毛的气味）。 声音：用讲故事的技巧解释制作袜子玩偶的过程，与其他参与者和社区成员分享经验
情感（Feel）	与当地和历史的联系。 参照对比过去以及现在的家庭经历。 制作袜子玩偶帮助回忆美好的童年经历
认知（Think）	了解该活动对循环经济和生态的贡献，即通过使用材料 / 物品（利用旧的袜子）和使用周围环境中的自然材料。 了解材料和技术，并运用到其他环境 / 活动中
行为（Act）	解构基于性别问题的刻板印象，因为活动可以由所有人进行，不分性别。 解构纺织活动与女性性别之间的关系
关系（Relate）	根据当地环境和社会背景以及阿连特茹的艺术实践，对活动进行语境化。 结合传统技术的学习和未使用的材料（如袜子）的使用，构成活动的基础

此外，单一或多个门类传统手工艺集聚的地方，则可形成传统手工艺旅游目的地、旅游线路等。

（二）表演艺术类非遗融入文化旅游

表演艺术历来是重要的地方旅游吸引物，在民族文化旅游中就是经常出现的观光环节，也是国内外学者经常提及旅游负面影响的案例类型。对此，UNESCO 认为：“虽然旅游业有助于复兴传统表演艺术，并为非遗带来市场价值。但它也可能产生扭曲效应，为了满足游客需求，表演往往被简化。传统艺术形式以娱乐的名义变成了商品，失去了重要的社区表达形式。因此，传统表演艺术的保护措施应主要侧重于知识和技术的传播，保护演奏和制作乐器，以及加强师徒之间的联系。歌曲的微妙之处、舞蹈的动作和戏剧的解读都应得到加强。”[23] 传统表演艺术需要当代观众才能存续，且大多数都不涉及信仰、禁忌及隐私等问题，允许游客观看，因而需要寻求较好处理其间矛盾的解决之道。

其一，在表演艺术类非遗融入旅游的过程中，应当鼓励非遗的适度商品化。例如，起源于江户时代的传统戏剧形式——日本歌舞伎，就是一个被列入人类非物质文化遗产代表作名录的项目，同时它也是东京、京都、大阪、福冈等地旅游的重要吸引物。这些地方都建有歌舞伎表演场馆，且为调和表演需求与游客体验之间的矛盾，每场歌舞伎表演大约为两小时并以日语进行表演，但大部分场馆都会提供英语字幕、英语翻译等设备，以便游客可以更好地欣赏表演。[24]

其二，在表演艺术类非遗融入旅游的过程中，应当推动其适度转型，尤其是从有利于游客体验的角度。有学者认为，需要允许非遗与现代性融合，从而实现自身的可持续性，这种可持续的方法并不是对文化遗产的破坏，而是通过适应现有的情况、条件和品位来实现存续。[25] 表演艺术类非遗适度转型的具体策略包括：缩短表演时间、将非遗与其他现代表演相结合（如现当代音乐和传统舞蹈结合、现代材料和传统工艺结合）、修改歌词和手势以增加与观众的互动等。[26] 例如，迪基尔·巴力（Dikir Barat）是一种在马来西亚、新加坡等地区流传的传统表演艺术，集歌唱、运动、诗歌和音乐于一体，通常在婚礼、宗教节日和收获季节等场合表演，表演者盘腿坐在台上唱歌，并伴随着有节奏的鼓掌声而舞动身体。为保护并推广这一表演艺术，迪基尔·巴力歌曲融入了印尼民间音乐元素和马来舞蹈形式，甚至与流行音乐、摇滚音乐和电子音乐相结合；迪基尔·巴力的传统歌曲和流行歌曲也经常被混音，以吸引更广泛的观众和不断变化的观众口味。[27] 近年来，通过广播电视、互联网、音乐专辑的宣传，迪基尔·巴力的受众群体不断扩大；[28] 迪基尔·巴力的音频、视频、专辑已成为一种可销售的文化产品，在马来西亚、新加坡等地区广为销售；[29] 迪基尔·巴力也在各类现场活动中表演，不仅以马来语进行，也有以英语进行表演的，吸引了大批海外游客；此外，迪基尔·巴力的学习体验活动也颇受欢迎，在新加坡教育部开发的 NEL 课程（支持幼儿教育工作者为 4 至 6 岁的儿童创造优质的学习体验）中就包括了迪基尔·巴力的学习，儿童可以学习迪基尔·巴力的基本动作和乐器，并使用童谣和本地歌曲进行表演。[30]

其三，传统表演艺术也可构建新型博物馆，面向游客提供展示与体验内容。有学者指出，露天博物馆中的传统表演是一场“时间旅行”，游客可以通过这种感官体验与历史进行互动，进而将体验内化，学习并吸收这场“时间旅行”中所传递的知识。[31]例如，在斯坎森（Skansen）露天博物馆[32]里，各类音乐会和舞蹈表演定期举行：仲夏节的民间舞蹈和音乐会、冬季的圣诞节颂歌合唱团、塞格洛拉教堂的音乐会、马戏团表演、沃尔普吉斯之夜的篝火舞蹈和合唱等。来自斯坎森的民间音乐家们以及身穿瑞典不同地区民族服装的舞者们聚在一起，和游客们一同庆祝。而在挪威民俗博物馆[33]里，口头传统也被融入全年的体验活动中，每周末中午，儿童们可以在壁炉前享受童话故事带来的温馨时刻。

（三）知识实践等地方非遗综合形成旅游新兴子行业

随着旅游需求的不断细分，深度文化体验旅游、研学旅游、乡村旅游、生态旅游、美食旅游等子行业方兴未艾，文化实践、知识体系等非遗门类成为支撑特定地区开发这类专业旅游产品的核心资源。

其一，可以围绕地方知识，设计相关的旅游体验项目，使其成为建立游客与当地人连接的纽带。Katelieva 等学者指出，本地人与游客之间的社会关系是文化旅游活动中最重要的组成部分；对于游客和参观者来说，学习和参与当地的实践比实践本身的起源或者“真实性”更重要。[34]在奥地利的乡村旅游中，葡萄酒酿造、苹果酒酿造、树脂提取等传统知识就被积极利用。下奥地利州的酿酒商为附近的游客提供租借葡萄园的机会，游客们可以全年参与葡萄种植和葡萄酒酿造的所有阶段。这种传授知识的旅游体验不仅能够延长乡村的旅游期，还能提升游客对农业实践和乡村生活的兴趣，建立游客对当地的“场所依恋”，进而培养出一批关怀当地并负有责任感的“忠诚客户”。[35]

其二，可以挖掘地方美食遗产，开发相关旅游线路及节事活动。根据联合国世界旅游组织的定义，美食旅游是一种旅游活动，其特点是游客在旅行中与食物及相关产品和活动相联系的体验，包括真实、传统和创新的烹饪体验。[36]例如，希腊的克里特岛饮食节就是一个以地中海饮食为特色的旅游节事活动。克里特岛饮食节始于 1958 年，是一个“当地产品和文化活动的展览”，也是一项社交娱乐活动。在 7 月的第 1 周，来自全岛的优质产品生产商和民间工匠都集聚于雷瑟姆诺的公共花园里，展示克里特岛的农产品和本土产品（如克里特岛的葡萄、橄榄、柑橘、乳制品）。游客还可以参与克里特岛民间音乐、舞蹈表演等活动，与厨师们交谈、学习，熟悉当地的种植传统、烹饪传统以及社会生活的其他方面。[37]通过饮食节，与饮食相关的习俗、口头传统，以及关于农作物种植、食物品质的传统知识被广泛分享并实践。

此外，在美食旅游兴起的背景下，还可以开发承载地方知识和实践的食品市场，使其成为旅游中重要的景点。Dimitrovski D 等学者指出：对食物的新奇感会促使游客去探索在文化上有距离的目的地美食；此外，参观食品市场可以作为一种抗压疗法，帮助游客从日常工作中逃脱出来，享受市场的人群和噪声；而露天市场作为一个对话、交流的场所，也是游客接触当地文化、与生产者建立联系的一种方式。[38]例如，位于西班牙巴塞罗那的博克利亚市场是巴塞罗那最大的新鲜食品市场，也是世界上最著名的市场之一。在旅游网站、导游手册中，它都是高度推荐的景点。博克利亚市场起源于 12 世纪的露天市场，19 世纪建造的拱廊也一直使用至今。[39]博克利亚市场的摊位同时面向本地居民和游客，大多提供便于游客在参观期间可以轻松消费的产品，如新鲜果汁、切块水果、糖果、试吃品和外卖；市场也为游客提供有关摊位、周边餐饮等信息的免费手册，并出售食谱、纪念品等；市场三楼设有配备齐全的体验教室，游客可以参与烹饪相关的课程、研讨会等全套美食活动；当地厨师也会带游客参观市场，指导游客购买所需食材并烹饪。[40]

结语

在“文化旅游”的研究视域之下，国外学者对非遗与旅游业的关系研究相关成果相对丰富，并已然成为近年研究的一个重点；而国内在政策导向与行业需求的双重影响下，相关学科对非遗与旅游业融合的学理及应用研究也在不断增加。

保护非物质文化遗产是多元主体广泛参与的一种过程性实践，从利益相关方到更大范围的多元行动方，共同来保护非遗在当代的存续力。旅游业互动式参与非遗保护与发展，是非物质文化遗产保护事业活力、生命力的体现和来源。旅游业可在遗产保护中发挥多种正向作用的事实也已被确认，非遗与旅游业的融合可更多着眼于旅游的文化传播和文化认同功能，其可能产生的真实性、利益分配、可持续性等负面影响需要在前期规划阶段予以重视；不同非遗门类及个案在旅游业中的切入点也各不相同，以传统手工艺为主的非遗融入与文化旅游相关的创意产业，以表演艺术为主的非遗融入文化旅游，以及知识实践等地方非遗综合形成旅游新兴子行业等，国际上涌现了不少典型案例可供参考；不少国外研究将非遗旅游纳入创意遗产旅游范畴，值得进一步研究并借鉴。

参考文献

［1］SU XIN WEI，LI XI，KANG YAN XIN. A bibliometric analysis of research on intangible cultural heritage using citeSpace［J］. SAGE Open，2019，9（2）：1-18.

［2］文化和旅游部关于推动非物质文化遗产与旅游深度融合发展的通知［DB/OL］.（2023-02-17）［2024-01-27］. https://www.gov.cn/zhengce/zhengceku/2023-02/22/content_5742727.htm?eqid=9e94092e002432a200000004649794d7.

［3］SU XIN WEI，LI XI，KANG YAN XIN. A bibliometric analysis of research on intangible cultural heritage using citeSpace［J］. SAGE Open，2019，9（2）：1-18.

［4］MARIA IMMACOLATA SIMEON，ASSUNTA MARTONE. Relationships between heritage，intangible capital and cultural and creative industries in Italy：A framework analysis for urban regeneration and territorial development［J］. Advanced Engineering Forum，2014，11：149-156.

［5］UNWTO.Tourism and intangible cultural heritage［M］. Madrid：World Tourism Organization，2012：10.

［6］MARIA KATELIEVA，ANDREAS MUHAR，MARIANNE PENKER. Nature-related knowledge as intangible cultural heritage：Safeguarding and tourism utilisation in Austria［J］. Journal of Tourism and Cultural Change，2020，18（6）：673-689.

［7］E. WANDA GEORGE. Intangible cultural heritage，ownership，copyrights and tourism［J］. International Journal of Culture，Tourism and Hospitality Research，2010，4（4）：376-388.

［8］ESFEHANI M H，ALBRECHT J N. Planning for intangible cultural heritage in tourism：Challenges and implications［J］. Journal of Hospitality & Tourism Research，2019，43（7）：980-1001.

［9］MARIA KATELIEVA，ANDREAS MUHAR，MARIANNE PENKER. Nature-related knowledge as intangible cultural heritage：Safeguarding and tourism utilisation in Austria［J］. Journal of Tourism and Cultural Change，2020，18（6）：673-689.

［10］ESFEHANI M H，ALBRECHT J N. Roles of intangible cultural heritage in tourism in natural protected areas［J］. Journal of Heritage Tourism，2018，13（1）：15-29.

［11］鲍勃·麦克切尔，希拉里·迪克罗斯. 文化旅游与文化遗产管理［M］. 朱路平，译. 天津：南开大学出版社，2005：67-68.

［12］MARIA KATELIEVA，ANDREAS MUHAR，MARIANNE PENKER. Nature-related knowledge as intangible cultural heritage: Safeguarding and tourism utilisation in Austria [J]. Journal of Tourism and Cultural Change, 2020, 18 (6): 673–689.

[13] MARTA MACHOWSKA. Tourism and intangible cultural heritage: A review of opportunities and threats. The Case of traditional crafts and handicrafts [J]. Łódzkie Studia Etnograficzne, 2016, 55: 161–192.

[14] FRANCISCO GONZÁLEZ SANTA–CRUZM, TOMAS LOPEZ–GUZMAN. Intangible cultural heritage and sustainable tourism in Córdoba, Spain [J]. Preprints, 2017: 2017030063.

[15] RODZI N, ZAKI S A, SUBLI S. Between tourism and intangible cultural heritage [J]. Procedia–Social and Behavioral Sciences, 2013, 85: 411–420.

[16] SIOW–KIAN TAN, HUI–HUI LIM, SIOW–HOOI TAN, et al. A cultural creativity framework for the sustainability of intangible cultural heritage [J]. Journal of Hospitality & Tourism Research, 2020, 44 (3): 439–471.

[17] BOSTON TEA PARTY SHIPS & MUSEUM [DB/OL]. [2024–01–25]. https://www.bostonteapartyship.com/.

[18] MARIKO CRAFT INN IZUMIGAYA [DB/OL]. [2024–01–25]. https://www.kogeistandard.com/insight/serial/topics/2023–8–21/.

[19] LAURI HANDICRAFTS & GUESTHOUSE [DB/OL]. [2024–01–25]. https://www.laurihouse.com/.

[20] BERND SCHMITT. Experiential marketing [J]. Journal of Marketing Management, 1999, 15: 1–3, 53–67.

[21] MARUJO N, BORGES MDR, SERRA J, et al. Strategies for creative tourism activities in pandemic contexts: The case of the 'Saídas de Mestre' project [J]. Sustainability, 2021, 13 (19): 10654.

[22] MARUJO N, BORGES MDR, SERRA J, et al. Strategies for creative tourism activities in pandemic contexts: The case of the 'Saídas de Mestre' project [J]. Sustainability, 2021, 13 (19): 10654.

[23] UNESCO. Performing arts (such as traditional music, dance and theatre) [DB/OL]. [2022–05–09]. https://ich.unesco.org/en/performing–arts–00054? msclkid=69502de4cf7a11ec9e51474 7454a5925.

[24] OFFICIAL GUIDE FOR TRAVELING JAPAN–TRAVEL JAPAN. Theater in Japan [DB/OL]. [2022–05–09]. https://www.japan.travel/en/guide/theater/? msclkid=e718d824cf8a11ecb9e46

e0f526adfda.

[25] RUTH B.PHILLIPS，CHRISTOPHER B.STEINER. Unpacking culture：Art and commodity in colonial and postcolonial worlds [M]. Berkeley：Univ of California Press，1999.

[26] KIM S，WHITFORD M，ARCODIA C. Development of intangible cultural heritage as a sustainable tourism resource：the intangible cultural heritage practitioners' perspectives [J]. Journal of Heritage Tourism，2019，14 (5-6)：422-435.

[27] A SINGAPORE GOVERNMENT AGENCY WEBSITE. Dikir barat [DB/OL]. [2022-05-09]. https://eresources.nlb.gov.sg/infopedia/articles/SIP_2015-02-12_101207.html.

[28] HALID，R.I. Modernizing tradition：the media and dikir barat of Kelantan [DB/OL]. [2022-05-09]. https://www.researchgate.net/publication/318701125_Modernizing_Tradition_The_Media_and_Dikir_Barat_of_Kelantan .

[29] OLALERE F E. Intangible cultural heritage as tourism product：The Malaysia experience [J]. African Journal of Hospitality，Tourism，and Leisure，2019，8 (3)：1-10.

[30] NEL WEBSITE. Malay culture-Dikir Barat [DB/OL]. [2022-05-09]. https://www.nel.moe.edu.sg/resources/activity-ideas/art-and-music/malay-culture-dikir-barat.

[31] SAMIDA S. Performing the past：Time travels in archaeological open-air museums [J]. The Archaeology of Time Travel，Experiencing the Past in the 21st Century，2017：135-155.

[32] SKANSEN MUSEUM. A year at Skansen [DB/OL]. [2022-05-09]. https://www.skansen.se/en/a-year-at-skansen.

[33] NORSK FOLKEMUSEUM. Daily program [DB/OL]. [2022-05-09]. https://norskfolkemuseum.no/en/experience.

[34] MARIA KATELIEVA，ANDREAS MUHAR，MARIANNE PENKER. Nature-related knowledge as intangible cultural heritage：Safeguarding and tourism utilisation in Austria [J]. Journal of Tourism and Cultural Change，2020，18 (6)：673-689.

[35] MARIA KATELIEVA，ANDREAS MUHAR，MARIANNE PENKER. Nature-related knowledge as intangible cultural heritage：Safeguarding and tourism utilisation in Austria[J]. Journal of Tourism and Cultural Change，2020，18 (6)：673-689.

[36] UNWTO.UNWTO tourism definitions [DB/OL]. [2022-05-09]. https://www.e-unwto.org/doi/book/10.18111/9789284420858.

[37] SOTIRIADIS M. Pairing intangible cultural heritage with tourism：The case of Mediterranean diet[J]. Euro Med Journal of Business，2017，12 (3)：269-284.

[38] DIMITROVSKI D, CRESPI-VALLBONA M. Role of food neophilia in food market tourists' motivational construct: The case of La Boqueria in Barcelona, Spain [J]. Journal of Travel & Tourism Marketing, 2017, 34 (4): 475-487.

[39] LA BOQUERIA MARKET. History [DB/OL]. [2022-05-09]. http://www.boqueria.barcelona/history.

[40] LA BOQUERIA MARKET. Market services [DB/OL]. [2022-05-09]. http://www.boqueria.barcelona/services.

案例篇

景区案例集锦

案例一

景德镇古窑
千年瓷都“活”的博物馆

一、案例简介

景德镇古窑民俗博览区是瓷都景德镇唯一一家以陶瓷文化为主题的国家5A级旅游景区，是国家级非物质文化遗产生产性保护示范基地。景区有200多名工匠（其中国家级非遗代表性传承人7名、省级非遗代表性传承人16名、市级非遗代表性传承人53名）从事手工制瓷日常生产劳动。景区内保护传承有全国重点文物保护单位镇窑和明园，国家级非物质文化遗产项目——景德镇手工制瓷技艺，国家级非物质文化遗产项目——景德镇传统瓷窑作坊营造技艺。景区内有历代瓷窑展示区、陶瓷民俗展示区、瓷生一日艺术休闲区和古窑印象文化商业旅游综合体。

二、案例解析

（一）思路做法

古窑景区保护传承非物质文化遗产的目标、思路和做法主要有：一是深入学习习近平总书记关于“让文化遗产活起来”的系列论述，坚持将这一思想贯彻实施到非

景德镇古窑民俗博览区研学活动

遗进景区，文旅融合高质量发展的实践之中。二是学习贯彻《中华人民共和国非物质文化遗产法》，依法做好非遗的传承保护。三是在非遗保护传承和文旅融合高质量发展的工作及活动中，各级相关部门都给予了大力的支持。例如，对古窑景区非遗保护传承的历代瓷窑复建复烧，市文化主管部门就先后下发了6个专门文件。四是加强对陶瓷非物质文化遗产的深入研究，景区每一座瓷窑复建复烧前，均进行了窑址考察和研讨。五是组建了历代瓷窑复烧的专家顾问团和非遗代表性传承人团队，形成了保护传承陶瓷文化遗产传承保护的强大团队力量。专家顾问团成员共有22人，其中具有高级职称的文博专家6人、大学相关专业教授4人、窑炉高级工程师5人、中国工艺美术大师7人；传统瓷窑营造和烧成的非遗代表性传承人共有15人，其中国家级2人、省级4人、市级9人。六是民营企业在非遗传承保护和文旅融合高质量发展中发挥了重要作用。当地文旅企业高度重视陶瓷文化，充分尊重专家学者，加大对陶瓷非物质文化遗产传承保护的投入，取得了旅游景区非遗传承保护和文旅深度融合高质量发展的良好效果。

（二）非遗进景区“五好”现状

1. 进入古窑景区的非物质文化遗产代表性项目

目前进驻景区的非物质文化遗产代表性项目共有26项，其中国家级2项、省级14

项、市级 10 项。国家级非物质文化遗产代表性项目为景德镇手工制瓷技艺、景德镇传统瓷窑作坊营造技艺。省级非物质文化遗产代表性项目为景德镇传统青花瓷制作技艺、景德镇传统粉彩瓷制作技艺、景德镇瓷业习俗、景德镇民窑陶瓷美术、浮梁工夫红茶制作技艺等。市级非物质文化遗产代表性项目为景德镇传统制瓷工具制作技艺、景德镇传统釉里红瓷烧制技艺、景德镇陶瓷乐器制作技艺、景德镇中秋烧太平窑节俗等。

2. 非遗进景区，景德镇古窑民俗博览区的“好看”

复建复烧的景德镇历代十三座典型制瓷窑炉：清代镇窑、明代葫芦窑、元代馒头窑、宋代龙窑、明清御窑等，实现了国家级非物质文化遗产——“景德镇传统瓷窑作坊营造技艺”的有效保护、活态传承。中央及各级媒体高度关注，央视《新闻联播》先后报道了 5 次之多。古窑景区历代瓷窑的修窑、点火、开窑已成为常态化的“好看”的非遗文旅活动。系统复活了国家级非物质文化遗产项目——“景德镇手工制瓷技艺”。在景区的六座手工制瓷作坊（小器作、粉定作、大件作、灰可作、脱胎作、色釉作），有“好看”的手工制瓷 72 道工序，有青花瓷、粉彩瓷等“好看”的非遗手工技艺的景德镇名瓷制作。

古窑景区清代镇窑复烧场景

3. 非遗进景区，景德镇古窑民俗博览区的“好吃”

古窑景区建设各类餐厅，可以大规模地按照不同需求接待旅游团队和散客。其中包含省级非遗代表性项目——景德镇瓷业习俗中的“窑工菜”广受游客好评，纷纷表示“好吃”。

4. 非遗进景区，景德镇古窑民俗博览区的“好听”

古窑景区组建了景德镇古窑瓷乐团，每天有固定时间的六场演出，节假日还有加演。古窑瓷乐团，成功研制了一套新型民族乐器——瓷瓯、瓷磬、瓷管钟、瓷编钟、瓷鼓、瓷二胡、瓷埙、瓷箫、瓷笛等。瓷乐演奏清新悦耳、美妙“好听”，被誉为“中国一绝”和“世界首创”。是非遗代表性项目——“景德镇陶瓷乐器制作技艺”“景德镇民间瓷乐艺术”的综合性保护传承。此外古窑景区还出品了歌曲:《我在景德镇等你》《我在古窑遇见你》《景德镇陶歌》等。

5. 非遗进景区，景德镇古窑民俗博览区的“好玩”

古窑景区还有很多“好玩”的场所和项目：手工拉坯体验作坊，一次可容纳 50 多人进行拉坯体验；手工画坯、画瓷体验作坊，同时可容纳 150 多人进行绘画体验。景区还有复烧点火、开窑、太平窑篝火晚会、搭太平窑、人人加柴烧窑等“好玩”的体验活动，每天都吸引着大批游客的参与。

6. 非遗进景区，景德镇古窑民俗博览区的“好用”

古窑景区的手工成型、柴窑烧制的非遗瓷器制品，有用于餐饮的餐具、酒具、茶具，有用于陈设、纪念的艺术品，还有游客参与制作的柴窑烧制瓷，这些“好用”的非遗产品广受游客欢迎。

三、取得成效

经过十多年的努力，到 2025 年，已经有 26 项非物质文化遗产代表性项目（其中国家级 2 项、省级 14 项、市级 10 项）进入了古窑景区。2022 年至今，古窑景区获得了多项认可。例如景区案例入选“全国非遗与旅游融合发展优选项目”、全国“2024 旅游景区创新发展典型案例”等。瓷都景德镇的各级非物质文化遗产代表性项目，大规模地、成体系地进入了古窑景区，这些非物质文化遗产项目的保护、传承、展示、传播，充分体现了真实性、整体性、传承性、创新性、知识性、体验性的鲜明特色。

案例二

婺女洲度假区　以“2025非遗视频创作大会”为契机探索非遗进景区创新路径

一、案例简介

婺女洲度假区位于江西省婺源县，是集徽派建筑、山水景观、民俗体验于一体的综合型旅游目的地。婺女洲通过挖掘历史文化内涵，让“徽式生活”成为吸引游客的“强磁场”。不仅保护、修建了徽派古建筑，更传承保护当地民俗，对徽州三雕、歙砚、甲路伞、陶瓷画坯等传统工艺品加以恢复，邀请徽剧、打铁花、傩戏等民间艺人出山，让传统技艺得到广泛传播。

2025 年 5 月，“2025 非遗视频创作大会”在江西婺女洲度假区成功举办。本次活动创新构建“好看、好吃、好听、好玩、好用”五位一体的非遗体验场景，汇聚全国 200 余位非遗传承人、近百位青年创作人及近 700 名嘉宾，通过“非遗大集实景展演 + 视频创作数字传播”双轨模式，打造国内首个“非遗传承人 + 多平台创作者”盛会，吸引 13 万游客现场体验，全网话题曝光量破 3 亿次。更为重要的是，大会的成功经验迅速转化为婺女洲常态化运营的核心引擎。依托大会积累的资源与模式，景区于暑期重磅推出“非遗夜宴”系列活动，将大会精华项目有效留存、深化演绎，成功探索并实践出一条“以活态展演赋能沉浸式旅游、以数字传播激活文化传承、以常态运营深化文旅融合”的可持续发展路径，使非遗真正成为景区魅力基因与核心吸引力。

二、案例解析

（一）目标及思路

婺女洲以非遗视频创作大会为契机，通过“场景化展演 + 数字化传播”双轮驱动，

婺女洲度假区全景图

推动非遗与旅游从简单叠加走向生态融合。实现“新媒体视角下的非遗破圈传播，视频创作人与非遗传承人双向驱动的创新展示，青年力量与数字技术的深度融合”。项目围绕四大目标构建实施框架：

一是活态传承，打造沉浸式非遗展演场景，破解静态展示困局；二是青年赋能，搭建传承人与创作者合作平台，培育非遗数字化新生力量；三是业态升级，以非遗体验带动旅游消费，实现文化价值与经济收益双转化；四是生态构建，探索“非遗＋景区＋平台”可持续运营模式。

（二）主要做法

实施路径上采用“五好”场景构建 × 数字化传播双轨并行策略，线下以非遗大集为载体，构建可观赏、可品尝、可参与的多维体验场景；线上通过抖音、快手、小红书、B 站、微博、红果六大平台流量扶持，推动非遗内容破圈传播。

1. 构建“五好”场景，实现非遗活态融入

婺源作为国家级徽州文化生态保护区，非遗资源丰富，源于远古的傩舞、历史悠久的徽剧、别具情趣的抬阁、灯彩、地戏等非遗项目，形成了婺源独特的文化景观。大会期间，在婺女洲度假区精心打造非遗“五好”场景，邀请各地传统美食、传统音乐、传统戏剧、传统工艺、民俗、杂技等项目非遗传承人现场展示展演，婺源当地特色非遗项目与来自全国各地的非遗项目同台竞技。让活动参与者、会议代表和游客现场体验非遗的魅力，增加活动的趣味性与参与度。同时，为视频创作人和游客提供创作内容和场景，营造浓厚的互动氛围，让活动现场成为视频的创作场和传播场。

傩舞表演

2. 创新“动态展演 + 数字传播”双驱模式

线下动态传承，设计“非遗打卡路线”，串联六大展演区，突破传统静态展示，要求传承人每日开展活态展演。线上数字破圈，联合抖音、快手、小红书、微博等六大平台发起“青年非遗视频创作哺育行动”，实施三大举措，一是流量扶持，平台开设专属话题页，给予创作人流量倾斜；二是人才孵化，徐峥作为总顾问，现场指导青年创作者掌握“非遗叙事技巧”；三是内容升级，徐峥在大师课强调“从工匠身份转向叙事者身份”，引导创作聚焦非遗精神内核。

（三）现状

本次引入非遗项目覆盖十大类 128 项，其中国家级非遗占比 65%，省级非遗占比 35%。代表性项目包括安塞腰鼓、山西风火流星、婺源抬阁、高台醒狮、木偶戏等非遗项目。

三、取得成效

（一）社会效益

本次大会为非遗传承人与青年视频创作人搭建了深度交流与合作的平台。大会后非遗项目抖音关注度同比增长 300%，推动旅游体验从“观光式”向“沉浸式”发展，非遗展演区复游率达 38%，印证文化黏性价值。

（二）经济效益

游客量爆发式增长，活动期间全县接待游客 43.5 万人次，其中婺女洲景区达 13 万人次，产业带动效应凸显，实现“活动引流、产业留利”的可持续发展。

案例三

南京夫子庙—秦淮风光带景区
秦淮风韵传承千年文脉

一、案例简介

夫子庙—秦淮风光带景区位于南京市秦淮区境内，是以夫子庙为核心、十里秦淮河为轴线，集旅游观光、美食购物、科普教育、节庆文化等功能于一体的开放式 5A 级旅游景区。景区通过将非物质文化遗产引入旅游消费场景，实现了文化的活态传承、旅游的品质提升、经济的有效带动和社会的广泛认同。2019 年“秦淮灯会彰显文旅融合新生态”被评为非遗与旅游融合十大优秀案例榜首，2021 年夫子庙—秦淮风光带获评第一批国家级夜间文化和旅游消费集聚区；2022 年先后入选首批国家级旅游休闲街区、省级文明旅游示范单位、“全国非遗与旅游融合”发展优选项目名录、首批无限定空间非遗进景区示范项目：2023 年入选国家文化产业示范园区项目；2024 年非遗在门东社区入选首批江苏省“非遗在社区优秀案例”。

二、案例解析

（一）目标及思路

“推动高质量发展，文化是重要支点”，要坚持以文兴旅、以文弘业，着力推动文化资源保护利用、文化业态培育创新，文商旅融合加速发展。要通过非遗与旅游的深度融合，擦亮“天下文枢”文化名片，提升人文经济影响力，提升旅游产品体验性、互动性，促进非遗保护与传承，推动非遗融入现代生活，实现文气人气财气高质量转化。

（二）主要做法

近年来，秦淮区将非遗保护工作作为文化建设的重要内容，纳入全区经济社会发

夫子庙—秦淮风光带

2025 门东非遗日打卡墙

展总体规划，探索创新“非遗 + 旅游”模式，把非遗全面融入旅游“食、住、行、游、购、娱”六要素之中，让市民和游客在景区内全程感受、全程共享非遗活态传承魅力，真正体现“见人、见物、见生活”的保护理念。

1. 以制度建设保障非遗资源融入景区

一是成立领导小组，为非遗进景区提供组织保障。成立以秦淮区人民政府副区长为组长，夫子庙—秦淮风光带风景名胜区管理委员会主任任副组长，风光带管委会、区文旅局、文旅集团、历保集团、中华门城堡、瞻园等为成员的非遗进景区项目工作领导小组，统筹非遗进夫子庙—秦淮风光带景区各项具体工作。

二是制订工作方案，为非遗进景区提供责任保障。制订了《秦淮区关于开展无限定空间非遗进景区工作方案》，分解出 8 项一级指标和 26 项二级指标，每项指标明确时间进度、经费来源和责任单位。定期召开推进会，邀请省市专家现场指导，合力打造非遗与旅游融合发展的秦淮样板。

三是用好现有机制，为非遗进景区提供制度保障。2017 年区政府出台《关于进一步加强非物质文化遗产保护与利用工作的实施意见》，2018 年出台《秦淮区非物质文化遗产保护传承绩效考核评估管理办法（试行）》，2020 年，省人大常委会通过《南京市夫子庙秦淮风光带风景名胜区条例》，明确景区管委会对景（街）区内的非遗项目和传承人的保护以及开展传承活动给予支持。

2. 以阵地建设促进非遗资源融入景区

一是阵地建设有新突破。在景区核心地段钞库街打造主城区域内面积最大、功能最全、展陈最丰富的南京非遗体验中心（秦淮·非遗馆）；在景区西牌坊引进樱桃鸭制作技艺体验基地、雨花石鉴赏习俗馆；东牌坊打造市非遗文创中心展示馆、秦淮礼物（非遗文创）店；秦淮人家打造秦淮小吃展览馆；在秦淮区图书馆和门东历史文化街区游客中心设置小型非遗作品展，打造最美公共文化空间；还与部分商户合作，将非遗元素融入店堂设计，使非遗项目全方位融入景区、融入市民生活之中。

二是交通体验有新提升。在景区开展“南京白局”讲解员培训班，提高导游的综合文化素质。景区交通工具语音播报系统循环播报景区景点相关情况和南京人文风俗，秦淮民间故事或传说，游船导游在讲解过程中，还会穿插一些互动，教游客讲一句老南京话，或唱一段南京白局，增加讲解趣味性和非遗知识。

三是主题酒店有新优化。夫子庙文旅集团以十里秦淮为轴线，打造“南京夜泊秦淮文化主题酒店部落”，通过民宿、客栈、精品文化酒店等多元化酒店形式串联，在提供精品住宿服务之余讲述秦淮历史人文脉络。

四是美食体验推陈出新。依托景区众多的老字号非遗美食，在夫子庙美食街组织举办“品味秦淮·乐享生活”秋季美食节、在门东历史文化街区组织开展“中国南京（秋季）美食节暨秦淮夜肆老字号（美食）市集”。同时，为了丰富景区美食体验，还引进了粤式非遗美食早茶店——点都德，让市民和游客有了更多的选择。

3. 以特色活动推进非遗资源融入景区

一是唱响秦淮四季歌。以秦淮四季文化活动为主线，以非遗作为主要展示、展演内容，贯穿“秦淮灯会、和谐大戏园、秦淮之夏、都市文化节”全年活动，全方位为市民和游客提供高品质文化体验产品，让游客和市民在景区内全程感受、全程共享非遗活态传承魅力。

二是推行个性化体验。景区结合非遗资源推出三条非遗主题旅游线路，在南京中国科举博物馆、大成殿、市非遗体验中心（秦淮·非遗馆）常年举办非遗体验、展示、展演活动，接待私人定制和团队服务，根据他们的需求，推出适合不同层次人群的体验项目，让更多的游客和市民体验到南京非遗的独特魅力。

三是营造节日文化氛围。利用传统节日、文化和自然遗产日等节庆时机，常态化在景区内开展非遗互动体验、展示展演活动。举办中国·秦淮灯会、南京夫子庙金秋美食节、夫子庙孔子文化节（祭孔仪式）、“国潮乐起，戏韵秦淮”国庆黄金周传统文化展演、古琴雅集、皮影戏展演、跟我学非遗等系列活动，每年 100 余场活动，吸引众多的市民和游客参与其中、乐在其中。

四是拓展文创新路径。举办“匠心秦韵”非遗文创大赛，积极推进非遗创造性转化、创新性发展，带动非遗融入时代语境。拓宽销售渠道，助推南京市非遗文创展示中心、秦淮礼物店等与传统技艺、传统美术、传统医药等项目传承人进行合作。开发非遗文创产品近 1500 款，让非遗产品变身旅游商品，兼具艺术性和实用性，深受游客的喜爱。

三、取得成效

（一）社会效益

“非遗进景区”带来的社会效益是深远且多元的，这种活态传承和创新发展模式，既保护了非遗的原真性，又增强了非遗的活力和吸引力，为非遗的可持续发展提供了新的路径。秦淮礼物店设置扶贫专柜，老门东街区定期举办对口帮扶主题交流活动，特殊群体创业扶持工作得到有效开展。曹虹、高瑞雷长期为中西部贫困学生免费开展线上教学。

一是增强了民族文化认同感与自豪感，非遗是民族历史记忆、智慧结晶和情感寄托的载体。二是保护了非遗传承发展。“非遗进景区”这种“传承与创新并重”的模式，既保护了非遗的文化基因，又增强了非遗的吸引力和生命力，为非遗的可持续发展提供了新的动力。三是促进了景区旅游，带动了周边住宿、餐饮、购物等相关产业的发展，增加了就业机会，提高了居民收入。四是强化了文化交流作用，旅游是不同国家、不同文化交流互鉴的重要渠道，是传播文明、交流文化、增进友谊的桥梁。推动非遗与旅游深度融合，有利于国内外游客深入体验中华文化魅力，对于普及非遗知识、传播中华优秀文化、推动中华文化走向世界、提升国家文化软实力、铸就社会主义文化新辉煌具有重要意义。

（二）经济效益

景区近两年游客年均超过 6800 万人次。景区内现有非遗相关企业 50 余家，传承人工作室近 10 个。旅游总收入持续攀升，全年实现文旅总收入超 830 亿元，同比增长 11%。秦淮灯会三上《新闻联播》，获央媒报道 400 余篇次，夫子庙景区跻身国内知名景区热度 TOP10 榜首位。助力秦淮 OTA 消费金额位列全省区级单位第一，较 2019 年、2023 年同期增长 343% 和 129%。

案例四

梅州客天下景区传承客家文脉的特色道路实践

一、案例简介

梅州客天下景区位于广东省梅州市梅江区，项目原址是一个废弃的采石场，2006年，客天下通过对废弃矿山的综合治理和开发利用，以生态为先，文化为魂，融合客家建筑、客家民俗、客家美食等元素，将废弃石场打造为客天下景区。作为国家4A级旅游景区，客天下一直致力于通过“非遗+”促进景区文旅融合高质量发展。景区通过举办非遗节庆活动、打造文化实景演出、建设非遗特色街区等，将客家山歌、大埔鲤鱼灯、酿酒、炒绿等40多项客家非遗融入休闲游玩中。此举不仅提升了景区产品竞争力和游客体验感，更有效推动了非遗的活化传承与发展，实现了文化传承与旅游发展的双向赋能。

二、案例解析

（一）目标及思路

以非遗为突破口，在不进行大规模基建的前提下，充分依托非遗资源，着力打造“可观、可感、可参与、可带走、可回忆、可复购”的沉浸式体验场景，旨在通过非遗与旅游的深度融合，系统性地引入、展示和活化非物质文化遗产，突破传统景区“观光打卡”的单一模式，实现向深度旅游体验的跨越，解决景区发展瓶颈的同时，助力国家级客家文化（梅州）生态保护区的建设，让非遗更贴近游客，增强公众对非遗的认知与认同，推动梅州文旅品牌建设和经济发展，使非遗成为梅州文旅发展的“新名片”。

客天下景区

（二）主要做法

1. 景区重点扶持，优先引进非遗特色项目

景区将非遗项目列为优先引进对象，通过免租、减租等优惠举措降低进驻门槛，同时创新支持技术入股、收益分成等多元合作模式，联动门票资源进行项目营销推广，全方位鼓励非遗传承群体及相关企业在客天下长期深耕发展。目前已有 11 个特色项目顺利进驻街区，涵盖近 20 项非物质文化遗产（包括 2 项国家级、7 项省级非遗），包括客家娘酒体验馆、梅州米香酒坊，非遗古法盐焗鸡、客家炒绿体验馆、丰顺纸花技艺，客气文创、“梅州等路”（“等路”在客家话中意为礼物或手信）等。

2. 政府深度赋能，打造高质量非遗产品

作为“非遗进景区”重点试点单位，文旅主管部门不仅牵头协助完成商家招商工作，更深度参与客天下非遗建设的全过程，既作为参与者提供专业支持，又作为监督者保障项目质量，深入指导客天下非遗街区的设计与运营，确保项目与景区整体风格的协调性与匹配性。在多方协作下，景区于 2025 年 4 月成功建成并对外开放梅州客天下非遗街。

3. 坚持文化为魂，构建“非遗 +”产品体系

为更好地传承非遗，梅州客天下景区组建了专门的演艺团队，精心打造了融合客家非遗、客家民俗等元素的大型客家歌舞剧——《天下客家》，向游客演绎客家人千年迁徙奋斗史，全面展现了客家民系特有的文化及生活习性。同时，每天向游客推出客家山歌、席狮舞、竹板歌、杯花舞等客家非遗类互动节目演出，并将美食与表演结合，推

出独具非遗特色的围龙宴。通过这一系列“非遗＋演艺”“非遗＋美食”“非遗＋研学”的产品创新，让非遗从静态展示走向动态体验，以文化内核焕发景区新活力。

（三）现状

根据梅州市人民政府发布的梅州市非物质文化遗产代表性项目名录，客天下将 41 项非物质文化遗产融入了度假区的各项游览、体验活动中，包含传统音乐、传统舞蹈、曲艺、传统戏剧、传统美术、传统技艺 6 大类别，其中国家级 3 个、省级 13 个、市级 25 个。

三、取得成效

（一）社会效益

客天下景区通过《天下客家》歌舞剧、围龙宴、非遗街区互动等，让杯花舞、席狮舞、纸花技艺等非遗项目从“博物馆展品”变为“日常体验内容”，将非遗元素深度融入文旅产品打造过程，使非遗成为游客“吃住行游购娱”全链条中的重要组成部分，推动非遗从“小众文化”走向“大众消费”，以独特的文化底蕴精准满足游客对高品质文化体验的需求。

（二）经济效益

独特的“非遗＋”产品体系让客天下景区摆脱了传统景区的同质化困境，连续多年成为梅州市接待游客量第一的 A 级旅游景区。2025 年 4 月非遗街正式运营后反响热烈，“五一”期间接待游客超 6 万人次。在门票经济弱化背景下，依托非遗体验项目及特色商品销售，景区营收超 700 万元，同比 2024 年增幅超 100%，实现了“二消”的显著增长。

梅州围龙宴

案例五

四川阿坝州茂县中国古羌城
羌韵古城焕新树立非遗活态传承羌族典范

一、案例简介

中国古羌城位于四川省阿坝藏族羌族自治州茂县，是一座以羌族文化为核心，集非遗保护、活态展示、旅游体验于一体的综合性文化旅游区、国家 4A 级旅游景区。2008 年汶川地震对羌族聚居区造成严重破坏，许多非遗传承人遇难、传统建筑损毁，羌族文化的活态传承面临严峻挑战。在此背景下，中国古羌城作为灾后重建重点项目，承担起抢救性保护羌族非遗、延续民族文化血脉的历史使命。震后，大量羌族百姓迁居县城，传统村落空心化问题突出。中国古羌城通过打造非遗展示与旅游体验平台，既为羌族文

古羌城景区内羌年表演

化提供集中展演空间，又创造就业岗位、带动周边旅游产业，成为灾后重建与乡村振兴的重要抓手。自2013年开放以来，中国古羌城以“非遗＋旅游”为核心，通过常态化的非遗展演、沉浸式文化体验、科技赋能的夜游项目等，成为羌族文化活态传承的“博物馆”和民族文旅融合的示范样板。景区年接待游客超200万人次，带动就业1000余人，年收益达4000余万元，并成功入选多项国家级、省级非遗保护与文旅融合示范基地，为民族地区文化遗产保护与乡村振兴提供了生动范例。

二、案例解析

（一）目标及思路

中国古羌城景区以“非遗活态保护”为核心理念，通过文旅深度融合，将非物质文化遗产与旅游业有机结合，突破传统静态展示的束缚，让非遗“活起来”，“见人、见物、见生活”，进而丰富非物质文化遗产内涵，提升游客的文化体验，助力非遗的保护与传承，还促进非遗融入现代生活，提高旅游消费水平，同时有效增进民族团结，强化文化认同感，借助羌年、瓦尔俄足等传统民俗活动，进一步促进羌族与其他民族间的互动与交流。中国古羌城景区在保留羌族建筑风貌、祭祀礼仪、民俗等传统内容外，还融入数字光影、沉浸式演艺等现代技术打造大型夜游项目《入梦古羌》，吸引更多游客前往观光旅游。近年来，茂县以中国古羌城为核心，辐射叠溪松坪沟生态游、九鼎山高山滑雪、坪头羌寨避暑康养等周边资源，形成“非遗＋生态＋运动”产业链。

（二）主要做法

聚焦人类非遗代表作名录《羌年》、国家级非遗名录瓦尔俄足节和地域特色技艺（羌绣、羌笛、多声部民歌），确保文化辨识度的凸显。常态化活态展演中，300名活态传承人与70人专业团队每日呈现萨朗、推杆、羌绣、羊皮鼓舞等互动表演。沉浸式体验项目“夜游《入梦古羌》”融合羌族婚俗实景演艺与数字光影技术，游客可亲身参与祭祀仪式。研学方面，设立“古羌部落·远古的呼唤”研学基地，由释比文化传承人亲自教授羌语、羌医等课程，年接待研学游客超过2万人次。引入羌族铜锅菜、洋芋糍粑等传统美食，打造“舌尖经济”；开发羌绣文创产品，线上年销售额突破200万元。对活态展演传承人发放生活补贴（累计超过1700万元），激励其带徒授艺；吸纳贫困户就业，人均年增收2万元以上。通过抖音、微博等平台推广开城仪式、羌年活动。将瓦尔俄足、羌年塑造为节庆文化IP，吸引逾50万名游客参与，带动周边景区收入增长12%。

羌族扭棍

（三）现状

景区集中展示国家级非遗4项（羌年、瓦尔俄足、羌笛、碉楼）、省级非遗19项、州级非遗64项。有国家级传承人6名（如羌年传承人肖永庆、羌笛传承人陈海元、瓦尔俄足传承人罗高英姐等）、省级29名（余有陈、陈茂林等传承人），常态化开展传习活动的传承人超100名。景区累计接待游客2000多万人次，非遗展演超10万场次，形成“开城仪式—非遗体验—夜游演艺”游览闭环。

三、取得成效

（一）社会效益

景区每年接待国内外游客近200万人次，已成为展示中华民族多元文化的重要平台。通过非遗展演、节庆活动等，促进了羌族与其他民族的互动交流，增强了文化认同与民族团结，进一步铸牢中华民族共同体意识。

（二）经济效益

中国古羌城直接带动就业1000余人（含贫困户、传承人），间接辐射周边餐饮、住宿、手工艺等产业，年收益达4000余万元。景区周边涌现出羌绣合作社、农家乐等50余家小微企业，户均年收入增长超2万元。

案例六

扬州瘦西湖景区
廿四桥畔雅集荟，非遗赋能山水园林

一、案例简介

瘦西湖风景区位于历史文化名城扬州城区，游览面积 2.5 平方公里，是世界文化遗产大运河的重要组成部分、国家级风景名胜区蜀冈—瘦西湖风景名胜区的核心和精华部分。近年来，瘦西湖文化旅游产业蓬勃兴起，游客从观光游向文化深度体验游转型，在江苏省“无限定空间非遗进景区”政策驱动下，景区亟须通过非遗活化破解发展困局，响应大运河文化带建设战略，满足游客对互动性文化体验的迫切需求。

瘦西湖风景区拥有非遗代表性项目 35 个，其中国家级 13 个、省市级 22 个。景区承载着深厚的非遗内容，大运河、淮扬菜、扬州盐商、园林、诗词、民俗等文化元素，成为衍生地方非遗的必要条件和共生环境，扬派盆景、杖头木偶、清曲、古琴等非遗经典，更是在这样的人文环境中孕育成长起来。景区作为非遗自然相承的活态载体，文化积淀和历史遗存深深印刻在一砖一瓦、一草一木当中，古今辉映，让非遗的保护与传承有章可循、得心应手。

二、案例解析

（一）目标及思路

本案例以“非遗活态传承”与“文旅价值共生”为导向，旨在构建文化传承与旅游消费相互促进的景区生态。主要聚焦于三个方面：一是推动雕版印刷、扬派盆景等非遗项目从静态保护转向动态传承，激活其当代生命力；二是以非遗为载体深化游客文化沉浸体验，实现景区从单一观光功能向文化深度游转型；三是探索非遗与旅游产业的耦合路径，突破单一的门票经济依赖，培育消费新增长点。

（二）主要做法

一是拓宽非遗体验途径，利用 1757 美食街坊，打造融民俗小吃和非遗表演为一体的美食、娱乐休闲空间。通过美食文化场景化、制作技艺体验化、产品销售流动化，多方面、多角度展示传统美食，让游客感受到舌尖上的非遗精彩。二是打造非遗住宿集群主动谋求转型升级，创新推出非遗文旅项目，加快市场回暖复苏。尝试将酒店、民宿、温泉等优质资源同非遗进行打通、组合，不局限于景点的联合，从游客的实际需求出发，通过促进跨界融合创新发展，不断增加旅游新投资和旅游产品新供给，更高起点打造“食、住、行、游、购、娱”旅游全产业链。三是营造非遗体验空间，景区内部交通工具也承载着传播非遗的任务，在各个观光车站点和码头摆放非遗的宣传单，在观光车、游船画舫通过特定区域时，车载音频会播放景区关于非遗的介绍，让游客进一步了解非遗。四是开发非遗旅游产品，瘦西湖非遗园以“琴筝”“刺绣”“漆器灯彩”“剪纸”和“香粉”为 5 大主题 IP，每个厅馆都是一个生动的课堂，散发浓郁的中国风和非遗元素。五是加大产品市场投放，景区充分发挥和利用非遗项目互动性和参与度较高的特性，在 1757 美食街坊和非遗市集用流动摊点的形式展示。在游客的眼前，可以看到雕版印刷、扬派盆景、扬州剪纸、扬州刺绣、扬州面塑、雀笼、绒花等数十种非遗项目呈现和互动。六是创新非遗展示方式，景区利用自身空间，组织非遗大师团队，在非遗主题月、万花会、梅花艺术节等重要节事活动中推出非遗展演活动。

瘦西湖景区

非遗夜游演艺体验

（三）现状

目前，景区有四大特色项目，具体如下。

一是主题夜游项目。“二分明月忆扬州”大型沉浸式夜游主题线路长达3.5公里，以唐诗为魂，以光影为媒，融入打铁花非遗演艺项目，演出一场好看、好吃、好逛、好玩的夜间大秀。

二是“少堂书场”湖光雅集。“少堂书场”湖光雅集以扬州评话大师王少堂命名，集演出、交流、惠民功能于一体，融合了国家级非遗项目扬州评话、扬州清曲、扬州弹词等表演形式，延续了书场与市井烟火融合特色。

三是非遗主题月。首届非遗主题月举办至今，每年都在不断地完善活动所含的非遗项目。景区锁定以“主题活动 + IP场景”的融合，我们以精彩的非遗项目表演、体验为支撑，内容包括扬州清曲、扬派盆景技艺、古琴艺术、绒花制作技艺等，更结合虹桥修禊、鸬鹚捕鱼等民间绝活，给游客提供更为丰富的体验感。

四是童乐汇研学夏令营。景区从2014年起推出童乐汇暑期活动，2025年夏令营再次升级，整合景区特色旅游资源，深挖古城非遗，游学一体，古今融通，融入扬州面塑、扬州剪纸、扬派盆景、雕版印刷等多项非遗技艺，依托瘦西湖、大明寺等历史景点以及知名户外拓展团队，根据学生年龄层次和身心特点，合理制定和分配课程。

三、取得成效

（一）社会效益

景区运用全息投影等前沿技术，依据瘦西湖景区的特点，因地制宜，融入多种演艺形式，创造景、情、境与非遗完美融合的场景，显著推动瘦西湖从传统观光景区向文化深度体验目的地转型升级，景区文化品牌美誉度与影响力持续提升。

（二）经济效益

非遗赋能推动景区消费结构进一步优化，游客总量实现稳步增长，夜游客流增幅显著；消费模式突破门票依赖瓶颈，文创衍生品、非遗体验、主题餐饮等二次消费占比大幅提高，形成新的营收增长点；产业链延伸效应明显，环湖酒店、餐饮、零售等关联产业协同发展，文旅产业集群活力持续释放，充分发挥了区域经济带动作用。

案例七

临汾洪洞大槐树寻根祭祖园景区立足根祖文化、彰显国家情怀的文旅融合创新实践

一、案例简介

洪洞大槐树寻根祭祖园景区作为明代迁民遗址，是国家5A级旅游景区、全国非遗与旅游融合发展优选项目，也是全国唯一以“寻根”“祭祖”为主题的民祭圣地。景区通过引入3项国家级、4项省级及多项市级非遗项目，构建了“展演、体验、消费、研学”四位一体的非遗生态链，打造了“洪洞大槐树非遗”品牌，实现了非遗保护与旅游发展的双向赋能，在社会效益和经济效益上均取得显著成效。景区年均接待游客达130万人次，客源市场不仅辐射全国31个省（区、市），更远及东南亚、港澳台以及欧美等国家或地区，成为全球华人寻根问祖的精神坐标。

二、案例解析

（一）目标及思路

依据《关于国家级非物质文化遗产大槐树祭祖习俗保护传承弘扬的工作方案》，景区以非遗与旅游深度融合为核心，实现五大发展目标：一是通过非遗资源植入，深化景区文化底蕴，塑造独特的文化标志；二是以非遗为载体，丰富游客文化体验形式，提升文旅消费品质；三是构建非遗活态传承体系，推动传统文化的代际延续与创新发展；四是促进非遗与现代生活方式接轨，增强传统文化的时代生命力；五是拓展文旅消费场景，实现旅游经济增长与非遗产业价值转化的双赢。

在实践路径上，通过三大创新举措实现突破：以沉浸式场景营造文化氛围，让游客身临其境地感受非遗魅力；以特色节庆吸引客流，打造具有广泛影响力的文化盛会；以

洪洞大槐树寻根祭祖园景区

产品迭代满足多元需求，不断推陈出新适应市场变化。在品牌建设方面，深挖根祖文化内涵，全力打造具有国际影响力的“大槐树”文化品牌，提升景区的核心竞争力。

（二）主要做法

一是打造沉浸式非遗体验场景，景区充分发挥自身作为大槐树祭祖习俗传承场所的独特优势，对园区进行高标准改造和建设。丰富和充实非物质文化遗产传承活动空间，将大槐树祭祖习俗的传承融入宏大场景和广阔舞台。二是景区以节日为契机，精心策划并成功举办了三十五届“洪洞大槐树寻根问祖旅游季”系列活动。活动以大槐树祭祖习俗为核心，通过传统祭祀仪式展演、民俗文化表演、宗亲交流活动等丰富多彩的形式，全方位展示大槐树祭祖习俗。三是推动非遗体验产品更新迭代，景区依托专业的专家顾问团队，成立大槐树文化研究中心。该中心深入挖掘大槐树祭祖习俗的文化内涵和传统礼仪，结合现代市场需求和科技手段开展创新研发，推出商业祭祖、研学祭祖、线上祭祖等多种礼仪体验产品。

（三）现状

当前，景区常态化入驻多项非遗项目，其中包括大槐树祭祖习俗、威风锣鼓、洪洞道情 3 项国家级非物质文化遗产；洪洞金鼓乐、玉堂春酒、万安咸菜等 4 项省级非遗；以及大槐树传奇故事等市级非遗，形成了多层次非遗资源矩阵。搭建了结构清晰的传承队伍，常态化入驻国家级传承人 1 人、省级传承人 2 人、县级传承人 8 人，为非遗活态传承提供人力保障。同时，在祭祖活动区构建了“展演—体验—消费—研学”四位一体的非遗生态链。

国家非遗大槐树祭祖习俗迎请神

三、取得成效

（一）社会效益

社会效益主要体现在四方面：一是依托非遗资源开发的沉浸式体验项目，将游客平均停留时间从 1.5 小时延长至 3.5 小时，景区复购率提升 27%。成功实现从传统观光游向深度文化体验游的转型，获评“全国非遗与旅游融合发展优选项目”，成为文旅融合标杆案例。二是以大槐树祭祖习俗为核心，带动威风锣鼓、洪洞道情等 10 余项非遗项目协同发展。通过创新研学体验、节庆互动等形式，吸引年轻游客占比从 12% 提升至 34%。三是每年举办的寻根祭祖大典吸引超 10 万海内外宗亲参与，成为连接全球华人的文化纽带。通过非遗展演、宗亲论坛等活动，促进不同地域文化交流互鉴，推动中华传统文化在国际间的传播。四是以“根祖文化”为精神内核，打造中华民族共同体意识教育场景，通过寻根认祖、姓氏溯源等活动，增强华人对中华文化的认同感与归属感。

（二）经济效益

经济效益主要体现在以下两方面：一是非遗项目的深度开发使景区年接待游客量稳步增长，直接带动景区及周边消费近 2000 万元。非遗祭祖、非遗研学、非遗展销等创新业态贡献新增收入超 600 万元，创造就业岗位 300 余个，形成新的消费增长点。二是“大槐树寻根祭祖游”品牌影响力辐射全国，抖音相关话题播放量超 1.2 亿次，品牌估值突破 2 亿元。非遗衍生品产品年收入达 600 万元，实现文化价值与经济价值的双重提升。

案例八

延边朝鲜族民俗园
朝鲜族民俗“活态博物馆”IP 新范式

一、案例简介

朝鲜族民俗园坐落于延边朝鲜族自治州的首府延吉市，这里拥有着悠久的朝鲜族聚居历史，是中国朝鲜族文化留存最为完整、特色最为鲜明突出的区域之一。园区秉持着非遗活态传承这一核心使命，将朝鲜族源远流长的传统民俗与当下蓬勃发展的现代旅游产业精妙融合，精心构筑起一个集非遗展示、体验、研学、商业等多功能于一体的中国朝鲜族活态博物馆。

二、案例解析

（一）目标及思路

以“非遗活化旅游，旅游反哺传承”作为核心理念，通过将朝鲜族非遗项目与民俗园的各类场景进行深度融合，全面提升园区的文化内涵与游客体验价值；搭建起非遗传承与现代生活之间的桥梁，助力非遗技艺在现代社会中实现活态传承；创新消费场景，有效拉动旅游消费，最终达成文化效益与经济效益的双赢局面。具体思路包括以朝鲜族百年老宅为重要载体，全力打造沉浸式非遗体验空间；精准引入具有代表性的非遗项目，精心开发体验式旅游产品；充分借助新媒体平台的力量，运用多元化营销手段，扩大宣传推广范围；建立科学合理的收益分配机制，充分激发各方参与的积极性。

（二）主要做法

一是精准引入非遗项目，目前景区已成功引入国家级非遗项目 7 项（伽倻琴、长鼓舞等），省级非遗项目 4 项（米糕制作、朝鲜族稻草等），州级非遗项目 2 项（米酒制作、

中国朝鲜族民俗园

朝鲜族传统射箭），市级非遗项目 1 项（传统陶艺制作），入驻非遗传承人 7 位，其中包括国家级传承人 1 位、省级传承人 1 位、州级非遗传承人 3 位、市级传承人 2 位。

二是全力打造“场景 + 体验 + 消费”一体化的创新业态。在传统民居内部精心设置非遗展示与体验区域，例如在古朴的老宅中，详细展示朝鲜族服饰，游客不仅可以近距离观赏，还能亲自试穿，拍照留念，留下独特的回忆；打造米糕体验馆、米酒作坊，游客在专业人员的指导下，能够亲手参与米糕制作、米酒酿造的过程，并现场品尝自己的劳动成果，享受美食带来的愉悦。

三是积极利用抖音、小红书等热门社交平台，精心策划并发布精美的旅拍视频、实用的非遗体验攻略等优质内容，精准吸引年轻游客群体的目光。民俗园的朝鲜族服饰旅拍迅速成为热门话题，众多游客纷纷慕名前来打卡，在社交平台上分享自己的精彩瞬间，形成了良好的口碑传播效应，“朝鲜族公主”现象级 IP 火遍全国。

三、取得成效

（一）社会效益

社会效益主要体现在以下三方面：一是非遗项目的引入使得民俗园的吸引力大幅提升，游客停留时间平均延长约 2 小时，游客满意度高达 98% 以上，成功晋升为国家 4A

景宫廷米糕制作体验

级旅游景区、国家级夜间文化和旅游消费集聚区，成为延吉文旅产业的一张亮丽名片。二是通过“游客参与体验—市场需求反馈—技艺创新改进”的良性循环，成功吸引了众多年轻群体对非遗技艺产生浓厚兴趣并积极学习，有效推动了非遗传承人群体的逐步年轻化，为非遗传承注入了源源不断的新鲜血液。三是增进国际间文化交流，每年接待国内外游客数量近 400 万人次，成为展示朝鲜族文化、促进各民族文化交流互鉴的重要窗口，有力地促进了各民族之间的相互了解与团结，为铸牢中华民族共同体意识发挥了积极作用。

（二）经济效益

在经济效益方面，主要体现在两方面：一是旅游收入的增长，民俗园年旅游收入从引入非遗项目前的几百万元实现了质的飞跃，提升至超 1 亿元，年均增长率达 20%，充分彰显了非遗项目对旅游经济的强大拉动作用。二是推动了产业发展，非遗相关文创产品、餐饮、体验项目等衍生消费占园区总收入的 60%，不仅带动了园区自身的经济发展，还对周边住宿、服饰店、交通等产业起到了显著的带动作用，创造就业岗位超 2000 个，为当地经济发展与社会稳定做出了积极贡献。

案例九

无锡惠山古镇
惠麓藏珍·非遗焕新

一、案例简介

惠山古镇位于江苏省无锡市，有市级以上文物保护单位23个44处，拥有国内规模最大、保存最完好的108座古祠堂群落。位于景区核心区的全国重点文物保护单位寄畅园被誉为江南四大园林之首；南朝古刹惠山寺，距今已有1600多年历史；我国著名的民间艺术家阿炳所作的世界名曲《二泉映月》就诞生于此。依托古镇丰富的非遗资源，景区启动了“惠麓藏珍·非遗焕新——惠山古镇活态传承探索”项目，将保护传承与开发利用作为提升文化活力的切入口，引进惠山泥人、精微绣和留青竹刻非遗工作室。同时，推进非遗与景区节庆、市集、研学等全产业链的融合，促进非遗推广与直播、电商、文创等产业的深度合作，全方位推动非遗从“静态展示”向“活态传承”的转变，助力非遗与旅游深度融合发展；推出“夜游古镇”“惠山庙会”、园林实景演出《寄畅有戏》等非遗活动，积极打造夜游品牌矩阵。持续推动业态布局更新，围绕“美好生活”的场景和氛围，融入符合市场需求的非遗美食市集，结合特色巡游表演，形成“全时全域”消费场景。

二、案例解析

（一）目标及思路

通过诸多措施实现保护与传承非遗、促进非遗与旅游的融合、创新发展与活态展示的目标，提升惠山古镇景区文化内涵，增强游客文化体验，推动非遗融入现代生活，提振文旅消费潜力，进而提升景区品牌知名度。

（二）主要做法

一是充分利用景区资源，打造非遗工作室，为传承人日常创作、技艺传承、作品

惠山古镇全景

展示提供便利。鼓励非遗活动与景区节庆、市集、研学等全面融合，支持非遗推广与直播、电商、文创等产业深度融合，推动非遗从“静态展示”向“活态传承”转变。

二是每年举办非遗主题活动、惠山庙会、国潮灯会、二泉茶会等，非遗市集、民俗展演、研学体验穿插其间，少儿学非遗、外国友人赏非遗、直播推非遗、地铁展非遗、大师讲非遗，多形式多角度让市民游客尽享非遗之美，为游客带来层次丰富的“文旅体验”。同时不断探索“非遗 + 研学”融合新模式，推出“非遗研学游”“手工艺体验游”等主题线路，串联惠山古镇内的自然景观、非遗展示点、祠堂文化、家风家训文化等，增强市民游客的文化沉浸感，搭建市民游客与非遗零距离接触的新平台。

三是促进业态焕新，拓展消费新场景。持续优化商业业态，非遗老字号王源吉、朱顺兴等以新场景消费的模式入驻惠山古镇。新万鑫银丝面、夏家边大馄饨、老法头梅花糕等地方美食激活了市民游客味蕾。惠山泥人、锡绣、留青竹刻等非遗不断传承创新，深度打造“非遗文创”，提升景区文化品牌知名度。

（三）现状

常态化承办非遗类大型活动，如第十四届中国菊花展览会、中国大运河非遗旅游大会。景区设立非遗大师工作室 5 个，中国泥人博物馆焕新升级，建成非遗研学中心，结合廉政教育、家风家训、园艺花卉以及各类节日打造“常态化 + 季节性”研学产品，累计开展市场化活动 2000 余场。精心打造惠山庙会，延续江南民间民俗文化传统的同时，结合当下国潮巡游元素，全新设计服化道，融入国风演艺，以更年轻化的表达来传

龚琦泥塑艺术工作室

递非遗力量，为市民游客呈现传统与现代交融的“非遗大戏”。另外，积极引入“最中国·文博市集”等非遗市集，打造文旅消费新场景。

三、取得成效

（一）社会效益

首先，非遗传承和传播得到了加强，传统手工艺和技艺在活态展示中得到保护与发扬。其次，非遗进景区促进了文化交流与互鉴，展示了中华文化的多样性与独特魅力，促进了不同地区与国家之间的文化理解与尊重。最后，项目通过传统文化的弘扬，增强了人民的文化自信与认同感，增强了社会凝聚力和民族团结精神。

（二）经济效益

景区非遗相关活动的长效开展有效提升了古镇的文化吸引力和旅游价值，2024 年景区接待中外游客突破 1000 万人次。其中，景区核心收费区域购票人数 144.35 万人次，同比增长 9%，带动了住宿、餐饮、交通等相关产业的繁荣，促进了当地旅游业的快速发展。另外，非遗活态展示推动了传统工艺品、手工艺品等产业的兴起，带动了相关产品的销售与传播，促进了地方特色文化产业的快速发展。此外，项目促进了文化旅游与商业的融合，为地方经济注入了新的活力，带动了区域经济的有效增长。

案例十

苏州周庄古镇
守艺江南文化，展现文旅新篇章

一、案例简介

周庄古镇保存众多明清建筑，不仅是中国历史文化名镇，被列入世界文化遗产预备清单，更荣获联合国迪拜国际改善环境最佳范例奖，拥有14处文保单位，及昆曲、苏绣、竹编等多项国家级、省市级非遗资源，戏曲文化积淀深厚。古镇积极践行“非遗活态传承”战略，通过“科技赋能、场景再造、全链融合”创新模式，将昆曲、苏绣、评弹等20余项国家级、省市级非遗深度融入“食、住、行、游、购、娱”全旅游场景。打造了“张厅有戏”光影夜游、古戏台昆曲展演、贞丰十二坊非遗手作体验等一系列标杆项目，成功构建起“全天候、全要素、全龄段”的非遗体验体系，成为全国非遗与旅游融合发展的典范案例。

二、案例解析

（一）目标及思路

以“非遗场景化、体验沉浸化、传播年轻化、产业生态化”为路径，构建“全天候、全要素、全龄段”非遗体验体系。活化非遗技艺使其融入现代生活，打造“日游水乡·夜赏非遗”双轨产品，形成“可看、可玩、可学、可带”的沉浸式场景，增强游客体验，延长游客停留时间，并形成“体验—传播—消费”闭环，完成非遗衍生品销售，延展“非遗+”产业链，释放夜间经济潜力，最终实现非遗保护传承与旅游经济发展的协同共进。

（二）主要做法

一是常态化非遗展演，构建活态文化空间。古戏台和张厅常态化展示《牡丹亭》《西厢记》等昆曲演出，促进了非遗的保护与传承；在“贞丰十二坊”文化街，汇聚苏绣、竹编、木雕等多项非遗技艺，邀请传承人现场演示并指导游客体验，形成“可触、可学、可购”的一站式非遗体验。二是创新演艺形式，增强文化感染力。《只此周庄》在多维空间剧中还原汴京上元灯节的热闹场景，舞龙舞狮、杂技、顶缸、转碟、变脸等非遗内容轮番上演，生动展现江南文化的独特魅力。三是传统节庆活化，打造沉浸式民俗体验。以“周庄过大年”“端午节”等传统节庆为核心，将非遗元素融入现代文旅场景。开展“戏游周庄”戏曲主题活动和水乡婚典等非遗活动，增强游客的参与感和文化认同感。四是光影科技赋能，重塑夜间文旅场景。“张厅有戏”光影夜游以数字技术为核心，将昆曲《牡丹亭》实景化演绎，“花巷雨巷”“鱼池岸”光影秀，利用灯光、雾森、音效打造梦幻景观，将非遗符号与现代艺术结合，形成“白天观景、夜游赏艺”的全时段体验模式。五是研学旅游深化文化传承。推出非遗研学项目，联合学校与机构设计“水乡手作课堂”等课程。学生可跟随传承人绘制水墨扇面，体验竹编等，从实践中理解非遗技艺的精髓，形成“观赏—体验—创作”的完整链条。六是多元宣传推广，提升品牌影响力。CCTV 连续多年报道“周庄过大年”盛况，展现摇迎财神、打春牛等民俗；CCTV-4《远方的家》栏目推出专题片《水乡里的非遗密码》，深度解读周庄昆曲、苏绣的活化路径；《人民日报》头版刊发《夜周庄，非遗点亮古镇新活力》，肯定“张厅有戏”对传统文化与现代科技的融合探索；新华社发布《周庄：让非遗“活”在当下》系列报道，阅读量超 500 万次；周庄通过抖音、小红书、公众号等多个官方新媒体平台

周庄古镇全景图

摇快船表演

多次发布非遗项目和非遗活动的图文、视频内容，邀请达人和媒体探寻非遗的魅力，凭借鲜明的文化特色与创新形式，屡获国家级媒体关注，成为传播江南文化的重要窗口。

（三）现状

目前，周庄古镇引入世界级、国家级、省级等非遗项目20余项，通过与江苏省演艺集团昆剧院合作，青年演员常态化开展昆曲演出，非遗传承人数量超100余人，且多为周庄本地传承人，保障了非遗传承的在地性和延续性。通过系列举措，非遗在周庄古镇实现了活态传承，传承人积极参与项目运营，年青一代传承人不断涌现，非遗技艺得到有效传承与创新。

三、取得成效

（一）社会效益

目前社会效益主要体现在以下三方面：一是非遗与旅游的深度融合，使周庄古镇从传统观光型景区转变为文化体验型景区。游客停留时间延长，有效缓解了景区旅游发展的同质化问题，为行业发展提供了新的样板。二是通过非遗进景区项目，众多非遗项目得到了更广泛地传播与传承。同时，景区的运营收益也为非遗保护和传承提供了资金支持。三是非遗进景区项目为不同地域、不同文化背景的人们提供了交流平台，促进了文化的交流与互鉴，增强了中华文化的影响力。

（二）经济效益

非遗项目的引入和创新体验模式的打造，吸引了大量游客前往周庄古镇。昆曲主题折扇、苏绣丝巾等非遗衍生品深受游客喜爱，非遗进景区项目带动了周边餐饮、住宿、文创等产业的发展。非遗文创集市等新业态不断涌现，创造了更多的就业机会，促进了当地居民增收致富。通过构建“非遗+”产业链，实现了旅游经济的多元化发展，增强了景区经济发展的韧性和可持续性，为地方经济发展做出了积极贡献。

案例十一

海南槟榔谷黎族苗族文化旅游区
黎苗文化“活字典”

一、案例简介

海南槟榔谷黎族苗族文化旅游区坐落于保亭黎族苗族自治县与三亚市交界的甘什岭自然保护区内，拥有保存完整的黎族船型屋、苗族吊脚楼等传统建筑群，以及黎苗传统技艺、节庆、歌舞等活态非遗资源。作为国家5A级旅游景区，自2010年起主动融入国家文旅融合发展战略，依托海南独特的黎族苗族文化资源与生态优势，成功从传统民俗景区转型为集非遗保护、文化展示、沉浸体验、产业创新于一体的综合性文化旅游示范区。景区以“活态传承、创意创新”为核心理念，构建“非遗+旅游+乡村振兴”的特色发展模式，系统整合黎族纺染织绣、黎族竹木器乐、黎族树皮衣制作等10余项国

海南槟榔谷黎族苗族文化旅游区

家级、省级非遗项目，打造出“看得见、摸得着、能体验、可带走”的非遗文旅生态体系。先后获评“国家文化产业示范基地”“国家非物质文化遗产生产性保护基地”“全国民族团结进步模范集体”，成为展示海南黎族苗族文化的重要窗口和文旅融合标杆项目。

二、案例解析

（一）目标及思路

景区的核心目标是以海南黎族和苗族非遗为核心资源，构建非遗活态传承生态，推动黎族苗族文化“走出去”，打造具有国际影响力的民族文化旅游品牌。秉持“保护为基、创新为翼、融合为径”的理念，以景区为载体搭建非遗展示、体验、创新平台；深化“非遗 + 旅游 + 乡村”场景融合，开发沉浸式体验产品；通过市场化运营激活非遗经济价值，实现文化传承、旅游发展、民生改善协同共进。

（二）主要做法

一是构建非遗立体展示空间，守护文化根脉。通过活态博物馆集群，成功申办槟榔谷波隆民俗博物馆，建成无纺馆、麻纺馆等 9 个非遗主题展馆；实景复原黎族传统生活场景，建成非遗小巷两条，再现黎族村落场景两座；陈列 4000 余件（套）非遗文物与技艺展品，打造露天村寨场景与室内陈列馆相结合的非遗博物馆。同时，建成 3 个非遗传承基地，建成 9 项国家级非遗项目展示传承点。景区常年活跃 10 余位省级、县级非遗传承人开展非遗传承工作，累计邀请超过 50 余位国家级、省级非遗传承人驻点授艺，年均开展传承活动 1000 余场，培养学徒超 500 人。景区还获批国家级、省级“中小学研学旅行实践教育基地”，开发 20 余项研学课程，年接待研学团队超 200 批次，成为青少年传统文化教育重要阵地。

二是创新沉浸式体验场景，将非遗元素融入景区游览动线，打造“黎村苗寨探秘之旅”等主题线路，游客可参与黎锦纺织、竹竿舞互动等 10 余项沉浸式体验项目。推出大型实景演出《槟榔·古韵》，融合黎苗歌舞、传说故事、祭祀仪式，年均演出 700 场，观众超 50 万人次；打造“非遗 + 科技”沉浸式演艺空间，运用全息投影、智能灯光等技术，对《槟榔·古韵》进行迭代升级，让游客更直观感受黎族苗族文化的魅力。建设非遗演艺矩阵项目，多维展示黎苗歌舞、传统技艺，让游客在视听盛宴中感受非遗的多元魅力。同时，打造“非遗 + 节庆”特色品牌，丰富游客的文化体验场景。景区积极探索节庆活动与非遗的深度融合，深挖黎苗传统节日内涵，通过创新活动形式、丰富互动体验，让节庆成为展示非遗魅力的重要窗口。此外，连续 15 年举办“海南黎族三月三节日庆典”“海南黎族传统七夕嬉水节”，吸引超 1 万人次 / 届参与；策划黎族苗族主题换装节以及黎族苗族文化篝火之夜、七夕嬉水等节庆常态化运营的特色活动，形成“月月有主题、季季有亮点”的活动矩阵。

黎族竹木器乐演奏

三是建立“非遗 + 产业”合作机制，促进价值转化。推行“非遗工坊 + 农户”模式，在周边村寨吸纳 500 余位村民参与非遗工坊产品制作，人均年增收 2.5 万元，带动乡村产业振兴。同时，联合海南师范大学美术学院成立“黎族苗族文化创意研究工作站”，以黎族、苗族图腾为元素，开发服饰、饰品、家居用品等 50 余款文创产品，其中“黎锦文创”“黎纹饰品”等成为热销品类，年销售额突破 300 万元。积极参与国际交流项目，近年参与蒙古国、俄罗斯、新加坡、哈萨克斯坦、韩国等周边国家旅游交流活动，将海南黎族、苗族文化对外传播，推动海南黎族、苗族文化项目赴海外推广，景区年均接待国际文化交流团 50 余批次，成为中外文化交流的桥梁。

四是构建多维传播矩阵，扩大品牌影响。与央视《非遗里的中国》《乡土》等栏目合作拍摄专题纪录片，在主流媒体形成传播声浪；出版《海南黎族黎锦图谱》《海南黎村苗寨》等学术著作，提升文化话语权。运营抖音、小红书等官方账号，打造“非遗传承人 Vlog”等类型短视频，累计播放量超 10 亿次；开展直播带货，单场直播销售额最高达10万元，触达年轻消费群体。此外，还与《爸爸去哪儿》《奔跑吧兄弟》等热门IP合作，将黎苗歌舞、传统技艺融入综艺创作；联合非遗潮流品牌非遗品牌椰格格等开发非遗主题文创产品，实现“破圈”传播。

（三）现状

目前，槟榔谷已形成“一核（非遗核心展示区）、两带（黎族苗族文化体验带、生态休闲带）、三圈（传承保护圈、创新研发圈、产业辐射圈）”的发展格局。景区内非遗体验项目占比达60%，年接待非遗主题游客超150万人次；与全省18个市、县非遗保护中心、26个黎苗村寨建立常态化合作，辐射带动周边2000余位村民参与文旅产业。

三、取得成效

（一）社会效益

社会效益主要体现在四方面：一是累计保护传承15项省级以上非遗项目，培养新一代传承人200余人，黎锦纺织、原始制陶、树皮衣制作技艺等濒危项目实现“活态传承”；景区成为黎族苗族文化“活字典”，年均接待文化考察团150余批次，成为学术研究与文化交流的重要基地。二是将景区整合为“文化体验+互动参与+研学教育”复合业态，游客平均停留时间从2小时延长至6小时，满意度达95%以上，景区复购率提升30%，成为海南文化旅游必打卡地。三是通过展示黎族苗族文化共同体的历史脉络与共生关系，年均举办民族团结主题活动50余场，接待各民族游客超100万人次，成为铸牢中华民族共同体意识的实践课堂。四是作为海南对外文化交流的窗口，累计接待50余个国家和地区的外宾，黎锦、竹藤编等非遗项目赴海外展览10余次，海外媒体报道超1000篇，有效提升海南民族文化的国际知名度。

（二）经济效益

近三年景区综合收入年均增长10%，2024年营收突破8000万元，其中非遗体验项目收入占比达40%，文创产品销售额年增长20%，成为景区新的经济增长点。带动周边13个村寨发展民宿、餐饮、手工艺品等配套产业，形成年产值超2亿元的非遗产业链，助力800余村民脱贫致富，获评“全国旅游扶贫示范项目”。景区先后荣获“国家5A级旅游景区”“全国民族团结进步模范集体”“国家文化产业示范基地”“国家旅游服务标准化示范点”等100余项荣誉，品牌估值突破6亿元，成为海南文旅产业的标志性IP。

案例十二

镇江金山·焦山·北固山风景名胜区借白蛇之韵沉浸式赋能景区焕发新活力

一、案例简介

三山风景名胜区位于镇江市区的长江之滨，由金山、焦山和北固山三个主要山峰组成，是自三国时期就形成的胜景之一，拥有丰富的自然资源和悠久的人文历史。2018年被评为国家5A级旅游景区。目前入驻“《白蛇传》传说”“镇江恒顺香醋酿制技艺”“佛教音乐（金山寺水陆法会仪式音乐）”国家级非遗代表性项目3项，“扬州评话”

金山·焦山·北固山风景名胜区

“镇江恒顺酱菜制作技艺”“汤面制作技艺（镇江锅盖面制作技艺）”“拓印技艺（焦山六舟全形拓技艺）”“金山寺水陆法会”省级非遗代表性项目 5 项，以及“三山民间故事”等多项市级非遗代表性项目。

二、案例解析

（一）目标及思路

三山风景名胜区注重非遗的传承保护和活态展示，积极依托民间文学、传统技艺、民俗，将镇江诸多当地非遗项目融入景区沉浸式演艺活动以及旅游线路当中，并进行开发建设。

（二）主要做法

1. 把与三山相关的民间传说以创新的评话、舞蹈、巡游、展陈、非遗衍生文创产品等形式表现出来，进景区展演全年活动不少于 30 场，以“《白蛇传》传说”为主的金山民间故事文化展览馆、传承“三山民间故事”基地全年开放时间不低于 360 天，流通人数在 600 万人次以上；举办新年撞钟佛教音乐祈福活动；开发“水漫金山”水上巡游非

扬州评话传承人进景区

遗研学游项目；新编园林版快闪舞蹈《金山缘起》是润州区倾力打造的“舞蹈+”创新文化项目，是省内首个《白蛇传》主题沉浸式快闪表演，与国家级非物质文化遗产《白蛇传》传说完美融合，网络转发量30多万。

2. 对民间文学、传统技艺进行深度体验，常态化开展“非遗+研学”活动，在景区入园处和广场等公共区域，利用元旦、春节、“五一”、国庆等节假日，设置非遗市集、展演、恒顺醋体验门店、汤面味道体验、拓印体验等项目，邀请制醋大师、汤面师傅、全形拓大师等非遗传承人走进三山风景区现场互动销售，可以让游客在景区内体验到、品尝到、参与到镇江非遗项目中，充分感受非遗、乐享非遗、了解非遗。

（三）现状

目前，新编园林版快闪舞蹈《金山缘起》是园区倾力打造的“舞蹈+”创新文化项目，是省内首个《白蛇传》主题沉浸式快闪表演。该舞蹈从2018年端午节正式公演以来，以其独特的艺术展现方式和“沉浸式”的感官体验受到多方面的关注和好评。并在“文旅融合”“园林活化”“非遗创新”和“城市外宣”等多维角度受到广泛好评。

三、面临的挑战与应对策略

面临的挑战主要有：一是非遗传承断层。近年来，民间文学、传统技艺逐渐减少，年青一代对其兴趣不足，导致非遗生命力减弱。由此，根据景区特点引进非遗项目、采用动态方式展示非遗技艺，开发沉浸式非遗表演等方式成为增强游客的文化体验感，为非遗传承注入新活力的重要途径。二是传播形式单一。非遗项目传播形式过于单一，静态展板和传统导游讲解这两种传统模式已难以满足现代受众对互动性、参与感和多维体验的需求，传播形式缺乏沉浸式体验，游客参与度不足、参观时长短、记忆遗忘率高，难以吸引Z世代游客。目前，新编园林版快闪舞蹈《金山缘起》是全新打造的“舞蹈+”创新文化项目，是省内首个《白蛇传》主题沉浸式快闪表演，该剧在编排上将“寺裹山”的金山寺为背景与《白蛇传》传说两项非遗完美融合。这种转型在提升旅游体验质量的同时更能延长游客停留时间，带动二次消费增长2~5倍，形成文化传播与商业价值相互促进的良性循环。

案例十三

自贡中华彩灯大世界
科技赋能光影，点亮千年灯脉

一、案例简介

自贡中华彩灯大世界2023年创成国家4A级旅游景区，融合彩灯公园、会展、制作、文化创意设计、红色旅游、休闲游乐于一体，规划建设之初便确立了“以灯为核、以文为魂、以旅为体”的融合路径，形成“保护—展示—利用—传承”的良性循环。景区先后荣获2021年“首批国家级夜间文化和旅游消费集聚区”、2022年国家旅游科技示范园区等荣誉。第31届自贡国际恐龙灯会期间，自贡市承办文化和旅游部非物质文化遗产司“非遗贺新春　点亮中国灯”全国主会场活动，既生动展现了非遗魅力，更有效提升了景区文化内涵和旅游消费，更印证了非遗在保护中传承、在传承中创新转化的强大生命力，成为“非遗进景区”的生动实践和成功典范。

二、案例解析

（一）目标及思路

通过非遗与旅游的融合，提升景区文化内涵，让游客在欣赏美景的同时，深入了解“自贡灯会”等非物质文化遗产。增强游客文化体验，通过互动、参与等方式，使游客成为非遗传承的参与者。促进非遗保护与传承，利用景区的平台和游客资源，为非遗项目提供展示和发展空间，推动非遗融入现代生活。

（二）主要做法

当前，景区引进多项非遗项目，与非遗传承人、相关企业合作，邀请入驻景区，展示和传承非遗技艺。将“非遗+”元素巧妙融入场景设计，在“迎春贺年”区，以剪纸与走马灯跨界“牵手”，灯面镶嵌“中国红”“窗花风”，旋转变换间，领略灯彩风貌。推出非遗体验业态，游客可亲手制作剪纸、瓷器彩绘等。结合美食、演艺与夜游活动，联动全国各地知名非遗和特色美食品牌，让游客体验“食在四川、味在自贡”。同时进行模式创新，与热门IP合作，如与《凡人修仙传》动画IP合作打造“凡人不凡”灯街，融合动画IP，还原经典场景，并加入商业餐饮和Cosplay表演，提供观灯、美食和互动娱乐，深化游客体验。此外，还利用新媒体平台进行宣传，制作精美短视频、图文介绍非遗项目和灯组，吸引网友关注。邀请网红、旅游博主打卡，扩大景区知名度。

在灯会的筹备与举办过程中，数千名非遗彩灯匠人参与灯组设计、制作到运营的全链条，生动践行了非物质文化遗产的保护、传承与转化理念。灯组设计的创意构思中，以传统非遗彩灯技艺为基础，吸纳瓷器、川戏、剪纸、吹塑等多项元素，传统非遗符号成为灯组视觉表达的核心灵感来源；制作阶段，在延续传统非遗彩灯制作技艺基础上，将丝架、捆扎等非遗技艺的精湛技法融入灯组制作全过程；运营阶段，打造七大主题区，创新运用人工智能赋能，结合丰富的游园互动活动，构建起大众与非遗对话的多元场景，推动非遗从传统形态向现代表达转化。景区还设置非遗展览专区集中展示彩灯制作工具、历代灯品等珍贵实物，让游客直观了解自贡彩灯传统制作工艺的发展脉络；美食体验区汇聚自贡冷吃兔制作技艺、火边子牛肉制作技艺等省级非遗美食，游客可现场品尝并观摩制作过程；舞蹈表演融入川剧变脸、自贡杂技等非遗艺术形式，让游客近距离感受巴蜀非遗独特魅力。景区形成浓厚非遗氛围，为游客提供了沉浸式的非遗旅游体验。

以民间传说《白蛇传》为主题创造的“青城双姝”彩灯

“万物萌生”彩灯，以非遗炫彩吹塑纸剪裁仿真毛发制作呈现大熊猫造型

（三）现状

目前，中华彩灯大世界引入了众多非遗项目，涉及灯彩制作、传统手工艺、民间表演艺术等多个领域。景区专设了彩灯非遗展，系统展示彩灯从设计、扎架到裱糊、彩绘的完整非遗工艺流程，辅以传承人现场演示，让游客深入了解古老技艺的独特魅力；开辟了非遗售卖专区，吸引众多非遗传承人入驻，国家级、省级、市级等各级非遗传承人带来精美彩灯文创饰品、传统手工艺制品等特色非遗产品。传承人通过与游客的互动交流，让非遗技艺被更多人知晓和喜爱，而与旅游的融合，也让这些非遗项目获得更多展示机会和发展空间，吸引大量游客关注，部分非遗项目还开发出了深受游客喜爱的文创产品，实现了文化传承与经济收益双赢。

三、取得成效

（一）社会效益

景区的社会效益主要体现在以下三点：一是非遗的融入使景区实现景区和非遗双向赋能，为非遗传承发展探索出了新路径。二是来自全国各地的游客在景区体验非遗，促进了不同地域文化的交流。自贡灯会在 19 个国家 71 个城市举办境外灯展 100 场以上，累计吸引全球 5 亿多人次观灯，成为中华文化“走出去”的亮丽名片，促进了中外文化交流互鉴。三是建立合理的收益分配机制，根据非遗项目的参与度、游客消费情况等，与非遗传承人、合作企业合理分配收益，激发各方积极性。

（二）经济效益

非遗与旅游的融合吸引了大量游客前来参观体验，第 31 届自贡国际恐龙灯会累计接待游客 208.73 万人次、同比增长 61.43%，实现综合收入 2.36 亿元、同比增长 43.9%，实现门票收入 2.12 亿元、同比增长 55.88%。带动了餐饮、住宿、交通、文创等相关产业发展。景区内近 100 家特色餐饮店生意火爆，周边酒店、民宿入住率大幅提升，文创产品销售额不断增长。实现了门票收入和旅游综合收入的显著增长。

案例十四

泸州老窖景区
一场穿越700余年的“活态双国宝”之旅

一、案例简介

泸州老窖景区位于四川省泸州市，这里不仅是中国浓香型白酒的发源地，更承载着700余年赓续传承的泸州老窖酒传统酿制技艺和拥有450余年不间断生产的1573国宝窖池群，并称为“活态双国宝”，是泸州老窖在业内独有的核心文化资产。景区高度重视非遗保护传承基地的建设和推广，目前已建成包括1573国宝窖池群、泸州老窖博物馆、三大天然藏酒洞、乾坤酒堡、黄舣酿酒生态园等一大批旅游基地，利用“非遗＋文旅”模式，打造系列文化活动IP、非遗展览、研学体验、活动展演等业务，形成了集

泸州老窖黄舣酿酒生态园

观光、体验、餐饮、购物、娱乐等多功能于一体的酒旅融合服务业态，助力地区经济发展，不断沉淀、丰富着泸州的酒城文化特色。

二、案例解析

（一）目标及思路

泸州老窖景区以“活态双国宝”为核心，通过非遗与旅游深度融合，打造沉浸式文化体验活动，拓展旅游线路，开发多样化非遗文创产品等，新增酒旅融合消费场景，为游客提供美好生活新模式的同时，也让白酒非遗更好融入现代生活，促进非遗的活态传承与保护。

（二）主要做法

1. 强化酒旅融合多场景布局，构建非遗空间

作为泸州老窖景区核心区的泸州老窖博物馆，是集收藏、保护、研究、展示泸州酒史文物的专题性博物馆，是泸州老窖酒传统酿制技艺的核心展陈传播阵地；泸州老窖浓香国酒定制酒中心（乾坤酒堡）是集泸州老窖传统酿制技艺洞藏、陈酿、酒体设计以及白酒产品消费者体验、品牌文化和定制文化展示于一体的文化旅游综合体；泸州老窖企业文化展厅，从多个维度全面展示了围绕泸州老窖酒传统酿制技艺呈现的企业发展历程、核心酿造资源等系列内容。

2. 打造文旅融合活动 IP，实现“跨圈”传播

泸州老窖创新性打造了多个文化活动 IP。如已连续 18 年举办国窖 1573 封藏大典，将传统酒礼酒俗中的祭祀先贤、拜师传承、封藏春酒等礼制进行集中还原、整合并创新。此外，还通过举办“春江酒月夜——中国酒城·非遗之夜”、“怀玉杯”酿酒技能大赛、“让世界品味中国”全球之旅、国际诗酒文化大会、“浓香文酿杯”知识竞赛、“国宝遇见国宝”、“窖主节”、“流动的博物馆”全国巡展等众多文旅融合活动，以场景体验、非遗集市、文艺表演的形式，让非遗“活”在群众身边，实现非遗的“跨圈层”传播。

3. 开展非遗科普教育，激发传承热情

泸州老窖常态化开展非遗科普教育和研学活动，邀请高校、商会及社会各界人士走进泸州老窖，同时，泸州老窖还与各大高校联动，开展非遗进校园、白酒文化宣讲、白酒知识科普等活动，让参与者立体化、沉浸式地体会白酒酿造过程及技艺传承背后的匠

心精神，激发其对非遗保护及传承的热情。

4. 开发系列旅游商品，激活消费动能

一是打造多款文创产品。创新开发“麒麟麟”IP 相关文创、茶具礼盒、车载香薰、艺术折扇、国潮扑克牌、香水等系列创新产品，在景区进行销售，丰富游客的旅行体验。二是创新文创商品销售模式。仅 2024 年三大节假日活动期间景区游览总人数 3.6 万余人，促进景区营收超 200 万元。

5. 建设新型传播矩阵平台，助力非遗传播

打造了包括报纸、官网、电视台、自媒体等在内的全媒体矩阵传播，通过建设新式社会化传播体系，推动非遗创新表达和输出。“非遗守艺人—曾娜”“泸州老窖蓝 V 号”“窖小二”“泸九九的小酒窝”“寻找岁月陈酿的酒”“馆长 . 老杨”等新媒体账号全网播放量达 10 亿 +，以更快、更广、更令人喜闻乐见的信息传递方式走进千家万户；此外 CCTV、《光明日报》《中国组织人事报》、人民网、新华网等知名电视媒体、报刊媒体、网络媒体均对泸州老窖进行了专题报道并广泛宣传，极大地提升了泸州老窖知名度。

“怀玉杯”酿酒大赛现场

（三）现状

景区拥有行业首批物质与非物质文化遗产资源，泸州老窖明代窖池群入选全国第四批、行业首家全国重点文物保护单位，泸州老窖酒传统酿制技艺作为川酒唯一代表入选首批国家级非物质文化遗产，泸州老窖成为白酒行业首个拥有物质与非物质文化遗产“双国宝”的企业。同时，景区拥有最完整的代表性传承人序列，泸州老窖酒传统酿制技艺作为首批国家级非物质文化遗产，至今已历经700余年24代传承人口传心授，从未间断。目前拥有国家级非物质文化遗产代表性传承人2名，省级非物质文化遗产代表性传承人5名，均处于行业领先水平。此外，2023年“泸州老窖·国窖1573封藏大典”作为民俗类代表项目，成功入选第六批四川省非物质文化遗产代表性项目名录。2024年，泸州老窖股份有限公司作为传统技艺类代表，入选2023—2025年国家级非物质文化遗产生产性保护示范基地，成为浓香型白酒企业中唯一、川酒企业中唯一入选单位，为白酒非遗传承与保护起到了示范性作用。与此同时，泸州老窖·国窖1573“春江酒月夜——中国酒城·非遗之夜”和明市荟之“一城一味　酒肴市集”活动还大力引入其他四川代表性非遗，包括绵竹木版年画、泸州油纸伞等，形成非遗雅集，将美食与美酒融合以“酒食＋风物”作为核心元素共打造11家精品摊位集结景区打造酒肴市集，打造非遗活态文化盛宴，让来宾从看、听、玩、品多方面参与互动，感受非遗的生动鲜活。

三、取得成效

（一）社会效益

近年来，泸州老窖景区成为川南必打卡TOP10，2024年关键词百度指数稳居川南文旅类目首位，是酒城泸州一张特殊的城市文化名片和独特的人文景观，成功丰富游客旅游体验。

（二）经济效益

泸州老窖景区通过“非遗＋文旅”模式，持续创新消费场景，极大带动了周边餐饮、住宿、交通、零售等相关产业的协同发展，为地方经济高质量发展注入了强劲动力。近5年来，泸州老窖景区累计接待游客超过128万人次，其中非遗体验项目平均年接待超10万人次，实现文旅综合收入超过7亿元，在全川旅游景区收益中处于前列。

案例十五

鹤壁市浚县“千年古城”非遗焕新出圈 推动历史文化名城创造性转化

一、案例简介

浚县地处古黄河之滨，位于河南省北部。浚县古城街区结构布局保存完好，是明清时期北方县城建筑的典范。古城内现有原住居民 3 万余人，“火着的古城”保存原住居民的日常生活。翰林府、文治阁、县衙承载着祖辈们生活的文化记忆；遏云楼、小吃街、电影院（现为戏曲工场）散落着人间烟火；长达一个月的“正月古庙会”点燃古城每一个角落；古街、古巷、古民居、古庙会无一不彰显着这里深厚的文化脉络。

浚县古城民俗节庆活动

二、案例解析

（一）目标及思路

景区目标是将浚县古城建设成为彰显本地文化特色的非遗旅游目的地。实施思路是按照“保护传承、文旅融合、活化发展”的核心理念，系统性引入正月古庙会、民间社火、大平调、泥咕咕多个非遗项目，开设非遗店铺40余家，年开展文旅动态、静态展演600余场，共涉及国家级、省级、市级、县级非遗传承人286人、演绎人员600多人。

（二）主要做法

一是按照非遗项目进景区“四优先”原则，优先选择文化价值高的国家级、省级项目，优先选择适合现场展示和游客参与的项目，优先选择具有产业开发价值的项目，优先选择精心挑选艺术价值高、易于与旅游结合的项目。二是规划建设“社火锅”“黎阳子馍”“咕咕来仪”“浚县八大碗”等非遗美食店铺，植入国家级、省级非遗社火、子馍、咕咕等元素，开启浚县非遗旅游融合的味蕾之旅；植入泥塑、柳编、石雕壁画等非遗元素，打造非遗旅游的住宿个性空间；借助“黄河非遗点亮老家河南”全国大学生乡村振兴创意大赛，打造“光影堂·皮影文化体验馆”等非遗旅游的展示空间。三是开发“非遗+研学”产品，以浚县古城研学营地为示范点，带领学生全面了解浚县。四是充分挖掘社火、民俗等非遗内涵，开发文创产品30多项。五是深挖民间社火、西路大平调、化装坠子等非遗项目和技艺，策划实施古城有戏、黎阳社火情等非遗实景演出，在县前街设置泥咕咕、皮影戏、捏糖人等非遗互动体验项目。六是依托民俗文化节打造“老家河南、浚县过年”“全年逛庙会，四季玩民俗”品牌，邀请广大游客到浚县开启年味之旅，发展节会旅游产业。

此外，景区还策划实施夜游古城、圣山祈福、民俗大赏、“社火奇妙游”等体验活动，加强与抖音、快手、哔哩哔哩等平台合作，通过短视频和直播，打造新媒体推广爆款亮点，实现宣传推广新的突破。以“中原（鹤壁）民俗文化节”提升为发力点，创新“浚鲜妙荟”年货节和“浚县古城抖音音乐会”线上活动品牌，打造“全年逛庙会，四季玩民俗”的浚县旅游品牌。

景区内民俗节庆表演

三、取得成效

（一）社会效益

非遗进景区项目为传承人提供了展示交流平台，增加了经济收入，扩大了文化影响力，助力非遗传承发展。景区融非遗内涵为“魂”，将非遗转化为可感知、可参与的生活化体验，重塑游客对传统文化的认同感，提高了游客的满意度和非遗获得感，推动了文旅深度融合，增强了游客文化认同感。创新“基地景区＋农户用工＋文旅产品加工”联农带农样板。依托观光景区、历史文化街区等空间，引导个体商户入驻非遗展示店、汉服体验店、古风集市、民宿等近 289 家；以电影、图书、演艺、文创设计等为主的文化风情街入驻商户 421 家，从业人员 3500 多人，带动当地就业。

（二）经济效益

景区相关产品线上销售额逐步上升，依托正月古庙会，挖掘石雕、泥塑、柳编等 30 多个门类 1000 多个品种的文化艺术产品，通过古风集市、“浚鲜妙荟”年货节等平台，销售多种农副产品和土特产，促进产品增产扩销，提高农民收入。在新平台带动下，“浚鲜妙荟”年货节销售额达 6500 万元，“泥巴哥”直播销售额达 10 万元。

案例十六

重庆市彭水蚩尤九黎城
“城”载千年非遗，打造苗族文化地标

一、案例简介

蚩尤九黎城是国家4A级旅游景区，位于重庆市彭水苗族土家族自治县。蚩尤九黎城是世界最大的苗族传统吊脚楼和干栏式建筑群，也是集历史、文化、休闲为一体，集中展示和传承彭水苗族文化的重要窗口和基地。近年来，蚩尤九黎城大力实施“非遗进景区”，通过强化基础设施建设，开展常态化非遗演出，持续举办乌江苗族踩花山节、武陵山区（渝东南）土家族苗族文化生态保护区建设成果展等大型非遗展示展演活动，创新推出一系列主题鲜明的研学课程，吸引了大批游客前来游览体验，年接待游客达200余万人次，旅游综合收入突破1亿元。先后被评为重庆市中小学社会实践教育基地、重庆市民族团结进步示范单位、武陵山区（渝东南）土家族苗族文化生态保护区建设示范点、全国十佳文化生态景区、海峡两岸交流基地、中国华侨国际文化交流基地等。

蚩尤九黎城鸟瞰图

二、案例解析

（一）目标及做法

蚩尤九黎城致力于创建好看、好吃、好听、好玩、好用的“五好”景区，打造武陵山区（渝东南）土家族苗族文化生态保护区建设示范点。引入苗族民歌、高台狮舞 2 项国家级非遗项目，梅子山歌、诸佛盘歌、木蜡庄傩戏、竹板桥土法造纸、彭水苗绣等 12 项市级非遗项目，苗族蜡染、棕编技艺、草编技艺、糍粑制作技艺等 12 项县级非遗。涉及 3 名国家级非遗传承人，15 名市级非遗传承人，100 多名县级非遗传承人。

蚩尤九黎城设计了丰富多元的非遗互动体验项目，从静态展示到活态展演，从远观到近触，从耳闻到亲尝，全面满足游客看好、吃好、听好、玩好、用好的“五好”体验。这些深度体验，让非遗不再是冰冷的符号，而是可感知、可带走的文化记忆，极大提升了游客满意度和重游率。

（二）主要做法

一是聚焦“好看”，持续举办非遗展演。蚩尤九黎城规模宏大，建筑雄伟，是世界最大的苗族传统吊脚楼和干栏式建筑群。多年来，彭水自治县以蚩尤九黎城为舞台，连续举办十四届蚩尤祭祀大典和乌江苗族踩花山节、七届渝东南生态民族旅游文化节，组织“千年苗韵·夜游九黎”、高台狮舞大赛、彭水自治县“九苗”“三品”展。将高竿狮舞、普子铁炮火龙、玩牛、木蜡庄傩戏等非遗项目与景区日常演出有机编排融合。创编上演实景舞台剧《苗祖蚩尤》。让游客置身蚩尤九黎城内，有看不尽的风景，看不完的展演。

二是聚焦“好听”，全力创建苗族民歌城。引入国家级非遗苗族民歌和市级非遗鞍子苗歌、梅子山歌、诸佛盘歌以及县级非遗苗鼓、芦笙等音乐类非遗项目，在蚩尤九黎城景区开展常态化演出。承办 2021 中国原生民歌节、2024 重庆山歌会、苗族赛歌会、武陵山区（渝东南）土家族苗族文化生态保护区民歌展等，努力将蚩尤九黎城建设为苗族民歌城。

三是聚焦“好吃”，打造非遗特色美食街区。集中引入鸡豆花、郁山三香、涪翁烧白、灰豆腐、晶丝苕粉、擀酥饼、鞍子酥食、苗家天锅酒等非遗美食，在蚩尤九黎城内建设非遗美食一条街。在欢乐茶馆设立苗家三道茶非遗项目。常态化开设苗族长桌宴，邀请游客沉浸式体验“苗食”。

四是聚焦“好玩”，创新推出非遗研学旅游。依托蚩尤九黎城内相关非遗项目，开

蚩尤九黎城举办高台狮舞传承活动

发一系列主题鲜明的非遗研学课程，推出一条集现场讲解（苗族民间传说）、实地体验（彭水苗绣、剪纸、传统桐油榨制、竹板桥土法造纸技艺等）、手工操作（棕编、草编、苗族蜡染、苗族银饰锻制等传统技艺）的独具彭水民族特色的非遗研学旅游线路。让游客在玩的过程中深度了解、体验、学习彭水非遗。

五是聚焦“好用”，强化非遗文创产品开发。加大苗绣、蜡染、苗银等游客日常用得上的非遗文创产品开发力度，扶植孵化本土文创品牌，邀请非遗传承人参与设计，将蚩尤九黎城打造为非遗文创产品开发、展示、销售的活态空间，构建“见人、见物、见生活”的生态保护体系。

三、取得成效

以创建好看、好吃、好听、好玩、好用的“五好”景区为目标，大力实施“非遗进景区”，有效地促进了蚩尤九黎城景区的发展。在蚩尤九黎城开展非遗进景区，为各级非遗项目提供了展示的平台，推动了彭水非遗的传承和发展。蚩尤九黎城汇聚了苗族、土家族、汉族等多民族文化，促进了民族交流互鉴，铸牢中华民族共同体意识。

作为“非遗进景区”的成功典范，已成为彭水乃至重庆文旅的金字招牌，以其强大的辐射效应，带动景区周边发展起 20 余家非遗相关合作社及企业，促进了彭水非遗产业化发展和乡村振兴。目前，蚩尤九黎城年接待游客达 200 余万人次，其中研学团队超 5 万人次，旅游综合收入突破 1 亿元。

案例十七

东兴市京岛风景名胜区 京族非遗点亮边境旅游

一、案例简介

东兴市地处祖国西南边陲，与越南芒街口岸经济特区仅一河之隔，作为我国京族唯一聚居地，拥有沿边、沿江、沿海的独特区位优势，以及迷人的滨海风光与深厚的海洋文化底蕴。景区开发始于 1993 年，1995 年获批为省级风景名胜区，现为国家 4A 级旅游景区。景区拥有国家级非遗项目 2 个（京族哈节、京族独弦琴艺术）、自治区级非遗项目 5 个（京族民歌、京族鱼露制作技艺、京族服饰制作技艺、京族风吹饼制作技艺、京族高跷捞虾习俗）、市级非遗项目 6 个（京族喃字、京族哈歌等）、县级非遗项目 12 个（京族围箔、京族史歌、京族天灯舞等）。景区全力挖掘和推广好看、好吃、好听、好玩、好用的非遗项目，形成了非遗与旅游深度融合的特色模式，在促进非遗传承的同时，推动了景区旅游品质的提升与地方经济发展。

东兴市京岛风景名胜区

二、案例解析

（一）目标及思路

景区的主要目标通过多样化的非遗项目，让游客亲身参与，增强旅游趣味性和参与感，延长游客停留时间。为非遗项目和传承人提供展示平台，丰富旅游消费业态，刺激游客消费，带动地方经济增长。

（二）主要做法

1. 场景营造，打造“好看”非遗景观

（1）“京族哈节”民俗活动：在景区内建设有四个哈亭，按照传统京族三岛哈节日期并不统一，展示哈节祀神、祭祖、乡饮、社交、娱乐等内容，其中万尾村的哈节于农历六月初九举行，已成为当地文旅品牌核心活动。

（2）非遗保护展示平台打造：依托全市公共文化服务网络和中越边境非遗保护惠民富民示范带设施平台，建成 15 个“公共文化服务 + 非遗保护 + 民族团结进步”三位一体的铸牢中华民族共同体意识教育传承基地。

2. 业态创新，开发“好吃”非遗美食

在景区哈亭前设宴“万人餐”，各式海鲜、京族炒米粉、京族鱼露、京岛米酒等京族美食，在景区对歌亭举办京族非遗美食展，汇聚京族风吹饼、京族白糍粑、卷粉、水粑、虾粑、煎堆等京族传统美食，邀请非遗传承人现场讲解特色小吃背后的文化故事；以“海洋风味 + 边境文化 + 沉浸式体验”为核心，将传统海鲜排档升级为融合美食、演艺、民俗的复合型文旅消费场景。

3. 演艺结合，呈现“好听”非遗音乐

在景区京族独弦琴演艺基地安排京族独弦琴专场演出，在景区内设置多个京族独弦琴演奏点，邀请国家级、自治区级京族独弦琴传承人及青少年传承人学徒登台表演，以多元风格吸引不同年龄段游客。东兴京族博物馆还首创视频号直播平台开展五一独弦琴专场直播活动，两场直播活动吸引了 3.2 万人次观看，拓宽了非遗宣传路径。

4. 互动体验，设计“好玩”非遗活动

建设有京族独弦琴制作、京族服饰刺绣、京族风吹饼等非遗技艺工作坊，邀请非遗传承人担任导师，为游客提供“一对一”教学。游客可亲手制作独弦琴模型、京族服

京族独弦琴百人弹奏表演

饰、京族风吹饼等，深度体验非遗技艺魅力。同时结合红色研学旅游线路，将非遗与爱国主义教育相融合，丰富旅游内涵，开展非遗表演、培训和手工制作等项目。

5. 产品开发，推出“好用”非遗商品

以京族非遗元素为灵感，开发系列文创产品，如带有哈节图案、独弦琴造型的冰箱贴、钥匙扣等，在京族博物馆、文旅服务中心等场所寄卖售卖。其中白澈赳·状美旅行帽子荣获“2024 中国特色旅游商品大赛”入围奖、《桂在奇中》香薰蜡烛套装荣获 2024 年“广西有礼”特色旅游商品创意设计大赛（企业组）铜奖，将自治区级非物质文化遗产代表性项目京族服饰引入旅拍之中，打造“穿民族衣、游京族岛、拍风情照”的特色旅拍服务。

6. 创新文化交流模式

依托独特的边境地理位置开展跨国文化交流活动，如在景区的万尾、山心等边境村内开展“跨国村晚”，满足边境地区人民群众日益增长的精神文化需求，促进了中越两国的文化交流和旅游合作。

（三）现状

目前，景区已成功引入 10 余项非遗项目，涵盖传统音乐、舞蹈、技艺、民俗等多个类别。拥有各级非遗传承人 20 余人，其中国家级传承人 1 名、省级传承人 4 人。景区内非遗展示场馆面积达 3000 余平方米，非遗体验工作坊 10 余个，每年举办各类非遗演出、活动 100 余场次，接待游客体验非遗项目超 50 万人次。

三、取得成效

（一）社会效益

广西东兴市将京族非遗深度融入滨海旅游，推动旅游提质升级，景区知名度大幅提升，成为广西乃至全国文旅融合特色示范景区。江平镇入选广西乡村旅游重点镇，荣获 2021—2023 年度“中国民间文化艺术之乡”称号。依托景区平台及各类线上线下活动，京族非遗项目得到广泛传播，吸引大量游客和学者关注，激发年轻人学习传承兴趣。作为中越边境旅游重要节点，京族非遗的展示传承增强了京族群众文化自信和民族自豪感，吸引众多越南游客及文化团体，以非遗为桥梁举办京族哈节等活动，促进中越文化交流，增进两国人民了解与友谊，巩固边境和谐稳定。

（二）经济效益

非遗特色旅游产品和活动吸引大量游客，景区游客接待量逐年递增。在 2023 年东兴市文化旅游节暨京族哈节系列活动期间，全市共接待游客人数 49.8 万人次，消费 4.63 亿元；全国夏季村晚当日，全市接待游客 9.1 万人次，旅游吸引力不断增强，旅游收入成为当地经济增长重要引擎，推动地方经济快速发展，带动周边餐饮、住宿、交通、购物等相关产业繁荣。

案例十八

聊城东阿阿胶城 激活千年阿胶文旅新生态

一、案例简介

东阿阿胶城始建于2009年，现为国家4A级旅游景区。景区立足国家级非物质文化遗产“东阿阿胶制作技艺”核心文化基因，通过系统化引入、场景化活化、多元化融合县内外优质非遗资源，创新实施“好看、好吃、好听、好玩、好用”的非遗进景区计划，成功构建了集文化体验、技艺展示、互动参与、美食品鉴、文创消费于一体的沉浸式非遗活态传承与旅游体验新模式。先后获评全国中医药文化宣传教育基地、中医药文化传承示范项目、全国研学旅行基地、山东省非遗旅游体验基地、首批全省非遗助力乡村振兴典型案例等荣誉，为非遗与旅游深度融合发展提供了可借鉴的“东阿样本”。

二、案例解析

（一）目标及思路

景区通过非遗项目引入、传承人培养、场景焕新，文化活态演艺，将非遗植入吃住行、游购娱、学思健全过程，打造以“好看、好吃、好听、好玩、好用”为核心的非遗“五好”沉浸式体验景区，构建一站式服务体系，让游客全程共享非遗魅力，增强文化体验感和认同感，进一步实现文化传承、思路旅游升级、消费提振、品牌强化的跃迁升级，助力非遗创造性转化、创新性发展。

（二）做法及现状

东阿阿胶城将市级非遗“冬至汲水炼胶祭告大典”打造为中医药文化活态传承的核心载体，通过不断深耕构建“仪典传习—技艺研习—人才养成”三位一体的传承生态，成功培养6名非遗传承人参与文化传承工作，实现“祭典为体、文化为魂、传承者为脉”的活态传承闭环。景区累计引入各级非遗项目30余项，年举办大型非遗活动2～3场，日常非遗展演5～8场次，非遗体验工坊全年开放，2024年游客接待量突破130万人。

1. 精准引育，构建“五好”非遗矩阵

“好看”：重点引入视觉冲击力强、表演性优的非遗演艺活动，围绕东阿阿胶制作技艺这一国家级非物质文化遗产，首创“天下大和、医者仁心、使命传承、尉迟恭封井、御赐阿胶、汤药起源、贞观盛世”等文化秀演，让中医药非遗转化为可观、可感、可参与的文化盛宴。

“好吃”：深挖东阿阿胶药食同源文化内涵，深度开发与阿胶养生文化结合的美食，如“金屋藏胶、麟凤龟龙、绝代双胶、阿胶八宝雪梨、阿胶乌鸡汤”等新吃法，着力开创“阿胶+”“+阿胶”的产品体验新模式。引入姜楼烧鸡、高集锅饼、德州扒鸡、魏氏熏鸡、糖画等地方特色非遗，让顾客体验舌尖上的非遗美。

“好听”：景区创新《贵妃巡游》《典籍里的阿胶》《阿胶三字经》等演艺舞曲，开启迷你音乐节，借助景区戏台、城墙等场景，让游客通过唱、跳、仿、录等多维互动，将非遗韵律入心、入耳。

“好玩”：打造强互动体验区，让非遗触手可及。阿胶辨识区，游客化身“考古学家”，戴白手套轻敲辨听玉石般脆响，细嗅独特胶香；香囊制作区备有艾草、薄荷等十余种香料，游客可自制醒脑、驱蚊、养神香囊；沉浸式体验剪纸、投壶、漆扇、仿单拓印等非遗技艺。

东阿阿胶天赐挂旗

“好用”：开发融合非遗元素的文创产品与健康产品，如中国好礼·阿胶礼盒、聊城新三宝，引进非遗根雕、剪纸、木版年画、黄酒、竹编、桃木、花绳、秸秆扎刻等实用生活器具等，设立“非遗好物市集”常态化展销。

阿胶文创产品

2. 场景赋能，打造沉浸式科普空间

东阿阿胶城精心打造非遗主题街区，构建多维传承矩阵。贡胶馆以数字化实景动态演绎与溯源直播，鲜活呈现阿胶古法技艺精髓；鲁西非遗展馆串联聊城八县市非遗瑰宝，通过展陈科普活化地域文化记忆；中医药文化馆融合科技手段，系统展示中医药发展脉络与科学价值，强化非遗认知；主题邮局创新融合养生茶饮与集邮打卡，打造沉浸式休憩空间。

3. 业态革新，激活非遗体验新活力

业态革新方面，一是做深康养旅游，让业态“活”起来。发挥药食同源优势，邀请名老中医把脉诊疗、开方凝膏，开发驴肉、阿胶养生药膳，结合音疗、心疗等全息疗法，引领健康消费新热潮。二是做精研学旅游，让文化“燃”起来。发起“中华医圣故里行、少年中医说”等文化项目，联动高校学子与国际嘉宾，通过寻根溯源与国际交流活动，塑造中医药文化认同感；编制本草辨识、香囊制作等 30 余套研学课程，打造多条研学线路，掀起百万研学热潮，释放出更大文旅价值。

4. 活动出圈，引爆非遗文旅传播声量

东阿阿胶城先后开展“黄河大集”春节季暨“山东老字号阿胶城过大年”、非遗节、好品山东黄河大集、山东省 2023“秋季黄河大集”、山东省中医药文化旅游体验周、冬游齐鲁 2025 好客山东贺年会、冬至东阿阿胶滋补节等活动，携手明月海藻、东阿王酒、鲁味斋、德州扒鸡、临清药业等众多老字号企业，设立老字号区、非遗技艺区、阿胶产品区、食疗产品区、滋补膏方区、名医义诊区等多个展区，全方位对老字号、非遗、特色产品等进行宣传、展销。借助抖音、快手、小红书、B 站等平台，通过央视探厂、乌兰图雅明星推介，全方位进行非遗活动推广，引爆非遗文旅传播声量。

三、取得成效

（一）社会效益

通过非遗进景区“五好”模式实施，有效促进非遗“活”力持续迸发，为大量非遗提供了稳定展示平台和收入来源，显著提升了传承人积极性与技艺可见度，极大丰富了景区文化内涵与体验层次，有效延长游客停留时间，提升了满意度和重游意愿，增强了文化认同感与民族自豪感。获评全国中医药文化宣传教育基地、全国爱国主义教育基地、中医药文化传承示范项目、全国研学旅行基地等荣誉，多次获省级以上媒体高频报道，吸引多地文旅部门考察观摩。

（二）经济效益

东阿阿胶城通过“非遗 + 旅游”深度融合，每年教育转化近 100 万游客群体，2024 年接待游客突破 130 万人次，旅游综合收入突破 1 亿元，直接带动当地旅游收入 10 亿元，有效拉动了周边餐饮、住宿、交通及本地非遗销售，成为文旅融合与非遗活态传承的典范。

案例十九

曲阜三孔旅游区
三孔古礼传习，非遗活化工程

一、案例简介

山东省济宁市曲阜三孔旅游区是中国历代纪念孔子、朝拜圣人之地，以丰厚的文化积淀、悠久的历史、宏大的规模、丰富的文物珍藏而著称。景区以档案记载的2000余户役户传承技艺为基础，通过“非遗进景区”模式打造综合性文化保护与沉浸式体验项目。整合祭孔大典、雅乐演奏、孔府菜（糕点）制作、碑刻拓片、皮影戏表演、古建营造等6大核心非遗门类，构建“展示+体验+传习+消费”的全产业链运营模式。本案例通过系统化整合孔府非遗资源，不仅实现了文化遗产的活态传承，更探索出文旅融合发展的新路径，为同类文化遗产的保护利用提供了可复制的经验范式。

二、案例解析

（一）目标及思路

为恢复历史文化氛围，景区依托孔府档案记载，通过“传习转化”模式，将传统非遗技艺引入景区，打造沉浸式文化体验。非遗进景区模式深度契合当代游客的文化消费升级需求，实现了从“观光式游览”到“沉浸式体验”的转变。在文化认知层面，项目通过场景化还原祭孔大典、雅乐演奏、开发智能导览系统、讲解系统，将原本晦涩的非遗知识转化为可视化的文化符号与触点，使游客对儒家礼乐文化的理解度大幅提升。在体验互动方面，创新设计的参与式项目，如祭孔乐舞角色扮演、拓片篆刻、汉服体验等，让广大游客实现了“从观看者到参与者”的身份转变。在情感共鸣构建上，通过打造系列文化IP矩阵，及“三孔礼物”“孔庙祈福”“孔府造物”“孔府嫁妆”等多个品牌，将非遗技艺与现代生活用品创新结合。

（二）主要做法

一是演艺体验。2006 年祭孔大典被列入首批国家级非物质文化遗产名录，景区通过创意简化祭孔大典的流程，游客可化身“鸣赞官”“乐生”“舞生”，参与到古礼仪典体验活动当中。在春季祭孔、国际孔子文化节、秋季祭孔等重要时间节点，邀请国内外文化学者和儒家文化爱好者来中国开展学术交流、论坛研讨、课题研究等活动，在景区推出晨钟开城仪式、暮鼓关城仪式、祭孔展演等常规演艺项目。孔府皮影戏创新打造《蛙鹤龟》《贪璧传说》《武松打虎》儒家文化剧目，在寓教于乐中传播儒家文化。

二是文创产品。在“用儒家文化讲好中国故事”“文物走出库房，引领中国文创”的创意理念指引下，专注文创产品研发，打造了多个文创品牌，在景区及周边拥有二十多家商店，目前已经拥有多达四十多个系列，两千多种商品。同时利用电商平台进行品牌推广、产品营销、渠道带货等业务，以文创产品为载体，推广旅游目的地文化，构建旅游消费新模式。

三是孔府菜博物馆。孔府菜是国家级非物质文化遗产名录中唯一的菜系项目，依照孔子的食学思想，利用孔府东学九如堂为核心的建筑群落、丰富的文物复仿藏品、详尽的宴食仪程仪轨，打造了中国最正统的孔府菜博物馆。

四是品牌活动。每年的春节期间，我们会在孔府举办大型节庆活动“孔府过大年”，该活动已连续举办多年，不断向世界传播三孔“家”文化、“礼”文化和“福”文化。

三孔旅游区

“孔府过大年”活动

（三）现状

三孔古礼传习·非遗活化工程非遗项目包括祭孔大典、雅乐演奏、孔府菜（糕点）制作、碑刻拓片、皮影戏表演、古建营造（彩绘、琉璃瓦）等6大核心非遗门类，其中国家级非遗4项，省、市级非遗20余项，各级非遗传承人10人，设立非遗传承人工作室，培养传承人近千人，并完成核心技艺VR全息记录，建立起保护传承非遗项目数据库。

三、取得成效

（一）社会效益

通过非遗进景区后，使10余项濒危技艺恢复传承活力，直接创造非遗相关就业岗位近千人，间接带动周边产业就业3000余人，举办“孔府过大年”等非遗主题活动100场，辐射影响超千万人次进一步强化了旅游带动就业作用，吸引旅游服务人才落户曲阜。依托现有人才储备库，组建了一支百余人的古礼传习团队，形成了以祭祀演艺为拳头产品、以古礼体验为核心主题的非遗传习体系，其中孔颜曾孟四氏后裔代表、阙里食礼唯一传承人、箫韶雅乐团70余人、资深讲解员20余人、名厨10人，为非遗项目的传承和发扬奠定了扎实的人才队伍基础。积极与高校开展人才合作，在优势互补、协同育人的原则下，先后与曲阜师范大学、济宁学院达成战略合作，共同打造旅游专业人才培养体系，弥补高质量旅游服务人才市场缺口，并建立“师徒制＋学院派”传承机制，年培养传承人新生力量50余人。

（二）经济效益

通过非遗进景区，不仅延长了游客游玩时间，改变了景区单一的经营模式，平均停留时间延长3小时，带动餐饮、住宿等二次消费。培育新兴消费热点，促进旅游业提质升级。非遗进景区后，年接待游客量突破794万人次，非遗互动项目参与率达85%，游客满意度达92%。通过将非遗技艺与现代生活用品创新结合，开发系列非遗文创产品100余种，非遗衍生品营收带动景区总收入增长，更通过情感化设计使游客留存率提升40%，带动周边消费增长65%，成功构建起传统文化与现代生活的情感联结。

案例二十

沈阳故宫景区
非遗手工技艺进景区的文博创新之路

一、案例简介

沈阳故宫始建于1625年，是中国保存完好的两座古代宫殿建筑群之一，2004年荣登《世界遗产名录》。作为满汉建筑艺术融合的典范，其兼具浓郁满族风格与东北地方特色，是研究满族文化、宫廷文化及古代建筑技术的重要遗存。近年来，沈阳故宫景区积极引进“李氏民间掐褶纸技艺”“李德海布艺贴画”“李永利核雕技艺”等六项非遗项目，让游客在游览世界文化遗产时，深度体验非遗技艺的独特魅力。这些非遗项目均在沈阳故宫嘉荫堂东侧廊房售卖，传递自身魅力与传统韵味，为游客提供非遗体验机会，搭建起非遗传承与传播的重要平台。

二、案例解析

（一）目标及思路

沈阳故宫引入非遗项目，旨在通过非遗与旅游深度融合，提升景区文化内涵，增强游客文化体验；以景区为平台促进非遗保护传承，推动非遗融入现代生活；通过非遗产品展示售卖，丰富旅游消费内容，提高消费额度，实现文化传播与经济收益双赢。

（二）主要做法

1.景区引入与非遗进入方式

沈阳故宫在嘉荫堂东侧廊房设置固定售卖点，引入“李氏民间掐褶纸技艺”“李德海布艺贴画”“李永利核雕技艺”等非遗项目，以产品售卖形式让非遗进入景区。

沈阳故宫全景

景区内非遗产品售卖

2. 非遗项目选择与融合

选择非遗项目时，注重与景区文化的契合度。所引入项目均具有深厚文化底蕴和独特艺术价值，与沈阳故宫历史文化相呼应。

3. 宣传推广与新媒体传播

利用自身品牌影响力和客流量，在景区内设置标识和介绍牌，介绍非遗项目历史、技艺特点等。同时，借助官方网站、微信公众号、微博等新媒体平台发布非遗信息，扩大知名度和影响力，吸引更多游客关注参与。

4. 激励机制与收益分配

与非遗传承人建立合作关系，景区提供展示销售场地，传承人提供优质产品。收益分配遵循合理公平原则，保障传承人利益，激发其积极性和创造性，促进非遗项目持续发展。

5. 创新点分析

在传统观光基础上，增加非遗产品售卖、技艺展示等业态，丰富旅游内容，提升景区吸引力；采用“景区 + 非遗”合作模式，实现资源共享、优势互补，为非遗传承和景区发展开辟新路径；引入非遗项目，为游客提供更具文化内涵的服务，满足其文化体验需求，提升满意度。

（三）现状

沈阳故宫共引入六项非遗项目，含一项省级、五项市级非物质文化遗产。在传承推广方面，多项非遗项目与残疾人合作，通过帮扶推广项目，解决残疾人就业；另有一项在高校设工作室，开设非遗课程，让大学生感受非遗魅力。

目前，这些非遗项目在景区正常开展产品售卖和技艺展示，传承人积极参与景区文化活动，为非遗传承发展贡献力量，也为景区增添独特文化魅力。

三、取得成效

（一）社会效益

一是推动旅游提质升级。非遗项目为沈阳故宫旅游增添文化元素，使观光游向文化体验游转变。游客在欣赏古建筑及文物的同时，能接触非遗技艺，旅游体验更深刻多元，景区旅游品质显著提升。二是促进非遗传承传播发展。沈阳故宫客流量大、影响力广，非遗项目借此平台得到广泛展示传播。传承人在景区展示技艺、售卖产品，让更多游客了解非遗；与残疾人合作、高校设工作室等举措，拓宽了传承路径，为非遗注入活力。三是加强文化交流互鉴。各地游客通过景区接触特色非遗项目，感受中华优秀传统文化的多样性和魅力，增进对沈阳本地文化的了解。四是铸牢中华民族共同体意识。非遗是中华民族共同文化财富，引入的非遗项目蕴含深厚民族文化基因。通过展示传播，让游客感受中华文化源远流长、博大精深，增强民族文化认同感和自豪感，铸牢中华民族共同体意识。

（二）经济效益

丰富的文化体验内容吸引更多游客，非遗项目成为景区新亮点，不少游客专程体验非遗，使客流量稳步增长，提升了景区人气和知名度。非遗产品售卖带动产业链发展，从原材料采购到销售各环节均获促进。游客增长还带动周边餐饮、住宿、交通等产业发展，形成以沈阳故宫为核心的文化旅游消费圈，产生良好产业带动效应。非遗产品销售为景区和传承人带来直接收益，相关产业发展为地方经济注入活力，促进地方经济增长。

案例二十一

阿克苏刀郎部落
刀郎麦西热甫在千年部落的活态传承

一、案例简介

刀郎部落位于新疆阿瓦提县境内，以原始千年胡杨林为背景，以刀郎民俗文化为主题，展示了原始而神秘的部落文明。景区拥有 8 项国家级、自治区级非物质文化遗产，其中包括“刀郎木卡姆”“刀郎麦西热甫”“刀郎热瓦甫艺术”“慕萨莱思酿造工艺”等非物质文化遗产项目。景区通过构建专业化展演团队（3 名非遗传承人及 21 名专职演员）、开发多层次体验项目、实施数字化传播等举措，成功打造非遗活态传承与文旅融合标杆项目，实现文化保护与产业发展的良性循环。

二、案例解析

（一）目标及思路

刀郎部落景区确立了明确的发展目标：通过打造国家级非遗活态传承示范基地，构建“非遗保护 + 旅游体验 + 产业发展”三位一体的融合模式；着力构建非遗活态传承创新体系，打造具有地域特色的文旅融合示范项目；最终实现促进当地经济社会可持续发展的战略目标，推动传统文化保护与区域经济协同发展。在实施路径上，项目确立了“四化一体”的创新思路：通过“活态化”转型，将非遗展示从静态陈列升级为动态传承；以“体验化”为导向，推动游客从单向观赏转变为深度参与；实施“产业化”运作，实现文化资源向经济价值的有效转化；借助“数字化”手段，构建线上线下融合的新型传承体系，全方位提升非遗保护与发展的综合效益。

刀郎部落景区

刀郎木卡姆、刀郎麦西热甫歌舞

（二）主要做法

在具体实施层面，项目构建了“五位一体”的创新发展体系：通过场景化打造，复原传统麦西热甫场地并设置非遗展示体验区，配套夜间沉浸式体验项目；开展活态化展演，包括日常2~5场小型展演和节庆千人麦西热甫特别活动；设计体验化项目，设置舞蹈动作学习、传统游戏参与和即兴表演创作三级体验体系；推进产业化运营，开发文创衍生品、开设非遗工坊并推出研学旅游产品；实施数字化赋能，运用AR、VR技术打造线上展演平台，构建新媒体传播矩阵，全方位提升非遗传承效能。

（三）现状

目前，项目已取得阶段性成果：组建了由3位非遗传承人和18位专职演员构成的专业团队；完成传统展演场地的复原建设和数字化展示平台搭建；实现日均1~3场的常态化非遗展演活动；初步形成集展演、体验、文创、研学于一体的产业链条；数字化传承平台已正式投入运营，为非遗的活态传承与创新发展奠定了坚实基础。

三、取得成效

2023—2024年，刀郎部落非遗进景区项目取得显著成效：累计开展非遗展演400余场次，游客互动参与率大幅提升300%；项目直接带动当地200余人就业，推动传承人队伍结构优化，平均年龄由58岁降至42岁；凭借创新实践，该项目成功获评“全国非遗与旅游融合发展优选项目”，并在新媒体平台实现1.2亿次的广泛传播，有效提升了刀郎文化的知名度和影响力。

案例二十二

正定古城旅游区
非遗耀正定，古城绽华彩

一、案例简介

正定县是国家历史文化名城、全国文明县城、河北省十大旅游名县之一，被授予中国民间文化艺术之乡、国家级夜间文化和旅游消费集聚区、中国文旅融合发展名县案例等众多荣誉称号及奖项。依托悠久的历史和丰富的非遗资源，正定县创新探索“非遗+旅游”融合发展路径，系统构建非遗活态展示、沉浸场景体验、特色商品展销三位一体文旅消费矩阵。将常山战鼓、正定高照、跑竹马、马家卤鸡、正定八大碗、王家烧麦、正定崩肝等非遗项目融入旅游全产业链条，有效延长游客停留时间，促进文旅消费提质扩容，推动古城旅游从“门票经济”向“综合消费经济”转型升级，为地方经济高质量发展注入新动能。2024 年全县接待游客 5791 万人次，同比增长 277.59%，游客停留时长显著增加，文旅消费不断攀升，文旅赋能县域经济发展成效显著。

二、案例解析

（一）目标及思路

正定县始终坚持以习近平新时代中国特色社会主义思想为指导，坚持以文塑旅、以旅彰文，把旅游融入文化产业，让文化融入旅游过程，让人们在旅游过程中感受文化魅力、增强文化自信。以特色文旅活动带动旅游经济发展的工作思路，先后出台《正定县非遗进景区工作实施方案》等文件，讲好古城故事、打造古城名片、提升古城形象。

（二）主要做法

整体依托正定古城旅游区，以特色活动获取流量，以媒体宣传获得声量，“古城古

韵　自在正定”文旅品牌进一步出圈出彩。正定文旅的品牌吸引力和知名度不断增强，客源市场持续扩大，吸引了大量周边、京津地区乃至全国游客前来游玩体验。

2025 年全国“旅游迎春 · 休闲过年”主会场暨古城过大年活动现场

春节期间正定古城街景

一是持续开展覆盖全年的非遗节庆盛宴。活态展示、沉浸体验，形成“观演 + 体验”的互动模式，四季非遗活动贯穿全年。2024 年以来，正定县聚焦春节、“五一”、国庆等传统节日，持续推出覆盖全年且主题鲜明的节庆活动，举办“正定古城过大年　年俗活动乐翻天”“古城古韵浓　九朝国风正”等系列节庆活动，每年举办各类文化活动超过 1500 场次。

二是持续打造流动的“非遗舞台”推进非遗进景区。依托热门景区，通过“观演 + 体验”等形式，打造“可观赏、可体验、可带走”的非遗文旅新模式。全年组织“非遗进景区”活动百余场，节假日期间常态化组织常山战鼓、正定高照、正定竹马等表演类项目在隆兴寺、荣国府、赵云庙景区展示展演；组织剪纸、葫芦烙画、糖画、绳编、漆扇等手工技艺项目在景区内展示互动。

三是持续打造具有人间烟火气的非遗时光。漫步古城街头，一览传统技艺，潮启文化雅集。2024 年以来，在各大节庆活动期间，在南城门景区到广惠寺景区开放路段布置琳琅满目的非遗好物和美食，集“观赏 + 体验 + 寻味”于一体，让传统非遗在传承与创新中带来文化新体验。2024 年、2025 年春节期间，在省市支持下，连续开展全国“古城里的年味”非遗市集活动，来自京津冀地区与年俗相关的近百项非遗代表性项目进行展示展销，在“一步一景、一景一艺”中，深度感受古城年味和非遗美学。

（三）现状

正定县非遗保护工作贯彻“保护为主、抢救第一、合理利用、传承发展”的方针。目前，正定县已公布八批非物质文化遗产代表性项目共158项，其中国家级2项：常山战鼓、正定高照；省级10项：正定腊会、真定府马家卤鸡、正定赵子龙传说等；市级23项：正定王家烧麦、正定歌谣、定韵坊泥塑等；县级123项：亨茂号花馍、葫芦烙画等。列入各级非遗代表性传承人93人，其中，国家级2人、省级8人、市级21人和县级62人。

常山战鼓、正定高照、传统手工艺等非遗项目进入景区，丰富了景区文化内涵，荣国府、隆兴寺等景点充分利用文化元素开展的一系列丰富文化体验活动，提升了景区吸引力。依托非遗项目在景区内开设的墨香阁、汇苑阁、合事非遗会客厅、定韵坊等店铺常年开设沉浸式非遗体验、游学项目，游客和市民可直接感受传统文化魅力；正定八大碗、王家烧麦、饸饹等众多非遗美食类项目入驻南关古镇、旺泉古街等旅游商业街区，带动当地经济发展。一系列措施使正定旅游发展势头强劲，取得了很好的发展效果。

三、取得成效

（一）社会效益

正定县通过在景区建设图书馆分馆、文化驿站等公共文化设施，以及举办丰富多彩的文化活动，不仅使正定优秀的非物质文化遗产走进大众视野，也使正定的特色民俗活动得到创新发展，有效推动了全县公共文化服务效能的提升。

（二）经济效益

据不完全统计，正定县2024年春节假期接待游客863.76万人次，同比增长466%，其中省外游客222.3万人次，大部分来自北京和天津；“五一”期间正定县共接待游客406.53万人次，同比增长220.23%，中央电视台多个频道对该县“五一”假期旅游情况进行了报道。

街区案例集锦

案例一

苏州七里山塘街区
千年古街展活态非遗

一、案例简介

七里山塘作为苏州古城文化地标与重要旅游目的地，具备承载、展示、活化非遗的天然优势。街区人文与自然景观交融，吴文化氛围浓郁。拥有千年古街、明清古建筑群、会馆公所等 40 余种旅游资源类型。文物保护单位密集（国保 1 处、省保 2 处、市保 8 处、控保建筑 9 处、古迹遗址 11 处、古牌坊 9 处）。拥有“中国历史文化名街”“江苏最美运河地标”“省级夜间文化和旅游消费集聚区”等 130 余项荣誉，品牌影响力深厚。

街区以“千年古街，活态非遗”为核心理念，通过打造姑苏区运河文化展示馆（非遗馆）、推出全景沉浸式非遗体验项目《寻梦山塘》、引入“江南织造府山塘号”项目、营造水上游非遗体验空间、构建特色非遗研学体系、举办品牌非遗民俗活动等多元举措，七里山塘成功将散落的“非遗明珠”系统化、场景化、活态化融入街区肌理与游客体验。有效激活非遗生命力，显著提升了景区文化内涵与吸引力，实现了文化遗产保护传承、旅游产业提质升级、社区文化共建共享的多维共赢，为历史文化街区实现非遗与旅游深度融合作出示范性探索。

苏州七里山塘街区夜景

二、案例解析

（一）目标及思路

创新非遗展示展演形式与业态，使其融入现代旅游消费场景。打造全国领先的“活态非遗传承创新高地”和“非遗与旅游深度融合示范区”。

（二）主要做法

1. 空间活化：构建沉浸式非遗展示集群

运河文化展示馆（非遗馆）古建焕新，巧妙利用500余年历史的省级控保建筑玉涵堂（古城外最大最完整明代民居），打造约1500平方米展示空间。以运河文化为脉络，按姑苏四季民俗划分“春、夏、秋、冬”四厅，系统性、主题化呈现古琴、缂丝、桃花坞木刻年画等100余项非遗项目。

《寻梦山塘》科技赋能沉浸演艺，联手专业文旅公司打造全景沉浸式苏州文化体验项目。运用声光电技术，将昆曲、评弹等非遗艺术有机融入山塘街景，为游客提供“行走式”的深度文化沉浸体验。

《寻梦山塘》沉浸式演出现场

2. 业态融合：创新“非遗 +”多元消费场景

“非遗 + 载体”：江南织造府山塘号作为苏州非遗织绣技艺与景区融合的典型项目，依托 100 多年历史的古建老宅“岭南会馆”，围绕“非遗活态传承”与“文旅深度融合”，传承织绣非遗技艺的文商旅综合平台，致力于再现一座韵味无穷的当代东方美学“典范府”。设置绣娘现场刺绣、织工操作织机的“动态展示区”。

“非遗 + 住宿”：隶属江南织造府山塘号项目的苏州山塘江南织造漫心府酒店，以及前身是冈州会馆的苏州书香山塘府邸酒店，住宿空间设施积极使用非遗产品、植入古琴、评弹、苏扇、茶道等非遗元素。

“非遗 + 交通”：七里山塘画舫项目通过音频、视频系统播放演艺类、民间文学类非遗项目，在水上游览线路中注入昆曲、评弹体现非遗特色。

“非遗 + 线路”：精心设计“奇妙虎丘夜，寻梦山塘街”“游冶山塘”“禅泊寒山”“午后时光”“‘童’享山塘”“姑苏喵游少年行”等主题非遗体验线路。线路串联非遗馆参观、昆曲评弹欣赏、非遗手工体验等环节，形成多元化、定制化、沉浸化的非遗旅游产品体系。

3. 教育传播：深化馆校社共建与研学体系

七里山塘主动将非遗课程、文化讲座送入社区、学校、企业，科普江南文化，扩大非遗影响力覆盖面，履行公共文化服务职能。与姑苏区少年宫、社区、各中小学院校开展深度合作，将运河文化非遗馆、南社纪念馆等设为固定非遗研学点。针对中小学生开发系统化、体验性强的非遗科普课程（如“中国篆刻”“活字印刷术”“棕编”“桃花坞木刻年画”），自2023年景区评为“非遗进景区示范项目和培育项目”以来，已开展社教课程120余场。

4. 节庆活化：打造品牌化非遗民俗活动

依托传统节日深挖街区人文、历史增加景区非遗内涵，举办“七里山塘X浮生忆玲珑 | 非遗跨年之旅”系列活动、初五“迎财神”非遗好礼派送、苏式中秋、双街有“戏”、非遗祈愿七夕等品牌活动。

5. 机制创新：构建开放协作生态

坚持公共资源共享理念，与街道、社区、学校等共建多个非遗活动基地与接待点，形成开放的非遗传播网络。积极引入“锦德紫檀木雕刻艺术工作室”“邹英姿刺绣艺术馆”，均给予租金减半扶持政策并优先续租，吸引非遗工作者入驻、创业，鼓励非遗进景区、进街区。

三、取得成效

街区文化内涵与体验全面升级，非遗的深度融入使七里山塘从传统观光街区跃升为活态非遗博物馆与深度体验目的地。景区及姑苏区运河非遗馆共呈现国家级、省级、市级及外省市非遗项目100余项。其中，重点依托的国家级、省级非遗代表性项目达16项（苏州市非遗13项，外省市3项）。

公共文化服务能力增强，拥有运河非遗馆（核心展示）、《寻梦山塘》演艺空间（沉浸体验）、江南织造府酒店（业态融合）及多个研学活动点，形成层次分明、功能互补的非遗承载空间体系。

消费结构优化与营收增长，“非遗＋住宿”（江南织造府）、“非遗＋演艺”（《寻梦山塘》）、“非遗＋研学”（课程与线路）、“非遗＋文创”等模式有效提升游客二次消费比例。对“寻梦山塘”等项目的重点推广，直接增加公司营收。对拉动客流增长、延长游客停留时间作用显著。“最具人气特色街区”称号得到进一步夯实。

案例二

唐山河头老街
本土非遗焕新老街

一、案例简介

河头老街位于唐山市丰南区，因处于煤河、唐津运河两条人工运河的河头而得名。凭借其独特的地理优势与深厚的历史底蕴，在文旅融合的浪潮中脱颖而出。通过引入非遗项目，将传统文化与现代旅游深度结合，打造出别具一格的文旅消费场景，实现了从传统街区向沉浸式文旅景区的华丽转身，不仅推动了非遗的传承与发展，还极大地提升了景区的文化内涵与旅游吸引力，成为京津冀地区热门旅游打卡地。

二、案例解析

（一）目标及思路

一是提升文化内涵，通过引入唐山本土非遗项目，深度挖掘和展示唐山的开埠文化、民俗文化、商贾文化等，使河头老街成为展示唐山历史文化的重要窗口。二是增强游客体验，让游客参与非遗制作、观看非遗表演、品尝非遗美食等，从单纯的观光游览转变为深度文化体验。三是促进非遗传承，为非遗传承人提供展示平台，吸引更多人关注非遗，培养新的传承群体。四是推动旅游消费，以非遗为特色吸引游客，带动景区餐饮、购物、住宿等相关产业发展，实现景区经济效益的提升。

（二）主要做法

1. 以文塑旅，激活深度旅游新业态

非遗底蕴为旅游产业注入文化内涵。河头老街文化街区以河头文化为核心，以唐山地域特色文化为主线，将盛唐文化与开埠文化、本土民俗文化、商贾文化、庙会文化

河头老街夜景

进行全新包装与升级，融合“食、游、购、娱、体、展、演”多元业态，突出“水街相依、廊桥辉映，移步即景、动静相宜”特点，构建“一河一湖两街三岛”的功能格局。

非遗店面为文化传承与创新体验提供空间。河头老街积极引入非遗美食和老字号美食，其中十四王爷烧鸡作为唐山老字号，棋子烧饼、饹馇作为唐山市级非遗项目打造超级场景，让游客亲眼见证从选材到成品的每个细节。更有河北老字号“明远斋”、河北名吃“郝家火烧”、唐山特产名酒“庆晟源”酒坊等非遗老字号品牌店面，打造了独一无二的饮食文化场景。

非遗数字化助力“看景”向“入景”转变。河头老街全新打造《飞越河北》巨型球幕影院，利用虚拟现实技术为游客带来沉浸式体验。置身巨型球幕影院，结合座椅摇摆、吹风、喷水等特技特效配合，模拟自然真实的飞行体验。带领大家穿越历史画卷一览河北盛景大好河山。

2. 以旅彰文，赋能非遗场景活态传承

旅游为非遗活态传承提供应用场景。河头老街打造“冀东文艺三枝花”——评剧、皮影戏、乐亭大鼓及丰南本地省级非遗篓子秧歌等，通过常态化演出和互动体验，让游客近距离感受传统文化的魅力。

旅游为非遗系统性保护引入民间力量。河头老街打造非遗工坊，邀请非遗传承人常驻，提供现场手艺教学，增强体验感和互动性。定期举办非遗研学活动，通过非遗教育普及，提高青少年对传统文化的认知和尊重。

旅游为非遗发挥时代价值提供重要载体。河头老街定期举办非遗节庆活动，700 余名演艺人员演绎上百场精彩表演。高空钢丝、踩高跷、变脸吐火、踩高跷百人冰上杂技等震撼表演；冀东大秧歌、篓子秧歌、滦州秧歌舞龙舞狮等特色民俗非遗表演。

旅游为非遗深入融合传统与现代元素。景区开办 30 多家汉服店，提供租赁、化妆、拍照等一系列服务，成为京津冀热门的汉服旅拍基地。开发一系列具有河头老街特色的文创产品，让游客可以将文化记忆带回家。

三、取得成效

目前，河头老街共引入了约 40 个非遗项目，涵盖表演艺术、传统手工艺、传统美食等多个类别。拥有 30 多位非遗代表性传承人常驻景区。非遗表演常态化进行，非遗工坊和店铺生意兴隆，吸引着大量游客前来体验和消费。

自非遗项目全面入驻以来，河头老街游客数量大幅增长。2024 年全年接待游客 670 余万人次，成为新兴的热门旅游景区。2025 年以来接待游客超 310 万人次，单日最大接待量超 12 万人，外地游客占比超过 80%，实现了“为一个景区赴一座城”的效应。景区内的商家营业额大幅增长，带动了周边相关产业的发展，创造了显著的经济效益，为当地居民提供了超 3000 个就业岗位，包括演员、工作人员、商户等，促进了社会稳定和经济发展。

非物质文化遗产铬馇坊现场制作售卖

案例三

天津古文化街
享津门故里文化盛宴

一、案例简介

天津古文化街坐落于天津市南开区，是天津城市发祥地之一，因漕运经济和妈祖文化逐渐形成民俗文化聚集地，以中式传统风格商业建筑群及津味文化为特色，延续着古朴、典雅的风貌，汇聚众多非遗和老字号店。街区内有天后宫、玉皇阁、戏楼等景点，有国家级非遗项目——妈祖祭奠（天津皇会），泥人张彩塑、杨柳青年画、桂发祥等非遗品牌店，重阁、飞叉、高跷、舞龙等非遗花会表演。在文旅融合发展的趋势下，旅游行业对文化内涵的挖掘需求日益增长。游客不再满足于传统观光游览，更渴望深度文化体验。2023年以来，古文化街实现开街38年来未有的24小时开放不闭街，为非遗传承拓展了时间和空间，在非遗保护传播与转化方面成效显著。

二、案例解析

（一）目标及思路

提升文化内涵与游客体验，通过非遗与旅游的深度融合，将天津古文化街打造成具有浓郁文化氛围的旅游目的地。促进非遗保护与传承，为非遗项目及传承人提供常态化展示展演平台，培养非遗传承人群，推动非遗的活态传承。推动非遗融入现代生活，鼓励非遗项目进行创新，开发符合现代市场需求的产品与业态。提高旅游消费，以非遗为特色，创新旅游产品与服务，带动景区及周边的经济发展。

（二）主要做法

1. 精准引入项目：研究出台支持非遗店在景区落地生根的政策，在现有租金逐年

天津皇会——“天后诞辰出巡散福”活动俯瞰

上涨的背景下，提出优惠减免措施，对典型示范性非遗店优先选址，让其拥有更为显眼的位置。2024 年以来，新增 12 个非遗项目和老字号品牌。目前，街区非遗品牌店有 30 多家，文化类经营业态占比达 60%。支持“祥禾饽饽”品牌推广升级，引进“皮影戏体验馆”，引进南开区非遗首店，如“戴春林”“李连贵”等。为各店铺开发制作语音导览讲解系统，引导游客关注非遗品牌。举办特色主题商家评选活动，组织游客“探店打卡”活动，在官方公众号重点展示推介街区非遗品牌店。

2. 创新融合方式：2024 年来组织开展各类各级展示活动 100 多场，多角度综合性展示中华优秀传统文化的魅力。利用元宵、上巳、清明、端午、七夕等传统节日，开展“我们的节日”系列活动，邀请游客和市民前来观赏和参与，蹴鞠、投壶、新婚俗等特色非遗活动走进人们心中。利用春节、“五一”“十一”等重要假期，在宫前广场设置非遗舞台，开展舞龙、舞狮、高跷等各种花会表演和曲艺展演，“好看”的装束动作、“好听”的锣鼓喧天应有尽有，让游客近距离观赏非遗技艺。利用天后诞辰纪念日组织“天津皇会”活化展演——“天后诞辰出巡散福”活动，增加互动体验环节，如杨柳青年画木版拓印、达仁堂药丸制作等，让游客亲身参与非遗创作过程，诸多“好吃、好看、好听、好玩、好用”的项目形成非遗集聚效应。

3. 加强宣传推广：利用社交媒体平台，展示非遗项目的制作过程、文化故事等，吸引线上流量。邀请网络达人、旅游博主到景区体验非遗项目，并通过他们的影响力进行宣传推广。民俗文化旅游节期间设置非遗展示讲堂，向游客介绍非遗项目的历史渊源、传承发展等知识。联合 CGTN 等媒体对街区非遗项目进行宣传，提升非遗进景区的国际影响力。推出高水平的惠民演出，让天津文化文艺在文化街飞播海内外。

三、取得成效

目前，天津古文化街旅游区内民俗博物馆（天后宫）拥有2008年入选国家级第二批非遗项目——妈祖祭典（天津皇会）。天津皇会融合了祭典仪式、民间艺术与社会动员，涵盖中幡、法鼓、高跷、秧歌等数十种表演形式，其“百戏云集，光怪陆离”盛况，构建了天津独特的“地域标志性文化”。景区内有非遗品牌商店31个，其中国家级14个，有泥人张、杨柳青年画、达仁堂、桂发祥、老美华等；省市级12个，有果仁张、皮糖张、乐器张等；区县级5个，有祥禾饽饽铺、尤一刀等。景区引进花会表演队伍中有9个非遗项目，其中国家级2个：葛渔城重阁会、永良飞叉；省市级4个：王秦庄同义高跷、葛沽青云高跷、翔云舞龙、寺各庄竹马会；区县级3个：青莲高跷技艺、行云龙灯老会、风云武术会。

天津皇会——武术表演

自推动非遗项目在景区融合创新发展以来，景区的游客接待量逐年攀升。据统计，2024年景区接待游客约1350万人次，创历史新高。非遗成为吸引游客的重要因素，许多游客专程为体验非遗项目而来。非遗进景区带动了相关产业的发展。非遗品牌店的经营带动了手工制作、原材料供应等上下游产业的发展。天津皇会、民间花会表演等活动的举办，拉动了餐饮、住宿、交通等行业的消费。同时，景区周边的文创产品开发、旅游服务等产业也得到了快速发展，形成了完整的旅游产业链。游客的增加与产业的带动，直接促进了景区及周边地区的经济增长，为地方经济发展做出重要贡献。

案例四

广州非遗街区（永庆坊）老城新韵的文旅融合典范

一、案例简介

广州非遗街区（永庆坊）是广州市首条非遗街区，于2020年8月正式开市，采用广州市文化广电旅游局牵头，荔湾区政府等“多方合作共建”模式，在全市范围挑选具备创新意识和市场运营能力的非遗企业，建立集制作、展示、销售、体验、交流、研究等于一体的综合性非遗大师工作室，从“静态保护”转向“活态传承”，引导非遗走向市场，形成“观光+体验+消费”的复合型旅游体系，从而促进文化活态传承发展、提升景区文化内涵。

二、案例解析

（一）目标及思路

当前，主要目标如下：一是进一步将非遗街区能容纳的非遗项目系统性地融入旅

广州非遗街区

游场景，实现非遗“活态传承”。同时，荔湾区非遗协会组织建立了荔湾区非遗生活体验馆，开办非遗传承人课堂，不仅让居民和游客受益，并解决了传承人普遍存在手艺精湛，但不善于表达的问题，协会也让传承人通过讲课互相学习，提升传承人的表达水平，促进非遗更好地传承。二是为街区注入差异化特色，打破传统观光旅游单一模式。街区引进了很多岭南地区代表性的非物质文化遗产项目到永庆坊落户，将三雕一彩一绣、古琴以及舞狮、咏春拳这些过去分散在西关各个角落的非遗集中起来，便于大家互相交流和提高。三是带动非遗及相关经济发展，为非遗传承人、手工艺者、服务人员等创造就业机会。同时，用非遗产品的销售、体验活动等消费，拉动景区及周边地区的经济增长。

（二）主要做法

1. 广州首家，共建共赢。广州非遗街区（永庆坊）是广州市内第一条非遗街区，采用广州市文化广电旅游局牵头，荔湾区政府等“多方合作共建”模式，由“政府补助一点儿、运营方优惠一点儿、企业支出一点儿”的租金模式，吸纳广州市内具有代表性的13家非遗企业入驻，为非遗集聚性发展提供创新性尝试。

2. 老城新颜，活力无限。2018年10月24日，习近平总书记视察荔湾，指出要“让城市留下记忆，让人们记住乡愁”。建设广州非遗街区、打造广州市西关永庆坊旅游景区正是落实习近平总书记重要指示精神的具体举措，也是探索文旅融合的重点示范。特别是利用好老城区的文化土壤，整合资源，发挥优势，引导非遗走向市场，大力发展非遗文创，变政府“输血”为自我“造血”，让老城提升活力，焕发生机。

3. 文旅融合，创新业态。每个非遗工作室内，均设置非遗互动体验区，如广彩绘制、醒狮扎作、广绣体验等，让市民游客在永庆坊景区内观光之余，还能亲手参与制作，同时鼓励传承人开发年轻化、实用化的非遗文创产品，打造“观光＋体验＋消费”的复合型旅游体系。

（三）现状

广州非遗街区（永庆坊）于2020年8月正式开市，至今已有五年时间，现已成为广州市内展示岭南文化的重要窗口和文旅融合打卡地，每天参观游客近万人。广州非遗街区（永庆坊）现已有13家非遗工作室入驻，包括国家级非遗代表性项目广彩瓷烧制技艺、广绣、象牙雕刻、省级非遗代表性项目广州珐琅制作技艺、广州饼印制作技艺等，入驻传承人包括广彩国家级非遗代表性传承人谭广辉、翟惠玲，象牙雕刻国家级非遗代表性传承人张民辉，广东醒狮国家级非遗代表性传承人赵伟斌等。

非遗街区“博雅藏珍”牙雕工作室

三、取得成效

（一）社会效益

永庆坊引入广州首条非遗街区，丰富景区业态，提高非遗“活态传承”能力，提升公众文化参与度，也创新推出“4A 级景区 + 非遗街区”模式，为全国文旅融合提供样本，吸引各地政府部门、文旅机构来考察学习，推动非遗与旅游资源深度融合。一是为非遗的传承搭建了平台，让大家能够聚在一起，达到“1+1>2”的效果，在创作、思考等方面为非遗传承人提供灵感源泉，让传承人了解广大人民群众尤其是年轻人的需求，适应了社会的发展。二是实现非遗从民间中来，又回到了民间，让民众从在永庆坊能够找到非遗传承人，让民众有独一无二的亲身体验。三是加强了企业与群众之间的联系，到群众中去，让群众每时每刻都能够轻松地找到不同的非遗，其中牙雕工作室两年来开展了 200 多次的体验课，有 600 多人次参与，对牙雕技艺的传承起到很好的推动作用，取得了良好的效果。

（二）经济效益

永庆坊引入广州首条非遗街区后，提高了商业运营收入，文旅融合带动了消费升级。2024 年永庆坊全年营业额 2.26 亿元（同比增长 22%），客流量达 2031 万人次（同比增长 5%）。

案例五

西安白鹿仓滋水非遗大集
民俗文化助力“活态”非遗研学发展

一、案例简介

白鹿仓滋水非遗大集位于西安市白鹿仓景区，采用“协会 + 景区 + 非遗传承人”的运行模式，汇集华县皮影、凤翔泥塑、灞桥唐三彩、木版年画、汉中炒茶、灞桥泥叫叫、澄城刺绣、尧头陶瓷、长安烙画、土织布、耀州陶瓷、袁氏药浴、关中葫芦、延川五谷画等三十余项非遗项目，入驻汪天稳、胡新明、李建鹏、刘新霞、梁平安、王春莉、朱峰、汪海涛等 20 余位国家级、省级非遗代表性传承人，参与重大的生产、培训和运营工作。

二、案例解析

自大集成立以来，充分展示了其多项功能。一是中外文化交流的会客厅：接待了联合国副秘书长波拉德、吉尔吉斯斯坦总统特使，还有第 15 届东亚民间社会论坛等 30 多批次的国际参观团；举办 2024 年春节西安外宾过非遗大年活动，百余嘉宾和中国游客一起体验中国文化；年接待国际友人达 1100 人次。

二是作为非遗文旅园区进行对外交流。举办西安苏州文旅合作交流活动等城市文

非遗惠民演出

2024 年春节西安外宾过非遗大年

化活动 12 场、签订研学合作单位 20 多家。举办西安市民间艺术大师精品展及非遗惠民演出活动 60 场、接待省、市、区政府领导参观调研团 30 批次、接待各级媒体宣传报道 30 余次。接待游客 300 万人次。

三是开展非遗进校园活动，同 12 所院校建立非遗研学合作，共同申报学术论文 13 篇；同西安工业大学、西安理工大学、西安美术学院、陕西服装学院共建研学基地，开展“用外语遍非遗”文化修炼营活动，促进中外学生文化交流。走进学校 13 次，全年在院校开展各类非遗集市、非遗宣传活动 30 余场。为西安美院特殊教育学院的聋哑残疾 20 名学生提供实习岗位，为 100 名学生提供非遗实践平台，为 20 多所中小学开办非遗研学基地，为 1.2 万中小学生传播优秀传统文化。

滋水非遗大集采用“协会 + 景区 + 非遗传承人”的运行模式，由专业团队管理，项目包含各级非遗工坊项目 7 项，是优质非遗项目的矩阵，面向巨大的非遗研学市场，销售途径有线上销售、社群销售和活动营销，有技能培训和生产计划，有一定的展销平台和渠道。盈利模式有研学收入、商旅销售、文创产品、展出展演及非遗进校园等。

白鹿仓滋水非遗大集自成立以来高度重视媒体宣传，重大活动以“电视 + 媒体 + 网络 + 直播”的形式进行全覆盖的宣传，重视中央、省市媒体的报道，寻求宣传的高度；同时重视网络 + 直播的宣传，寻求宣传的广度；以公众号、抖音、小红书、传统纸质等多种媒体宣传，锁定目标客户，以大集为宣传阵地，向社会传递白鹿仓滋水非遗大集的信息。同时，和陕西省电视台、华商报、新西部杂志社建立战略合作关系，宣传推广非遗。

三、取得成效

获“陕西省非遗特色示范街区”“陕西省级非遗工坊”“陕西省中小学传统文化教育实践基地”“西安市民终身学习教育基地”等多项荣誉；同时与十多所高校达成研学合作，成立了陕西省大学生非遗文创基地、外国留学生文化实践教育基地。是西安非遗研学和文化体验的新地标。年接待国际友人达 1100 人次，接待游客 300 万人次。大集招收灞桥农村妇女 18 人，带动就业 50 余人，促进了当地就业和经济发展。发挥人才资源优势，完成省妇联专项资金项目——“非遗手工艺培训班”的任务，面向 200 名农村妇女培训非遗手工艺，初步掌握生产技能，得到了政府和社会的认可。产业带动明显，年综合产值 500 多万元，是非遗融入现代生活的新模式，促进了经济增长。

案例六

泰宁古城街区
非遗展演焕发尚书第建筑群新光彩

一、案例简介

泰宁古城是国家 5A 级旅游景区——泰宁旅游风景名胜区核心区，获评国家级夜间文旅消费集聚区、国家级旅游休闲街区、省级历史文化街区。泰宁以申报国家历史文化名城为契机，通过非遗展馆建设、业态培育、技艺展示、研学体验和文创消费等多维度的创新实践，将非遗展示体验活动与尚书第古建筑群活化利用相融合，将古城打造成独具特色的非遗旅游街区。

二、案例解析

（一）目标及思路

通过非遗展示体验活动、提升游客在尚书第建筑群的体验感，延长停留时间，带动餐饮、住宿、购物等二次消费，提升重游率和口碑传播。同时，古城的高人气与关注度为非遗项目提供稳定展演平台和受众基础，提供发展空间。

（二）主要做法

一是推进多点联动，更“好看”。泰宁古城内设有多个非遗场馆，实现非遗项目集中展示与活态传承。全省首个乡村非遗博览苑常态化免费开放，是集非遗展示、传承、体验于一体的综合性展馆，全方位展示 43 项县级以上非遗项目，设置了互动体验区，游客可以近距离观看非遗传承人的现场制作。此外还分布梅林戏展示中心、大龙擂茶、梁氏拓印、铁皮石斛、岩茶制作技艺等多个非遗传习所、体验点，建设民俗文化戏台和广场作为非遗民俗展演窗口。

二是打造特色场馆，更“好吃”。将非遗美食、特色文化融入古城业态中，结合历史建筑“公认民养”模式，培育了上青游浆豆腐馆、新桥“一杯米酒”馆、大龙擂茶馆等非遗深度体验馆。古城内还分布岩茶、铁皮石斛、碧玉卷、龙湖包糍、状元糍、笋干等多种非遗美食。建设“听戏喝茶”古城大众茶馆、谷仓茶铺，与戏曲演出、茶艺表演相结合，促进泰宁岩茶、擂茶等特色非遗产品销售；带动消费年均2000余桌次。

三是开展常态展演，更“好听”。在古城内定时定点开展非遗演艺活动，营造独特的文化氛围。梅林戏展示中心每周三、五、六晚安排国家级非遗梅林戏专场演出，年均表演150余场；非遗博览苑每月开展上青古乐、泰宁山歌专场演出；古城内常态化开展非遗民俗展示展演活动，每晚安排擂茶山歌、民乐演奏、巡更等至少三个项目，节假日增加葫芦丝、古筝、笛子、鱼子灯、龙灯、旱船、汉服踩街等非遗表演项目，年均演出300余场。

四是丰富技艺体验，更“好玩”。将古城内博览苑、尚书第、梅林戏展示中心、红军街等资源连点成线，打造以“古城探寻泰宁文风，守望千年文化遗产，赓续红军精神血脉”为主题的文化旅游线路，推出非遗研学课程，邀请非遗传承人现场教学，梅林戏展示中心提供戏曲妆造体验、戏服试穿体验、戏曲身段程式学习体验、DIY戏曲面具制作等特色项目，乡村非遗博览苑开设擂茶、山歌、棕编、竹编、鱼子灯、杆秤等非遗体验课程，2024年泰宁古城共接待研学团队3万余人次。

五是开发个性文创，更“好用”。推动非遗手工艺品向旅游商品、文创纪念品转化，组织非遗手工艺人制作非遗文创产品，并推出文创产品个性化定制服务。改造提升文创

泰宁古城街区夜景俯瞰

鱼子灯表演

巷，集中展示“鲤鱼文化”“状元文化”“福文化”等主题文创，囊括棕编、竹编、杆秤、鱼子灯等近百种。世德堂工艺美术大师一条街内红苹艺术空间、鼎臻工坊、至鼎陶瓷艺术馆、匠心瓷典四个场馆已全部开放，游客可以购买木雕、陶瓷等260件工艺品及400余件文创。

（三）现状

乡村非遗博览苑将全县43个县级以上非物质文化遗产项目进行了全面的展陈，29名县级以上非遗代表性传承人将上青棕编、鱼子灯、传统杆秤、竹编、拓印等项目进行常态展示，将大龙擂茶、碧玉卷等传统小吃项目引入古城。在泰宁古城民俗文化戏台、梅林戏展示中心、非遗博览苑小舞台等点位可观看国家级非遗梅林戏、省级非遗上青古乐、市级非遗泰宁山歌、市级非遗鱼子灯等项目的演艺展示。

三、取得成效

（一）社会效益

泰宁非遗成为古城旅游的核心吸引物和差异化卖点，提升了旅游的文化内涵和体验价值。旅游带来的客流和经济收益为梅林戏、上青古乐、泰宁山歌、擂茶等非遗的保护、传承、创新提供了资金支持和更广阔的市场空间，形成以文塑旅、以旅彰文的良性循环。旅游市场的需求刺激非遗项目的创造性转化和创新性发展，如开发更符合现代审美的棕编、竹编等非遗文创产品，设计山歌擂茶、状元巡游等更富吸引力的体验项目，带动非遗传承人和相关从业者就业，使非遗在传承中焕发新生。

（二）经济效益

2024年，古城街头非遗演艺带动非遗博览苑文创产品、擂茶等销售20余万元，同时拉动古城内大金湖鱼城、九举巷主题业态馆、尚书街商铺等夜间消费。梅林戏展示中心、非遗博览苑非遗研学项目创收30余万元，尚书第景区门票收入增长8.3%。

案例七

重庆荣昌夏布小镇
从破茧到蝶变——“非遗+”融合实践

一、案例简介

重庆荣昌夏布小镇位于荣昌区中心，是综合性非遗特色旅游街区，以明清仿古建筑为主，打造了中国夏布博物馆、荣昌折扇传承体验馆等非遗主题展馆。街区以非遗为灵魂，通过常态化活动如非遗博览会、时装秀、文化周、龙舟赛等大型活动，擦亮“千年荣昌”名片，提升景区人气。

夏布小镇夜景

二、案例解析

（一）目标及思路

荣昌夏布小镇是重庆市首批非遗特色小镇，正打造国家级休闲旅游街区。通过“非遗 +”模式深化非遗与旅游融合，提升城市文化内涵和文化体验，促进非遗创造性转化和创新性发展。实现非遗融入现代生活，增强旅游消费活力。经过发展，它已成为成渝人文交流重要节点景区和游客体验荣昌非遗的首选之地。

（二）主要做法

一是建设非遗主题场馆长廊，丰富旅游场景。自 2019 年起投入巨资建成夏布博物馆、历史文化展览馆等场馆，展示多元历史文化底蕴。二是常态化开展文体旅商活动，拉动消费。依托节假日举办非遗博览会、时装周等活动百余场，培育研学场地开展非遗体验。三是招引非遗企业入驻，打造“鹅市”美食街区。吸引创业就业，涵盖卤鹅、小吃等专区，拓展多元消费空间。四是打造非遗主题夜间灯饰，营造夜间经济氛围。融入地域文化元素，形成打卡点，成为网红直播首选地。

2023 中国重庆国际时尚周暨荣昌非遗之夜在夏布小镇举办

（三）现状

目前，夏布小镇融合了夏布、折扇、陶器、角雕、卤白鹅、铺盖面、旱蒸牛肉、酸辣粉、黄凉粉、凉糕、艾粑猪儿粑、麻饼、花生酥等非遗项目100多个，涉及各级非遗代表性传承人100余名，非遗从业人员、传承群体超1000人。小镇内有1处国家级传统工艺工作站——北京服装学院驻重庆荣昌传统工艺工作站、1处市级生产性保护示范基地、1处市级非遗传承所、1处非遗职业培训学校。同时，小镇利用自身优势特点，重点打造的荣昌夜间休闲生活新地标——“小猪集市”非遗主题特色夜市，反响热烈。

三、取得成效

（一）社会效益

小镇通过“非遗+”的旅游模式，不断提高景区文化内涵，丰富景区文化内核，打造“以文塑旅，以旅彰文”的荣昌文旅新亮点，获得市民和游客的一致好评。小镇以非遗为灵魂，大力推广荣昌优秀传统文化，开设“千年荣昌”非遗文创店铺，各类非遗文创产品深受游客喜爱。街区内夏布企业壹秋堂、客家夏布馆、易尚夏布、一宁夏布开发出1000余种夏布文创产品，获得知识产权保护的内容超300个，产品多次获得国家级、市级荣誉奖项。万扇堂折扇企业、加合非遗职业培训学校常年开展非遗研学体验，报名体验者供不应求，现已成为市内学校合作研学基地。通过多年的探索发展，夏布小镇实现了非遗展馆“好看”、非遗表演“好听”“好看”、非遗美食“好吃”、非遗研学“好玩”、非遗产品“好用”、非遗场景“好用”的“五好”旅游业态。

（二）经济效益

2025年“五一”期间，依托市级非遗——荣昌卤鹅的出圈，荣昌区巧用卤鹅“非遗”流量转化为城市发展能量，成功升级为现场级爆款IP，演绎了“一只鹅带火一座城”的精彩传奇，带火了夏布小镇景区，带火了荣昌城区，全区客流量出现了井喷，创下历史新高，全域旅游热度迅速飙升，生动演绎了从破茧到蝶变的完美蜕变。截至2025年6月底，累计接待游客347.58万人次，同比增长178.55%，旅游综合收入达19.12亿元，同比增长188.30%。其中“五一”期间接待游客89.11万人次，同比增长743.05%，实现旅游经济综合收入4.9亿元，同比增长978.65%，登顶全市重点监测的130家A级旅游景区第一名，成为国内“现象级”案例。

案例八

临沂新琅琊不夜街
灯火兰山，琅琊夜韵

一、案例简介

灯火兰山·新琅琊街区是临沂“水韵琅琊”城市文旅综合体项目重点打造的集文化体验、旅游休闲、商业消费于一体的综合性文化街区。街区以“琅琊文化”为核心，通过引入非遗项目、打造沉浸式体验场景、创新文旅融合模式，在 2023 年 6 月 30 日正式运营后，迅速成为热门打卡地，累计接待游客超 830 万人次，单日最高客流量达 10 万人次，累计演出场次突破 3.5 万次，实现了非遗与旅游的深度融合。

夜晚街区表演

街区文创馆

二、案例解析

新琅琊不夜街区致力于打造非遗“见人见物见生活”的活态传承示范区，通过三大核心策略，实现了非遗保护与旅游发展的深度融合。

（1）沉浸式场景构建：街区巧妙地将非遗元素融入建筑风貌、演艺活动及商业业态，形成“演艺轴 + 体验区 + 消费圈”的立体架构。利用非遗项目的动态展示与互动体验，如以国家级非遗柳琴戏为蓝本的《妙音天女》实景演艺，玻璃钢质的柳琴配上炫彩的灯光，演员置身其上，指尖弹奏，配上婀娜舞姿，恍若天女下凡。以及基于省级非遗《黑虎查拳》的舞台武术表演与游客互动环节，增强了游客的参与感和互动性。让非遗触手可及，活态传承。

（2）产业链市场化转型：街区核心区域设立“琅琊非遗工坊”，汇聚中华名吃王氏熟梨、遗兮馆、中草药香囊等非遗精品，传承人现场制作，游客可观摩并参与体验，感受非遗的魅力，这种亲身体验的方式，让游客对非遗有了更深刻的认识和理解，也增强了他们对非遗的保护意识。形成了“非遗工坊 + 体验店 + 文创销售”的完整产业链，有效推动了非遗项目的市场化转型。

（3）主题活动与节庆融合：街区定期举办非遗市集、中秋拜月大典等特色活动，吸引游客超 20 万人次参与，特别是在传统节日期间推出的“拜月大典”“汉服巡游”等活动，深受年轻群体喜爱，极大提升了游客的文化体验感与参与度。

三、取得成效

新琅琊不夜街区打造“活态传承 + 沉浸体验”文旅融合新场景，实现社会效益与文化价值双提升。街区通过创新融合国潮美学、非遗体验创新“非遗 +”融合场景，释放文化消费潜力，将王氏熟梨制作、柳琴戏、黑虎查拳等非物质文化遗产融入景观、演艺与互动体验中，游客日均停留时长提升 40%，2024 年累计接待 576 万人次。结合中秋、春节等传统节日，推出“拜月大典”“汉服巡游”“非遗市集”等活动，吸引了大量年轻群体参与非遗体验。其成功实践还吸引了国际关注，在“机遇中国·活力山东”国际摄影季中，20 位国际摄影师聚焦街区非遗场景拍摄，作品通过 CNN、BBC 等国际媒体广泛传播，提升了中华文化的国际影响力。

案例九

伊宁市六星街
传统音乐助力打造田园城市·音乐小镇

一、案例简介

伊宁市六星街是伊宁市获批国家历史文化名城的核心区，也是自治区级历史文化街区。街区内有六星街民俗文化陈列馆、亚历山大手风琴珍藏馆、六星街中心广场、音乐角、音乐庭院等景点，还有巴扬手风琴演奏、非遗歌舞表演等丰富的文化活动，以及古兰丹姆冰激凌店、尕巷子粉汤店等特色非遗美食店铺。游客在欣赏六星街独特的六边形街区风貌和多元民族建筑风格的同时，还能近距离体验非遗项目、观看非遗表演、购买非遗文创产品，实现了非遗保护传承与旅游发展的双赢。

二、案例解析

（一）目标及思路

一是提升文化内涵，通过将列巴制作技艺展示、巴扬艺术展示、维吾尔族民歌传唱等非遗项目融入景区，使游客深入了解当地的历史文化和民族风情。二是增强游客体验，设计丰富多样的非遗体验活动，如陶艺制作、都塔尔民族乐器体验、非遗歌舞表演等，让游客亲身参与其中，提升旅游的趣味性和互动性。三是促进非遗保护传承，为非遗传承人提供展示和传承技艺的平台。与街区内咖啡店等业态经营点合作，引入哈萨克族刺绣、冬不拉、果酱制作技艺、皮画等非遗项目及传承人进行活态展示，在庭院举办木刻版画等非遗培训班，吸引更多人关注非遗，培养新一代传承人，推动非遗的可持续发展。四是推动文旅融合与旅游消费，以卡瓦斯、塔塔尔族糕点、面肺子、冰激凌等非遗饮食为重点，以冬不拉、黑走马、伊犁赛乃姆等非遗歌舞为特色吸引更多游客，带动

六星街景区彩门

冬不拉制作演奏技艺（六星街景区竹马西地客非遗展示点）

景区及周边旅游消费，促进旅游产业升级，实现文化与旅游的深度融合发展。

（二）主要做法

一是对伊宁市本地的非遗项目进行全面梳理和评估，结合六星街的文化主题和旅游定位，挑选出具有代表性、观赏性和体验性的非遗项目，如俄罗斯族巴扬艺术、果丹皮和果酱制作技艺等，确保非遗项目与景区的文化氛围相契合。二是在景区内建设非遗体验庭院、非遗工坊等场所，按照传统技艺的生产场景进行布置，营造浓厚的非遗氛围。同时，利用街区内的民居和庭院经营点，打造分散式的非遗体验点，如在音乐庭院中开展巴扬手风琴演奏，在塞拜努尔·音乐之家举办以塔塔尔族民歌等表演等活动，让游客在自然的生活场景中感受非遗的魅力。

（三）现状

目前，六星街引入的非遗项目涵盖了传统音乐、传统技艺、传统美术、传统舞蹈等多个类别。拥有国家级非遗项目 4 项，如俄罗斯族巴扬艺术、维吾尔族民歌、哈萨克族刺绣、冬不拉制作技艺等；自治区级非遗项目 5 项，州级非遗项目 17 项，县市级非遗项目 30 项。有国家级非遗传承人 2 人，自治区级非遗传承人 3 人，州级非遗传承人 20 余人，县市级非遗传承人 30 余人。

三、取得成效

（一）社会效益

当前，社会效益收获颇丰，主要体现在四个方面：一是旅游提质升级，以巴扬艺术为代表的非遗的融入丰富了六星街的旅游产品供给，提升了景区的文化品质和吸引力。二是为非遗提供了更广阔的展示平台和传承空间，吸引了更多年轻人关注和参与非遗传承，一些濒临失传的技艺重新焕发生机。三是实现了文化交流互鉴，来自全国各地乃至世界各地的游客在体验非遗的过程中，增进了对新疆多民族文化的了解和认识，促进了不同文化之间的交流与融合，提升了中华文化的认同感和自豪感。四是铸牢中华民族共同体意识，回族粉汤、乌孜别克族冰激凌、维吾尔族民歌、俄罗斯族巴扬艺术、锡伯族贝伦舞等多民族非遗项目在景区内共同展示和传承，体现了各民族文化的平等、团结和共同繁荣。

（二）经济效益

在实现社会效益的同时，也带动了当地的经济发展。主要体现在以下三方面：一是带动游客增长，非遗旅游的吸引力促使游客数量大幅增长。据统计，六星街在引入非遗项目后，年接待游客数量从之前的 472.94 万人次增长到 567.53 万人次，增长率达到 20%。二是推动产业发展，六星街带动了景区及周边餐饮、住宿、购物等相关产业的发展。许多居民依托景区开起了民宿、餐厅和特色商店，增加了收入来源。例如，六星街内的民宿数量从原来的 15 家增加到 68 家，旅游旺季时入住率达到 100%。三是明显提高了旅游收入，拉动了当地经济增长。六星街的旅游综合收入从之前的 17.19 亿元增长到 22.76 亿元，为地方经济发展做出了重要贡献。

案例十

乌鲁木齐大巴扎步行街　非遗与市井烟火相交融，打造西域丝路文化地标

一、案例简介

大巴扎步行街地处乌鲁木齐4A级景区国际大巴扎核心区，以“一条街藏尽新疆非遗”为特色，将维吾尔族艾德莱斯丝绸服饰技艺、剪纸、皮雕、毛皮画、乐器制作技艺等众多非遗项目融入街区肌理。街区采用“一周一节”策略，引入包含13个世居民族的非遗节目演绎的开街仪式、主题婚俗秀等表演，设国家级、区级传承人工作室及2处常态化展演舞台，形成“逛巴扎必看非遗、体验非遗必来巴扎”的文旅生态。通过“好

大巴扎步行街疆来城全景

看的非遗展演、好吃的非遗美食、好听的民族音乐、好玩的互动体验、好用的文创产品”的“五位一体”模式，年均接待游客超3000万人次，成为非遗活态传承与商业街区共生共荣的典型代表。

二、案例解析

（一）目标及思路

大巴扎步行街以“非遗赋能街区、街区活化非遗”为核心，通过三大路径融合发展。空间整合上，将非遗元素植入街区业态和活动，提升文化辨识度。如疆来城构建“四大创新业态＋七大主题广场”格局，形成文化展示与在地生活双廊道。活态传承平台方面，汇聚近20家非遗工作坊，涵盖蒙古族服饰、毛皮画等多元项目，以动态展演、互动体验呈现技艺，使非遗成为可触摸、可参与的生活艺术。创新运营机制上，设“非遗NPC”，由传承人或专业演员与游客互动，突破单向传播，形成双向交流场域。

（二）主要做法

一是特色美陈打卡。街区入口有艾德莱斯丝绸纹路装饰、大型馕造型打卡景观、泥彩塑浮雕及阿凡提主题美陈遍布街巷，每年吸引超千万游客拍照。二是大力开展非遗民俗表演展示。举办开街仪式上呈现融合13个世居民族的非遗音舞。开展包含京剧秦腔等传统戏曲表演；艾德莱斯丝绸、蒙古族服饰等民族服饰走秀；蒙古族萨吾尔登舞演出等民俗活动。举办社火巡游、划旱船，舞龙舞狮、潮汕英歌舞等民众参与民俗活动。新疆各民族舞蹈以及杂技表演2023年与天山区文旅局一同策划组织演出近310场。三是打造鲜活的街头场景。每日傍晚，观光塔下自发开展本地居民与外地游客共舞，“三步一抬”的节奏与观光塔灯光交织，成一幅流动的民族团结画卷。四是推出非遗美食体验。这里有“馕主题博物馆”几十种的新疆馕产品现场制作和体验（展示维吾尔族馕制作技艺）有“和田烤蛋”等数十家非遗美食店推出“非遗美食地图”。五是让非遗音舞与文化活动共鸣。每日12时和18时的开街仪式演出，通过非遗音乐舞蹈再现13个世居民族交融史，成为“行走的民族团结课堂”。街头老人们自发弹奏民族乐器，演绎维吾尔族经典曲目如《阿拉木汗》等，旋律悠扬。观光塔下麦西热甫的手鼓、弹布尔声与欢笑声交织。举办“我们的节日”“国风文化季”及与中国音乐学院合作的艺术展演“承多元文化，传非遗疆音”，用歌舞传递文化魅力。六是定期举办互动体验与大型活动。开设面塑、雕版拓印、剪纸等体验工坊，推出“非遗小匠人”研学套餐，2024年接待亲子体验者超10万人次。每年文化和自然遗产日，与文旅局组织全市60余项非遗项目大型展示展演展销；春节及遗产日期间，开展“非遗过大年”等活动，含民俗表演，惠及数万市民游客。七是打造文创产品矩阵。将艾德莱斯绸围巾、馕文创、乐器书签、手工地毯（几何纹样与民族图腾交织）、雕花茶盘阿孜古丽纤维艺术毛皮画笔记本、棒球帽、皮靴以及孟璐璐皮雕各类包包、皮带、挂饰等汇聚成文创产品矩阵，带动旅游经济。八是建立完善的消费保障体系。大巴扎步行街承诺“15天无理由退换货”“菜品不满意全额退款”，配套免费邮寄服务，消除消费顾虑；引入“疆之雅”“丝路霓裳”等本土品牌，丰富产品选择。九是创新运营机制。实施“非遗商户帮扶计划”，对入驻的非遗项目进行流量倾斜，目前已培育出“艾尼江乐器”“王革剪纸”“孟璐璐皮雕”“阿孜古丽纤维艺术毛皮画”“纤维艺术毛皮画”等网红品牌。打造“线上+线下”传播矩阵，通过线上“非遗主题宣传”，线下“非遗集市”活动，让非遗走出街区，触达更广受众。十是充分利用节庆活动赋能街区发展。2024年春节，首次引入英歌舞、黄河舞飞龙等中华传统非遗项目在新疆演出；2024年中秋引入青海高跷；2025年春节引入陕西安塞腰鼓，春节7天每天开展民俗歌舞与传统文化相融合的非遗项目展演，元宵节前

非遗艾德莱斯丝绸制作

后开展了4场大型社火展演，融合了中华传统文化中的舞龙、舞狮、秧歌、腰鼓、戏曲武生等表演，以及具有民族特色的麦西热甫、新疆舞表演等元素组建鼓韵天山迎新春社火队；“五一”引入苗族锦鸡舞、七月疆来城引入咯群赛乃姆等非遗项目开展节庆展演，引入高人气值的综艺娱乐节目，使大巴扎步行街一直保持较高的传播热度。

（三）现状

大巴扎步行街通过生活化演绎非遗，将本土文化与创新再造相结合，通过对文化资源的深耕细作，全力打造新疆首个非遗主题特色聚集区，让非遗走进生活，变成生活。目前，大巴扎步行街单日客流量最高可突破30万人次。

三、取得成效

（一）社会效益

推动维吾尔族土陶制作等5项非遗项目重新焕发生机。大巴扎步行街始终以“文化润疆”工作和“旅游兴疆”战略为指引，将铸牢中华民族共同体意识主线贯穿于景区规划、业态升级和非遗传播全过程。立足打造“新疆之窗”与“中亚之窗”，构建多民族共享的文化交汇圈、经济共富圈和情感交融圈，生动诠释中华民族多元一体的精神内核，年均接待国内外文化交流团数百余批次，促进多民族文化互鉴。

（二）经济效益

2024年以来，大巴扎步行街成绩斐然，总接待游客达2852万人次，日均客流量超10万人次，年接待游客量占乌鲁木齐市总量的15%，成为新疆文旅产业的核心增长极，展现出强大的市场竞争力和发展潜力。整个大巴扎景区吸纳多民族从业者近4000人，旅游的发展促进了各族群众就业，带动增收，实现致富。

案例十一

肇庆紫荆西堤文创街区
肇庆"非遗+"活态传承千万级流量密码

一、案例简介

紫荆西堤文创街区坐落于国家5A级星湖风景名胜区，前身为传统商业步行街，存在"业态同质化、消费层级低、文化赋能缺失"三大痛点，2022年启动升级改造，2023年以"非遗+文旅"全新业态亮相，通过系统性整合端砚制作技艺、肇庆裹蒸制作技艺、古法造纸等近20项非遗资源，构建"非遗场景化、场景产品化、产品生活化"的商业化运营模式，推动业态向"文化体验+创意消费"转型，带动街区升级消费体验、增加企业进驻以及加强规模化经济发展，成为粤港澳大湾区文化新地标。

二、案例解析

（一）目标及思路

以肇庆非遗为内核，构建"产品—空间—体验"一体化生态，实现"看得见的非遗技艺、吃得上的文化美食、带得走的创意手作"，推动非遗与旅游融合发展，提升文化内涵，实现旅游消费升级。

（二）主要做法

1. 空间载体的专业化构建

（1）星湖艺术馆·粤文坊（2023年落成）：集成图书阅览、艺术展览、非遗展示体验、轻食餐饮等复合功能，打造2000平方米高品质文化综合体。

（2）城市文创体验中心（2024年投用）：以"非遗活化+创意消费"为核心，打造集文化体验、产品展销、IP开发于一体的文创销售平台，推动非遗从技艺展示向市场

紫荆西堤文创街区全景

省级非遗金渡花席编织技艺主题展览在 D01 主题场馆举办

化、生活化转型。空间内组织各类传统文化及非遗相关宣讲会，积极促进非遗的传播与交流。

（3）D01 主题场馆（2025 年投用）：设置非遗衍生品展售专区，形成“展示—孵化—销售”商业闭环，提升非遗项目市场化能力，提高非遗的能见度和美誉度。

2. 体验活动的体系化运营

结合场地特色，开展的活动丰富多彩，有名家现场挥毫、名家书画藏品展览、茶艺体验等富有文化内涵的活动；非遗手工体验课堂以“一期一会”的形式，不定期举办各类文化创意手工课堂，让游客体验戏剧脸谱、鱼拓、押花、水拓、古法造纸、竹编等非遗体验研学活动或手工课程，极大地丰富了群众的娱乐生活，高雅又富有文化特色的活动满足了各类不同人群的精神文化需求；非遗宣讲会：不定期在城市文创体验中心组织各类传统文化及非遗相关的宣讲会，积极促进非遗的传播与交流。

3. 多彩民俗节庆活动的组织策划

春节以龙年装饰、非遗市集、醒狮巡游展现广府年味；元宵节复刻古代迎亲巡游弘扬传统情人节文化；端午节推出宋代市集、投壶射箭等民俗体验；国庆融合复古舞蹈与现代潮流表演；周年庆结合消费优惠与亲子互动；中秋以国风演艺、非遗手绘团扇及巨型月亮装置营造古韵氛围；2025 年春节增设临湖花市与财神巡游，非遗月开展古风游园打卡，劳动节推出充能集市、电光醒狮及国风手作课程，端午设计钓粽、射五毒等趣味游戏。活动深度融合非遗与现代创意，强化文化体验与节日氛围，持续激活街区人气。

4. 数字生态的立体化构建

在小红书上设立了城市文创体验中心的线上门店，线上线下同步销售，拓展文创产品市场。同时，通过自媒体矩阵和邀请达人在小红书、抖音和视频号等社交平台进行产品种草，提升产品宣传声量。此外，与各大院校进行合作，联合广东理工学院开展了第一届“七星·理工杯”电商直播挑战赛，乘着网络直播的热潮，积极推广城市非遗和文创品牌。

（三）现状

星湖艺术馆·粤文坊引入了肇庆各县（市、区）富有特色的非遗及文创产品，如国家级非遗代表性项目端砚制作技艺、省级非遗代表性项目古法造纸、传拓技艺、肇庆裹蒸制作技艺，市级非遗代表性项目肇庆自鸣钟制作技艺、广宁云吞制作技艺、广宁竹编等 8 项非遗代表性项目。同时，引入了肇庆知名画家的作品展览，实现了传统与现代的完美结合。城市文创体验中心以及 D01 主题场馆中，已进驻非遗代表性项目超 10 项，开设非遗手工体验课堂和文化讲堂超 20 场，参与人数超 1000 人次。

三、取得成效

（一）社会效益

一是极大地推动了肇庆非遗的传播，提供了固定、专业的集中展示和活化空间，避免肇庆丰富的非遗项目零散化和边缘化。二是成为肇庆市民和外地游客了解本地深厚文化底蕴、感受先民智慧与创造力的重要场所，增强城市文化认同感与凝聚力。三是通过“非遗 +”创新展现肇庆人民勤劳、智慧、精益求精的精神风貌，强化了肇庆“历史文化名城”的定位，助力肇庆打造成为大湾区文化新地标和城市名片。

（二）经济效益

一是帮助本地非遗传承人和手艺人增加了收入，带动端砚、玉雕、竹编、裹蒸等非遗代表性项目的生产、销售与品牌提升，为相关手工作坊、企业带来订单和市场机会，助力乡村振兴。二是通过街区流量，带动四会古法造纸研学基地、非遗主题民宿等产业的发展。三是带动紫荆西堤文创街区实现提升街区的文化氛围和吸引力，带动街区消费收入和商业价值的提升。自 2022 年 10 月运营以来，累计接待游客超 950 万人次，拉动旅游消费约 9400 万元，成为肇庆“夜经济”标杆与文旅消费增长极。

村寨案例集锦

案例一

崇州道明竹艺村 指绕竹间显匠心

一、案例简介

道明竹艺村作为国家 4A 级旅游景区，因国家级非物质文化遗产“道明竹编”而得名。竹艺村坚持“用文化延续未来、让艺术点亮乡村”理念，逐步形成以非遗研学、非遗商品销售、非遗休闲旅游等为主的产业圈，带动起周边 6000 余人就近就业，2024 年竹艺村接待游客 115 余万人次，实现旅游综合收入 5000 万元。

二、案例解析

（一）目标及思路

竹艺村坚持“用文化延续未来、让艺术点亮乡村”理念，凝聚川西林盘文化。已成为崇州乃至四川的一张文旅名片，在带动乡村振兴、促进经济社会发展方面具有很好的示范作用。

（二）主要做法

一是以文兴产，拓展业态场景。不断拓宽竹编文化消费外延，聚焦道明竹编等民间

道明竹艺村俯瞰图

文化艺术，探索文化创意、精品民宿、康养旅游等矩阵式、多业态融合模式，营造杨隆梅竹编工作室、非遗集市、“竹里生花”演艺场景等消费、休闲场景。以国家级非物质文化遗产——道明竹编为核心，建成标志性建筑——“竹里”，两次入选国际顶级建筑展览——芝加哥和威尼斯双年展；依托42公里的重庆路竹生态走廊，整体规划、一体打造新中式林盘聚落“竹艺村”；以竹艺村为圆点拓展2.04平方公里的竹艺公园，营造竹编博物馆、竹艺广场等展示空间，呈现别具一格的天府竹博旅游小镇。通过业态场景的精心打造和常态运营，让景区变得好玩、好听、好吃。

二是塑造品牌，助推共营共享。推动数字乡村建设，创新智慧化、数字化手段在基层发展治理方面应用，与北京大学等开展竹编技艺培训“云课堂”，开发“公共文化E管家”等终端应用产品。依托“互联网+”农产品出村进城工程，开展竹编产品和文创产品“云展销”，上架亚马逊、天猫商城等国际国内购物平台，打通竹编文创产品“销全球”渠道，让越来越多的创意非遗产品受到旅客的喜爱。

三是活态传承，延展传播路径。坚持“活态传承、品质提升”理念，引入中央美术学院、澳大利亚竹产业研究院等院所，建成传统工艺工作站、中英创意设计实验室等平台，与40家文创设计机构建立长期合作关系，组建公园城市乡村表达设计师联盟。通过引导国家级竹编技艺传承人赵思进与北京大学等机构联合编撰《道明竹编》，将“口口相传”的师承工艺具化为“图文并叙”的操作范本，将乡土文化技艺写入北京大学的传习教程和辅助教材，探索传统工艺向学科建设延伸拓展的创新路径。杨隆梅非遗工作室、“丁知竹”竹编体验园、红梅竹编工作室等一大批由新生代年轻传承人主理的非遗工作室，成了网红非遗体验点。

花海中的竹编熊猫

（三）现状

竹艺村坚持“文化浸润乡村”发展思路，着眼打破竹编技艺零散生存状态，搭建竹编文化创客基地，聚合68名竹编技艺传承人，其中国家级非遗传承人2名、省级非遗传承人2名、成都市级非遗传承人4名，100名竹编艺人、4000余名从业人员，引入13支专业文化团队以及艺术家、文化创客等团队，实践“集群创作+规模生产”模式。聚焦乡村公共文化服务模式创新，建立文创艺委会、跨界文艺联盟、农民公共文化理事会等自治组织，推动民间文化艺术的共建共治共享。

三、取得成效

（一）社会效益

激活“竹编+文旅”的时尚消费。立足拓宽竹编文化消费外延，探索文化创意、精品民宿、康养旅游、研学团建等矩阵式、多业态融合模式，营造杨隆梅竹编工作室、“丁知竹”竹编体验园、非遗集市等消费场景，形成以竹艺村为核心的“微商圈”，成功创建国家4A级旅游景区，入选四川十大文旅产业地标。入选“国家级非遗代表性项目优秀保护实践案例”、四川省“非遗与旅游融合发展优秀案例”。

（二）经济效益

2024年，竹艺村共接待游客150万人次，旅游综合收入6900余万元，实现综合产值1.3亿元，较2015年增长近百倍。

案例二

潍坊西杨家埠村
双遗焕彩，鸢画新韵

一、案例简介

西杨家埠村位于潍坊市寒亭区，是中国三大木版年画产地之一，是潍坊风筝的发源地和主产地，拥有杨家埠木版年画、潍坊风筝两项国家级非物质文化遗产，素有“都中之都”之称。自 1986 年开始，西杨家埠村利用原古村落，建成了国家 4A 级旅游景区杨家埠民间艺术大观园，发展年画风筝文化产业，现有生产厂家和店铺 100 多家，从业人员 5000 多人。近年来，相继建设了梦里水乡、梦想小镇等文化旅游项目，开发了传统文化体验、民俗活动展演、休闲民宿、非遗研学、影视拍摄等旅游业态，吸引了大批国外人士来此体验非遗、参观考察，成了传播中国文化的重要窗口。

二、案例解析

（一）目标及思路

西杨家埠村作为国家非物质文化双遗产村，计划通过非遗与旅游深度融合，实现多

西杨家埠村

西杨家埠村灯光秀

维度发展。目标在于深挖风筝、木版年画等非遗内涵，让游客沉浸式体验制作流程，增强文化体验。开发特色文创产品，融入现代生活元素，拉动旅游消费。同时，与周边景区联动，打造非遗旅游线路，提升村庄文化影响力，实现非遗保护与旅游产业协同发展，助力乡村振兴。

（二）主要做法

一是做好文化传承。挖掘整理杨家埠木版年画、潍坊风筝等文化资料，出版了《中国潍坊杨家埠年画全集》等作品。投资2000多万元，建成了面积达5000多平方米的中潍年画博物馆、风筝博物馆、年画展览馆。村办企业杨家埠民俗艺术有限公司被认定为“2023—2025年国家级非物质文化遗产生产性保护示范基地”。

二是加大宣传力度。连年举办杨家埠风筝年画艺术节、杨家埠民俗灯会，承办了“东亚文化之都”等重大涉外活动，参加了中国非遗博览会等展会，并获多个奖项。美国、意大利等国外媒体到村庄拍摄采访，中央电视台等各级媒体报道年画风筝文化，《2025年非遗晚会》呈现了潍坊风筝制作技艺。《大掌门》《红高粱》等多部影视剧在村内拍摄。

三是打造文旅片区。西杨家埠村依托木版年画、风筝文化资源，自1986年开始，腾退居民，利用原明清古村落，建成国家4A级杨家埠民间艺术大观园景区，内有文润阁、风筝博物馆、年画博物馆等36处景点，年接待游客90多万人次。聘请专家制定村庄旅游发展规划，修订《西杨家埠村历史文化名村保护规划（2021—2035）》，先后投资3亿多元，建成了占地80多亩的梦里水乡、梦想小镇旅游项目，形成了以杨家埠民间大观园为核心的旅游布局。

四是完善基础设施。按照村庄景区化标准，全面改善村庄设施，整修了20条村内道路，建成了1000平方米的高标准文化广场，划设了300余个停车位，种植了1万多棵绿化苗木，彩绘了2000余平方米的年画风筝主题墙体，建设了4座高标准公共厕所。改善村民居住环境，配备了18名保洁员，改造了400多户村民住房，村民住上了四合院。增加村民可持续收入，村庄持有的100多家沿街店铺交由村民使用，每年出资300多万元，用于补贴村民的自来水费、医疗保险等，改善了村民生活。

（三）现状

在非遗技艺方面：目前拥有国家级非物质文化遗产2项，分别为潍坊风筝制作技艺和杨家埠木版年画。其中，潍坊风筝制作技艺现存技艺形式为扎、糊、绘、放全流程手工制作。杨家埠木版年画现存技艺形式为画、刻、印、裱全流程手工制作。

在传承人梯队建设方面，拥有核心传承人 4 位，详见表 1。

表 1　村寨传承人详情表

姓名	非遗项目	传承级别	代表作品	创新实践
杨红卫	潍坊风筝制作技艺	国家级代表性传承人	年画风格风筝系列	国际文化交流 100 余场
杨乃东	杨家埠木版年画	国家级代表性传承人	《二十四孝》《红楼梦》	区块链存证数字藏品
杨志滨	杨家埠木版年画	省级代表性传承人	《门神》 《孔子七十二贤》	央视《焦点访谈》专题报道
郭洪利	潍坊风筝制作工艺	省级代表性传承人	《龙头蜈蚣》	《王者荣耀》联名皮肤（点击量破亿）

在传承发展方面：4 位大师共带徒 47 人，其中 35 岁以下占比 51%（2024 年统计）。完成 600 套年画、200 款风筝的 3D 扫描建档。衍生品年收入 200 万元，占景区总收入 32%。每年开展海外文化交流多场，风筝作品销往日、韩、德等 12 国，杨红卫作品《百鸟朝凤》风筝被大英博物馆收藏。

三、取得成效

（一）社会效益

制定《杨家埠木版年画、潍坊风筝传承发展办法》，成立年画保护协会、风筝联盟和非遗传承中心。建立四级非遗传承人名录，培养了年画风筝国家级传承人 2 人，省级传承人 2 人，市级以下传承人 30 多人。做好非遗教育，与 10 多所学校建立合作关系，免费为学生提供木版年画、风筝培训活动，成为潍坊理工学院等多所高校的研学基地。

（二）经济效益

通过建成杨家埠民间艺术大观园、梦里水乡、梦想小镇等旅游项目，村内有 1 个国家 4A 级旅游景区、5 家住宿酒店，6 家研学基地，50 多家餐饮门店，100 多家年画风筝店铺，直接吸收村民就业 1000 多人，年收入 2 亿多元。发展民俗特色旅游产业，每年依托杨家埠民间艺术大观园景区，开展民俗灯会等旅游活动，引导村民开展经营餐饮、民宿服务、年画风筝售卖等，人均增加收入 7000 多元。

案例三

德阳绵竹年画村
农文旅深度融合新范式

一、案例简介

中国绵竹年画村景区地处绵竹市南大门孝德镇，是国家级非物质文化遗产绵竹木版年画的发源地，国家4A级旅游景区，首批全国乡村旅游重点村。年画村以非物质文化遗产保护传承和活化利用为主线，以业态多元化、产品优质化、品牌体系化为脉络，形成以“殷牛排”“柴火鸡”为特色的乡村美食；以“明清园（李家大院民俗博物馆）”“生态园”为特色的民宿；以高速公路和骑游道形成的快进内畅的慢游体系；以“解元里”“年画郡”“乡遇画里”“三彩画坊”“绵竹年画展示馆”等非遗项目体验基地形成的研学体验乡村游，是文创产品生产销售，年画研学体验，生态采摘，餐饮住宿与休闲娱乐为一体的乡村旅游目的地。

二、案例解析

（一）目标及思路

推进文化遗产保护和文博旅游发展，发展主题文化游和深度研学游、科普游，创新用好以绵竹年画为代表的非遗资源，做大做强年画文旅产业，整合优质项目资源，布局产业、丰富业态、做美环境，构建“一轴三核、动静串联”空间格局，撬动年画年俗片区农文旅深度融合，探索区域协同、城乡融合的全域乡村振兴实践路径。

（二）主要做法与现状

依托传统节庆活动，拓展年画文化传播影响力。“绵竹年画节”作为本地标志性文化活动，已连续成功举办24届，年均吸引游客超10万人次。构建多元培养体系，强化年画传承人才队伍建设。

绵竹年画村村内展示图

在传承人才培育上，积极开展各级代表性传承人申报工作，已成功构建起老、中、青三代非遗传承人才梯队。目前，绵竹木版年画共有国省级代表性传承人 5 人，市级 17 人，县级 12 人，加上民间艺人、从业人员，从事传承活动的人员达 500 余人。我们与四川师范大学、绵阳师范学院等 6 所院校共建年画工坊，定期举办学术交流活动，近三年组织传承人赴北京、浙江等地开展国内交流 20 余次，前往美国、韩国等国家进行国际交流 10 余次。挖掘文化创意潜力，推动年画文创产业升级发展。文创产品种类丰富，现已形成涵盖文具、服饰、家居装饰等多个品类的 1000 余个特色文化旅游产品。其中，绵竹年画·布艺系列凭借独特的设计与精湛的工艺，荣获首批天府旅游名品。坚持以法护画，努力让历史文脉留下来，让传统技艺传下来。2020 年 1 月 1 日，在相关部门的多方努力下，全国年画行业首部地方性法规——《德阳市绵竹年画保护条例》正式颁布实施，为绵竹木版年画的抢救、保护、利用、传承构建起法律安全网。推进文博场馆改造提升、内容建设和文博旅游发展，以项目建设与活动创新为抓手，夯实年画文化传承与推广基础。整合研学资源要素，建设标准化年画研学基地。研学基地建设依托“孝德—剑南”连片区域历史文化遗产保护试点，搭建研学联盟，成立研学公司，对基地进行提档升级。已完成标准化年画研学课程体系，编制适合不同年龄段学生的研学教材，组建由传承人、高校教师组成的专业化研学师资队伍。

绵竹年画制作过程

三、取得成效

近年来，年画村依托特色鲜明绵竹年画文化底蕴，荣获“国家 4A 级旅游景区”“国家级非物质文化遗产生产性保护示范基地”“全国乡村旅游重点村”“中国美丽休闲乡村”“全国一村一品示范村”“天府旅游名村”“中国华侨国际文化交流基地”“四川首批省级研学实践教育基地”“全国研学旅行基地”等荣誉。2025 年成功入选全国首批研学旅游基地品质提升工作单位四川省试点单位和“行读四川”研学旅游品牌。全村共有乡村旅游业主 100 余家，其中住宿 10 户（床位 200 张），餐饮 50 户。全村已建设具有观赏性的特色农产品采摘基地共计 500 余亩。带动本村村民人均增收 2000 余元 / 年。2024 年年画村景区接待游客 107 万人次，实现综合旅游收入 4.2 亿元。

案例四

黔东南西江千户苗寨
芦笙 + 苗绣开拓千年非遗活化路径

一、案例简介

西江千户苗寨紧紧围绕把西江千户苗寨建设成为“世界一流苗族文化旅游目的地”的发展目标，围绕文化核心资源进行顶层设计、要素聚集、特色强化，运用高效的企业化、市场化手段，在景区经营管理、村寨有机更新、村民脱贫致富、旅游消费扶贫、文化保护发展、旅游品牌塑造、社会治理效能等方面大胆探索创新，实践出景区带村的“西江模式”，带动营上、干荣、麻料等 11 个村发展乡村旅游，联动凯里以及周边县市发展旅游业，农民人均可支配收入从 2008 年的 2054 元增长到 2019 年的 22100 元，形成以西江苗寨为核心辐射带动，实现“群寨共兴”的山地旅游发展模式。“西江模式”被列为贵州改革开放 40 年 40 事典型案例。2020 年 9 月，《大力发展乡村旅游，助推民族村寨脱贫——贵州省雷山“乡村旅游 +”扶贫模式探索》被列入“全球减贫案例征集活动”最佳案例之一。

西江千户苗寨景区

芦笙演奏场景

二、案例解析

（一）目标及思路

西江千户苗寨利用非遗与旅游的深度融合以文化本真性为根基，通过场景再造、业态创新、机制优化形成可持续发展闭环，实现“以旅促传、以传兴旅”的良性循环。

（二）主要做法

1. 芦笙 + 核心展演 + 体验式业态 + 文创

西江景区设立芦笙场作为文化核心区，每日定时开展原生态芦笙舞表演，游客可参与“蹦苗迪”互动。同时，结合“村晚”“吃新节”等节庆活动，将芦笙演奏与苗族飞歌、铜鼓舞等非遗项目联动，形成“非遗矩阵”。在“西江喜事”大巡游中，芦笙队伍与银饰方阵、苗绣盛装队伍共同行进，游客可参与“牛角喜酒”“红鸡蛋涂脸”等互动环节，形成“行进式文化剧场”。引入 MR、VR 技术打造“西江幻地”项目、“全景看西江”项目等，突破传统静态展示局限。

开设芦笙制作工坊，游客可亲手参与芦笙选材、调音等工序，体验从竹材到乐器的完整制作过程。景区还推出“芦笙 + 舞蹈”研学课程，如省级传承人罗元均开设的培训班，通过“线上教学 + 线下实践”模式培养年轻传承人。同时，引进“西江礼物”文创店，开发芦笙文创衍生品并进行销售，如迷你芦笙摆件、芦笙纹样服饰等，结合景区文创店和电商平台销售。

2. 苗绣 + 展演 + 体验 + 旅拍

静态展示集中在西江苗族博物馆、春花苗族刺绣服饰博物馆等场所，如前者银饰服饰厅展出 10 余套苗族服饰、30 余张绣片，旺季日均接待超 2 万人次。活态展演则贯穿寨门迎宾、古歌展演等场景，身着独特苗绣盛装的女性为游客展示服饰之美；旅游公司专设刺绣展示点，由七八个苗族老人现场演示挑花刺绣技艺，让游客直观感受制作过程。同时，苗寨开设有刺绣体验项目 4 家，自 2009 年起持续运营，提供平绣、贴花绣等多种绣法体验，吸引大量游客参与学习。

西江旅拍最重要的要素是苗服，这些苗服既有传统的“盛装”“银装”等样式，也有现代的“婚纱服”“公主服”等类别。当游客穿上这些服装后，苗绣、服饰、人物和寨景有机融为一体，审美性和时尚性十足，因此深受广大游客的青睐。2023 年苗服出租商户达 232 家，小红书“西江旅拍”话题笔记超 5 万篇，带动相关消费 6000 余万元。

3. 激励与收益分配机制

门票分红：景区每年提取门票收入的 18% 作为文化保护经费，按户分配给村民，其中参与芦笙表演的家庭可获得额外奖励。2018 年发放文化保护奖励 3210 万元，户均增收超 2 万元。

荣誉激励：政府为传承人提供津贴、授予称号，并组织参与国际文化交流活动，如芦笙舞团队赴国外演出，提升传承人社会价值。

三、取得成效

（一）社会效益

芦笙非遗的活化带动年青一代参与，如罗元均培养的学员中已有 10 余名大学生通过芦笙特长升学。景区通过“非遗进校园”“社区培训”等方式，累计培训芦笙爱好者超万人次，形成老、中、青三代传承梯队。苗绣传承人数量从 2015 年的 37 人增至 2023 年的 126 人，其中 30 岁以下青年传承人占比达 42%（“青苗计划”培养），破线绣、马尾绣等濒临失传的针法通过旅游体验得以完整保留。

（二）经济效益

芦笙相关业态直接创造就业岗位超 200 个，包括演员、工坊技师、旅拍化妆师等。2023 年景区接待游客 464.89 万人次，旅游综合收入 50.72 亿元，芦笙文化体验项目贡献显著。苗绣从业者人均年收入从 2018 年的 1.2 万元增至 2023 年的 6.8 万元，1000 余名绣娘通过“订单生产 + 工坊分成”实现稳定就业，其中 230 户脱贫户通过苗绣产业实现年收入超 10 万元。

案例五

江门新会茶坑村
陈香飘茶坑“土特产”玩出新潮流

一、案例简介

江门市新会区茶坑村始建于明朝永乐三年（1405），历史悠久，这里是梁启超的故乡，也是国家级非遗“新会陈皮炮制技艺”的核心传承区，陈皮醇香与人文精神在此交融。茶坑村以“陈香飘茶坑·一心启超情”为主题，深度挖掘陈皮非遗与启超文化两大核心资源，整合千亩柑园、非遗工坊、文化展馆、研学基地等资源，实现从“一片陈皮”到“一座陈皮王国”的蝶变。

二、案例解析

（一）目标及思路

茶坑村通过“修旧＋共建”模式，推动非遗和旅游的碰撞，整合非遗资源和旅游资源，加强梁启超故居、新会陈皮村与小鸟天堂的文旅互动，打造启超文化＋陈皮文化旅游网红线路，推动农文旅有机融合，促进乡村旅游发展，多措并举促宣传，提高旅游美誉度。

（二）主要做法

修旧如旧，焕发旅游引力：茶坑村以保护历史文化遗产为原则对梁启超故居及周边环境改造提升，打造名人文化研究的中心阵地。2023 年，茶坑村成功列入中国传统村落名录，“启超故里·小鸟天堂文化旅游区”成功创建为国家 4A 级旅游景区，年接待游客 200 万人次。整合赋能，激发共建活力：茶坑村整合文化资源，开展“梁启超文化月”“少年中国说”等品牌活动，推动乡村文明展现新气象。发挥启超文化、陈皮的研

茶坑村全景

茶坑村晒陈皮

学教育属性，与多方主体合力共建，发展亲子研学、科普教育等旅游新业态，丰富旅游产品供给，拓宽农民增收渠道。龙头引领，带动产业多元发展：发挥辖区内“新宝堂”公司国家级非物质文化遗产“新会陈皮炮制技艺”传承人单位和省级非物质文化遗产生产性保护示范基地的引领作用，以成功的新会陈皮实业开发经验，带动产业集聚，增加企业交流，形成规模化、专业化。

好看：古韵新貌，视觉盛宴。梁启超故居与清末、民国时期的传统村落相得益彰，青砖黛瓦间尽显岭南古村风貌。小鸟天堂鹭鸟翩跹、古榕蔽日，年吸引游客 200 万人次。好吃：陈皮风味，舌尖盛宴。地道的陈皮宴，开发出陈皮骨、陈皮八宝鸭、陈皮水鸭汤等特色菜品，融合农家乐原生态食材。游客可在新会陈皮村现场品鉴陈皮茶、陈皮酒、陈皮糕点，并参与小青柑制作，沉浸式感受道地风味。好听：文化之声，故事绵长。新会陈皮文化节的锣鼓喧天、柑林的鸟语花香、柑皮收成季的人声鼎沸，交织成产业活力的声音名片。通过“梁启超文化月”“少年中国说”朗诵等活动，聆听启超家风与家国情怀。好玩：多元体验，乐在其中。在新会陈皮村体验柑普茶制作、陈皮香囊DIY，赴梁启超故居参与国学课堂、家风研学。串联“梁启超故居—小鸟天堂—新会陈皮村”的农文旅融合线路，骑行古村、观鸟科普。新会陈皮文化节、美食旅游节中的品鉴会、文创市集，让土特产玩出新潮。好用：非遗匠心，实用之选。国家级非遗“新会陈皮炮制技艺”制作的精品陈皮，药食同源，有“百年陈皮，千年人参”的美誉。圈枝柑、陈皮零食、陈皮茶成为品质认证的茶坑伴手礼。

（三）现状

茶坑村组建“茶之柑合作社”，突出打造新会柑标准化种植，引导种植户向“圈枝柑”方向发展。做强龙头企业，陈皮村通过“公司 + 基地 + 农户 + 旅游 + 互联网”的三产融合模式，带动当地产业发展。

三、取得成效

（一）社会效益

茶坑村将陈皮非遗融入梁启超故居景区，多维度释放社会效益。丰富景区业态，延长游客停留时间，推动从“观光打卡”向“文化体验”升级；借助景区流量扩大非遗传播，结合名人文化赋予传统技艺新内涵，助力活态传承；促进地域文化与外来文化碰撞互鉴；展现中华文化多样性与统一性，强化民族文化认同，助力铸牢中华民族共同体意识。2024 年，梁启超故居获评“全国民族团结进步模范集体”。

（二）经济效益

2024 年，“启超故里 · 小鸟天堂文化旅游区”接待游客超 200 万人次。茶坑村种植新会柑约 1650 亩，陈皮产业年产值约 1.2 亿元，村民亩产收入达 3.7 万元 / 年，带动超 3000 名村民从事新会柑种植加工。

案例六

石家庄井陉南横口村“陶瓷水镇”非遗共生，五韵陶镇

一、案例简介

南横口村位于太行山东麓，集古窑、古村、古河风貌于一体，是全国乡村旅游重点村，隋唐井陉窑核心产区，陶瓷历史逾千年。现存古窑址 12 处、明清匣钵墙民居 50 余栋，其一号古瓷窑为全国重点文物保护单位。南横口陶瓷水镇立足千年井陉窑遗址与独特“匣钵垒墙”古村落资源，以“好看、好吃、好听、好玩、好用”为核心理念，系统活化井陉拉花、井陉晋剧、桃林坪花脸社火三项国家级非遗项目和省级非物质文化遗产井陉窑传统烧制技艺、市级非物质文化遗产井陉缸炉烧饼制作技艺等资源。构建常态化非遗展演体系、应用数字技术赋能体验、推动业态深度融合与驻地村协同共建，成功打造全感官沉浸式文化空间。显著延长游客停留时间，有效提升二次消费占比突破 60%。

二、案例解析

（一）目标及思路

以“文化塑魂、旅游赋能、产业增值”为总体目标，核心思路在于：推动深度体验转型：引导游客从旁观者转变为参与者，亲身感受非遗魅力。促进非遗活态传承：搭建传承平台，推动非遗融入现代生活与消费场景。构建可持续发展生态：探索“非遗在村中传承，村因非遗而新生”的共生模式。

（二）主要做法

1. 精准引入与培育机制。聚焦陶瓷、水乡民俗等本地特色，遴选关联度高、观赏性

南横口陶瓷水镇夜景

井陉陶瓷水镇非遗进景区展演活动

强、体验性好的非遗项目。制定“免租3年+流水提成”优惠政策，成功引入省级非遗项目井陉窑传统烧制技艺和市级非遗井陉缸炉烧饼制作技艺，吸引传承人3名长期驻场。设立“非遗创新奖”，鼓励项目创新开发。

2.“五好”场景化融合实践。一是好看。常态化开放古窑遗址群、井陉窑博物馆，传承人现场展演核心技艺，利用废弃匣钵、陶片打造全域覆盖的“陶瓷长城”等陶瓷艺术景观。二是好吃。注册了“陉百味”缸炉烧饼品牌。缸炉烧饼工坊现制现售，并开通网上销售渠道，将缸炉烧饼推到东北、华南等地的餐桌上。开发了“一器一味”的陶罐炖河鲜主题餐饮，在餐饮场景嵌入井陉拉花表演。三是好听。制度化开展“守艺人课堂”，讲述窑火千年故事；利用双河汇博物馆、网络直播等平台传播井陉窑商业文化。四是好玩。开放了陶瓷DIY工坊，年参与超3万人次；创新推出了“非遗通关文牒”集章抽奖活动，提升游客复购率45%；实现景区智慧讲解，累计12万人次使用。五是好用。开发兼具传统与潮流的非遗衍生品：利用废弃匣钵开发盆栽、灯笼等实用文创；推出“盲盒瓷器”，月均销量达3200余个，并推出了地标咖啡、祝ni可乐等时尚产品；设计“陶艺+民宿”的特色套餐，主要内容为夜场私教课、非遗早餐等，提升民宿入住率。

3.业态深度耦合与乡村共建。将4处古窑遗址、8家非遗工坊、8套特色民宿有机嵌入村落空间，形成产业联动。推出“陶艺+民宿”等融合型产品，延长消费链条。

4.数字化赋能与传播推广。技术应用：运用AR、二维码等技术提升展示、讲解与互动体验水平。宣传推广：积极运用短视频、直播、社交媒体等新媒体平台，系统讲述非遗故事、展示传承人风采、发起互动打卡活动，全网曝光超 2 万条，提升品牌知名度与吸引力。

（三）发展现状

成功引入国家级非遗项目 3 项、省级非遗项目 1 项、市级非遗项目 1 项。吸引传承人 3 名长期驻场，并培育井陉窑技艺学徒，定期邀请井陉拉花、井陉晋剧、桃林坪花脸社火等表演类项目，举办非遗展演活动。形成较为完善的非遗展示、体验、消费体系。

三、取得成效

（一）社会效益

社会效益主要表现在三方面：一是传承队伍壮大。井陉窑技艺新增学徒 8 名，缸炉烧饼在传承基础上成功开发低糖版等创新产品，实现活态传承与创新发展。二是文化品牌效应凸显，成功打造“千年窑火·水乡陶韵”文化 IP。案例《一片陶瓷，兴一方家园》入围“2024 中国传统村落保护与发展典型案例”，全国影响力提升。三是乡村面貌焕发新机。有效带动本地及周边村民就业增收，年均增收 4.2 万元，丰富了乡村文化生活，增强了乡村凝聚力与文化自信。

（二）经济效益

在经济效益方面，主要有三大表现：一是旅游指标持续向好。2024 年接待游客 64.4 万人次，较 2023 年增长 12%，旅游收入增加 30%；游客二次消费占比突破 60%，消费结构显著优化。二是产业带动效应显现。形成“陶瓷＋缸炉烧饼＋民宿”特色产业链条，非遗产品及衍生品收入增长 15%。三是模式示范效应初显。项目创新的“非遗通关文牒”集章模式已被全国 8 个景区借鉴复制，为行业提供了可推广经验。

案例七

上饶婺源篁岭
非遗点亮古村落，打造多元文旅融合体验

一、案例简介

篁岭是中国历史文化名村之一，是一个有着580余年历史文化的徽派建筑古村落。篁岭自开发以来，始终坚持以文化产业为引领，注重文化挖掘与注入，面对日渐式微的“晒秋”农俗，篁岭率先提出申遗保护，并将其从一项平凡农事提升为惊艳世人的乡土美学符号，晒出了中国乡村的文化自信。为切实保护古村落、重现昔日人间烟火，在严格保留传统空间肌理与建筑风貌的前提下，篁岭实现了乡村遗产空间的功能再造，盘活了遗弃资源，也赋予了传统村落更丰富的文化内涵。开发仅短短的五年，篁岭便从一个濒临消亡的古村落传奇般重生，一跃成为中国乡村旅游发展升级的“国际样本”。

二、案例解析

（一）篁岭晒秋——从濒危农俗到乡村振兴的文化引擎

篁岭高居海拔500米山腰中，平地稀缺，村民便在自家房顶支架晒秋。这一晒，无意间绘就了世界独一无二的农俗景观——篁岭晒秋。然而，随着原住居民不断外迁，晒秋传统日渐式微。“晒秋”，是中国农耕文明史的一个小小符号，古老的、日渐为人淡忘的生产生活方式，经过篁岭人的不懈努力，从平凡到惊艳，如今正上升为婺源人心中的新坐标和“梦里老家”的一个重要元素。篁岭晒秋，晒出了乡土中国的文化自信、产业自信和精神自信。

2014年，“篁岭晒秋”以其独特魅力入选“最美中国符号”，开启了其文化品牌建

婺源篁岭村内

板龙灯巡游

设的新篇章。2015 年，篁岭创新举办“庆丰收·享丰收”晒秋文化节，不仅晒出了斑斓秋色，更晒出了乡土中国的文化自信，“篁岭晒秋”由此成为旅游热点。2016 年，“篁岭晒秋”入选湖北、四川等地高考模拟试题及全国Ⅱ卷高考文综试题，进一步扩大了其社会影响力。2017 年，“篁岭晒秋农俗”成功申报为非物质文化遗产，奠定了其深厚的文化价值基石。

篁岭晒秋这一文化品牌的成功塑造，有效带动了当地农业发展与产业升级：激发了农民种植瓜果的积极性，盘活了抛荒梯田进行复耕，广泛种植辣椒、南瓜、玉米等适宜晾晒的农作物，并逐步整合形成完整的晒秋产业链。同时，篁岭开设晒秋研学课程，包括瓜果采摘、晒秋拼图、晒秋考题和乡村振兴等课题，每年接待中小学生研学达 300 场次。近年来，晒秋主题旅拍需求也急剧增长。

（二）篁岭夜游新地标——婺源灯彩点亮千年古村文旅活力

文旅融合，非遗先行。2023 年设立灯彩工坊，由灯彩匠人现场展演宫灯、走马灯、板龙灯、鱼灯等传统灯彩制作技艺。游客可零距离观摩灯彩制作，还可跟师傅学扎灯架，亲手体验刻纸、彩绘。开设“家长 + 孩子”亲子 DIY 和“中小学生”非遗研学课。同时，开辟一间灯彩展览厅，陈列婺源灯彩及各地灯彩珍品，专给游客参观拍照，备受汉服美女喜爱。

灯彩匠人还成功复刻古画中的滚灯、滚灯车、仙鹤灯；依据婺源神话《婺女飞天》，创作出可承载表演者的“婺女乘鳙鱼”灯车。夜幕降临，篁岭灯彩表演异彩纷呈：气势恢宏的板龙灯狂欢、浪漫翩跹的仙鹤灯双舞、古韵悠长的《滚灯流韵》古典舞，以及演绎神话的婺女飞天表演。丰富多彩的夜游项目深受游客喜爱，每晚板龙灯巡游，都会预留16板桥灯，现场招募游客参与体验舞龙灯，让游客体验舞龙灯的乐趣。其中滚灯车尤其吸引孩童，争相体验，流连忘返。仙鹤灯更以其独特魅力，受邀赴多地文化交流演出。

三、取得成效

（一）社会效益

凭借卓越的保护与发展成就，篁岭村先后荣获：联合国世界旅游组织“最佳旅游乡村”、文化和旅游部“国家5A级旅游景区”、原国家旅游局“中国乡村旅游模范村”、文化和旅游部“全国乡村旅游重点村”、原农业部“中国最美休闲乡村”、住房和城乡建设部“中国历史文化名村”、中国非物质文化遗产保护协会“全国非遗与旅游融合发展优选项目”等。此外，2017年，贯穿篁岭村落的天街获评“中国特色商业街”。

（二）经济效益

篁岭晒秋已成为驱动篁岭村及周边区域经济发展的重要引擎，实现了社会效益与经济效益的双丰收。通过旅游扶贫，综合解决“三农”问题，短短几年间，篁岭涅槃重生——从一个濒临消亡的古村落精准脱贫，实现乡村振兴，由远近闻名的贫困村蜕变为令人刮目相看的富裕村，成为中国乡村振兴的标杆和典范。婺源灯彩点亮千年古村文旅活力。自2022年“5·19旅游日”篁岭开启夜游模式后，下午五点入园客流显著攀升，峰值达6000人次。伴随旺盛人气，景区入住率几近客满，有效拉动了天街夜市消费，非遗体验项目贡献景区二次消费收入占比提升至18%。

民宿案例集锦

案例一

甘孜钦乐民宿
藏式非遗巧融合，铸牢意识入人心

一、案例简介

钦乐民宿坐落于四川德格麦宿镇绒达村，作为一家以传承和弘扬藏族非遗为主题的民宿，钦乐不仅将传统土木结构建筑与现代设计巧妙结合，更通过丰富的手工艺体验课程、特色美食及多语言服务，为宾客提供了一个既传统又现代的居住空间。民宿自创立以来，凭借其独特的品牌理念和高品质的服务体验，赢得了广泛赞誉，成了连接世界与藏族文化的桥梁。

二、案例解析

（一）目标及思路

钦乐民宿的核心目标是通过非遗与旅游的融合，提升民宿的文化内涵，增强游客的文化体验，同时促进非遗的保护与传承，推动非遗融入现代生活，提高旅游消费水平。具体思路包括：一是深入挖掘并展示当地非遗，打造独特的文化主题民宿；二是通过手工艺体验课程、文化活动等形式，让游客亲身体验非遗魅力；三是利用现代营销手段，扩大非遗的影响力，吸引更多游客前来体验；四是通过民宿运营带动周边产业发展，促进地方经济繁荣。

（二）主要做法

非遗项目融入：钦乐民宿将藏族铸铜、金银加工、牦牛绒编织、黑陶、彩绘、木雕等非遗项目融入民宿的每一个角落。从室内装饰到服务细节，都采用当地麦宿非遗手艺作品。让客人体验式、场景式消费，让传统非遗重返生活。打破传统非遗作品只能欣赏，没有实用性的固有观念。

手工艺体验课程：民宿定期举办手工艺体验课程，对接麦宿镇33个非遗工坊组织非遗体验课，让宾客在专业指导下体验传统非遗。

特色美食推广：钦乐民宿的餐厅以当地纯天然当季食材研发独家私房菜，将非遗与美食相结合，打造独特的餐饮体验，通过媒体曝光吸引了更多游客前来品尝。

多语言服务：民宿拥有专业的多语言服务团队，提供藏语、汉语、英语、法语等接待和导游服务。这一举措不仅提升了民宿的国际竞争力，也为非遗的国际传播提供了便利。

媒体宣传与公益活动：钦乐民宿积极参与各类媒体宣传和公益活动。如2013年央视的《宗萨泥塑》之《手艺》,《香巴拉深处》《中国影像》《德格县》等，广泛传播了非遗。同时，钦乐民宿还同千万级粉丝博主如“影视飓风”和“英子同学”等联合推广麦宿手艺文化。除此之外，民宿还定期举办非遗公益活动，如麦宿守艺人技能培训项目，培养新一代手工艺人才，推动非遗的传承与发展。

钦乐民宿以公益之心，精心打造了中、英、藏三语的《麦宿手艺工坊地图》。在这

钦乐民宿外景

游客体验非遗项目

幅独具匠心的地图上，麦宿镇的众多手工艺工坊被生动呈现，它们如同璀璨的明珠般散落在青山绿水之间。钦乐民宿不仅标注了每个工坊的精准位置，更以中、英、藏三种语言详细介绍了工坊的简介、产品种类、工坊规模、工艺种类以及联系方式等关键信息。这幅地图，如同一把钥匙，为游客们打开了探索麦宿手工艺宝藏的大门。游客们都能在这幅地图的指引下，轻松找到心仪的工坊，亲身感受麦宿手工艺的独特魅力。

（三）现状

目前，钦乐民宿已成功引入多项非遗项目，拥有超过2000名工匠，有30多个作坊，涉及铸铜、金银加工、牦牛绒编织、黑陶、唐卡绘画、木雕等多个领域。民宿内设有多个手工艺展示区和体验课程，每年吸引大量国内外手艺爱好者前来体验和学习。

三、取得成效

（一）社会效益

社会效益主要从四方面实现：一是通过非遗与旅游的融合，提升了民宿的文化内涵和游客的文化体验，推动了当地旅游业的提质升级。二是民宿的手工艺体验课程和公益活动为非遗传承人提供了展示技艺和增收的机会，同时也吸引了更多年轻人关注和学习非遗。据统计，自民宿成立以来，已培养数百名新一代手工艺人才，为非遗的传承与发展注入了新的活力。三是钦乐民宿的多语言服务和国际游客接待经验促进了不同文化之间的交流与互鉴。许多国际游客表示，在钦乐民宿的住宿经历让他们感受到了中国藏族文化的独特魅力和深厚底蕴。四是通过非遗的展示和传播，钦乐民宿增强了游客对中华民族多元一体文化的认同感和归属感，为铸牢中华民族共同体意识做出了积极贡献。

（二）经济效益

经济效益主要有三方面：一是实现游客增长，自民宿开业以来，游客数量逐年增长。特别是在媒体曝光后，民宿的知名度和影响力大幅提升，吸引了更多游客前来体验和学习非遗。二是形成产业带动，民宿的运营带动了周边餐饮、交通、旅游等相关产业的发展，为当地创造了大量的就业机会和经济效益。据统计，民宿每年为当地贡献数百万元的税收收入，并带动了数百名农户增收致富。三是加快经济增长，随着游客数量的增加和周边产业的繁荣，当地经济实现了快速增长。钦乐民宿已成为德格麦宿镇绒达村的一张亮丽名片，为地方经济发展注入了新的动力。

案例二

温州未见山染民宿
雕版印染与印刷技艺助力发展

一、案例简介

未见山染民宿坐落于瑞安市平阳坑镇东源村，这里青山环抱，绿水潺潺，生态环境宜人，拥有独特的田园风光，为游客提供了亲近自然、放松身心的理想环境。同时，这里是千年古镇，拥有国家级非遗项目木活字印刷术。当前文旅市场正从传统观光游向深度体验游转型，非遗体验游成为热门细分领域，为未见山染民宿这类主打非遗体验的项目提供了广阔市场空间。通过对周边城市游客调研，超60%的游客表示对非遗体验项目有浓厚兴趣，愿意在旅行中参与相关活动。尤其是亲子家庭、年轻群体，将非遗体验作为选择旅游目的地的重要因素。民宿将蓝夹缬、木活字印刷等非遗项目融入运营，通

未见山染民宿外景

过打造非遗文创空间、开设研学课程、开发特色文旅产品等，不仅让游客深度感受非遗生活美学，还为当地非遗传承人创造了增收机会，带动了周边乡村旅游产业发展，成为非遗与旅游深度融合的典范，为乡村振兴注入强大动力。

二、案例解析

（一）目标及思路

民宿计划在 1 年内，将民宿非遗体验项目游客占比提升至 40%；3 年内，使非遗体验及文创产品收入占民宿总收入的 60%。同时，秉持“以文塑旅、以旅彰文”理念。一方面，借助旅游的流量优势，提升其知名度与影响力；另一方面，利用非遗丰富旅游内涵，打造独特体验，增强旅游吸引力与竞争力，实现非遗与旅游相互促进、共同发展。通过打造沉浸式体验场景，游客可亲手参与全过程；进行 IP 化开发，将蓝夹缬、木活字印刷等元素融入民宿品牌形象、文创产品设计，提升品牌辨识度与文化附加值。

（二）主要做法

在日常经营中，引入蓝夹缬、木活字印刷等非遗项目。在景区场景结合上，打造非遗主题游线。同时，在民宿客房装饰、餐饮服务中融入非遗元素，全方位营造非遗氛围。此外，在短视频平台运营官方账号，定期发布非遗技艺制作过程、游客体验精彩瞬间等视频。推出蓝夹缬主题笔记本、木活字印刷书签等产品，深受消费者喜爱。

（三）现状

目前，传承人群体不断扩大，通过研学活动、技艺培训，吸引了众多年轻人参与非遗传承。非遗衍生品销售额逐年增长，2024 年较 2023 年增长 40%，达到 150 万元。

三、取得成效

（一）社会效益

目前，民宿在社会效益方面成就颇丰。如非遗技艺培训人数累计超 500 人次，其中不乏“90 后”“00 后”年轻群体。积极开展非遗进校园、进社区活动，走进周边 10 余所学校、社区，举办讲座、研学体验活动 30 余场，覆盖人群超 5000 人，有效推动非遗传承与传播。

蓝夹缬家具与挂画

木活字纸巾盒

连房名也是印染的植物原料

民宿内蓝夹缬家具与挂画展示

（二）经济效益

在经济效益方面，实施非遗进民宿前，当地年游客量约 1 万~ 2 万人次，实施后，2024 年游客量增长至 5 万人次，同比增长 150%。人均消费从过去的 200 元提升至 500 元，复游率从 10% 提升至 30%，旅游收入大幅增长。据当地相关部门测算显示，非遗相关产业链，餐饮、住宿、文创产业因民宿带动，新增收入超 500 万元。民宿及相关产业新增就业岗位 50 个，有效促进当地居民就业增收。

案例三

怀化侗韵拾家非遗主题民宿
“住食赏学”四维融合的侗族文化体验

一、案例简介

侗韵拾家非遗主题民宿坐落在湖南省怀化市通道侗族自治县皇都侗族文化村。通道侗族自治县拥有侗族大歌、侗族木构建筑营造技艺、侗锦织造技艺等国家级非遗项目。但是传统旅游同质化严重；民宿业态单一，文化内涵不足；游客体验浅表化，难以深度感知侗族文化精髓。当前文旅消费升级，游客对差异化、沉浸式、有温度的文化体验需求激增，非遗主题民宿成为市场新宠。民宿以侗族非物质文化遗产为核心体验，通过场景化营造、沉浸式互动与活态传承实践，打造集“住非遗、食非遗、赏非遗、学非遗”于一体的文化度假空间，成功探索出一条“非遗+民宿+旅游+社区”的融合发展路径，成为侗族文化保护传承与乡村振兴的创新标杆。

二、案例解析

（一）目标与思路

民宿着力打造国内领先的侗族非遗活态传承体验平台，成为侗族文化深度旅游目的地。预期以民宿为载体，构建“空间场景化、体验沉浸化、传承活态化、运营社区化”的非遗旅游融合新模式。通过“可观、可听、可品、可作、可学”五维体验，让非遗真正“活”在当下、融入生活。

（二）主要做法与创新点

民宿经营力求可观、可听、可品、可作、可学五点。一是可观，地理占位即景观，民宿选址皇都侗寨核心区，成为侗族聚落景观有机部分。同时建筑即非遗展陈，保留侗

侗韵拾家非遗主题民宿外景

侗族歌舞表演活动

族干栏式木构精髓，局部创新提升舒适度。每间客房化身“行走的非遗展厅”，将非遗符号融入空间细节。二是可听，即沉浸五感通达的非遗交响。民宿主人化身文化向导，生动讲述侗族历史传说、非遗项目渊源（如侗族大歌多声部奥秘、鼓楼“无图纸”建造智慧），并现场演示芦笙、侗琵琶演奏。同时，不定期在民宿庭院或公共空间组织侗族大歌、芦笙舞、侗戏等原生态民俗表演 30 余场，覆盖游客 4000 余人次。在“侗家合拢宴”等活动中，让非遗音乐融入宴饮氛围。三是可品，即舌尖跃动的非遗风味。通过“侗家合拢宴”非遗盛宴，如高山鱼酸、腌肉、油茶等地道侗族非遗美食，佐以“转转酒”仪式与热情洋溢的劝酒歌，打造沉浸式味觉文化体验。四是可作，通过非遗手作工坊，开设“侗锦小织机”“小小木工匠”“蓝靛扎染”等体验课程 50 余场，吸引 3000 余人次参与创作，由社区侗娘、老匠人亲自担任导师，手把手教学，实现“可带走”的非遗记忆。五是可学，深度融入的非遗传承“传承人 +”赋能计划，稳定合作教学：与 10 位各级非遗传承人建立长期合作，确保技艺传授的专业性与真实性。同时开发“我是小小非遗传承人”研学课程：系统化研学产品，包含侗寨建筑探秘、侗歌学唱、侗餐制作、农事体验等模块，配备专业教学视频与手册。年均接待研学团队 30 批次，覆盖学生超 3000 人次。

此外，民宿还构建区域非遗生态圈。通过线路串联协同，与坪坦乡侗族木构建筑群、高步村侗戏传习所等深度联动，设计并运营“侗族非遗深度游”主题线路。通过新媒体打造“侗韵拾家”专属文化 IP，通过抖音、小红书等主流新媒体平台，持续发布非遗高质量短视频内容，播放量达到100万。还联合知名设计师与在地非遗传承人，共同研发文创产品系列，在民宿场景及线上平台进行销售。

（三）运营现状

当前，民宿常态化展演侗族大歌项目，民宿中侗族木构建筑营造技艺、侗锦织造技艺、侗族芦笙演奏、侗族服饰、侗族饮食习俗等6大类、12项代表性非遗项目随处可见。同时深度合作国家、省、市级非遗传承人10位，年均开展非遗主题体验活动80余场次，直接服务游客超8000人次，形成稳定非遗传播生态。

三、取得成效

（一）社会效益

在社会效益方面，为了让非遗“活”起来，为非遗项目提供稳定展演与传承平台，吸引5名侗族青年返乡学习技艺。通过社区共生模式，民宿成为村寨文化中心，带动村民参与文旅服务，激发文化自豪感与内生发展动力。让传承人通过表演、教学、文创销售获得可观收入（月均增收3000～8000元），有效激发其传承动力与价值认同。同时，民宿利润提取5%设立“侗艺传承基金”，专项支持传承人带徒授艺、参加专业培训及社区非遗公益活动，进行公益反哺。有效促进各民族交往交流交融，铸牢中华民族共同体意识。

（二）经济效益

民宿年均入住率85%以上，客单价较普通民宿高50%，复购率超40%。“非遗体验套餐”成为核心卖点。直接拉动周边餐饮、农产品销售、手工艺品制作等，间接创造就业岗位40余个，助力村民年均增收2万元以上。作为通道侗族自治县文旅名片，带动县域过夜游客量年增长35%，相关文旅综合收入显著提升。

案例四

肇庆纸言纸语·古法造纸非遗主题民宿“吃住行研”全场景纤维艺术之旅

一、案例简介

纸言纸语·古法造纸非遗主题民宿，坐落于有“中国古法造纸活化石”美誉的广东省肇庆四会市邓村。邓村古法造纸技艺可追溯至南宋。村落的翠竹资源丰富，为古法造纸提供天然原料，也形成了“翠竹摇曳、纸香弥漫”的独特生态景观。民宿紧邻贞山旅游度假区，游客对非遗项目沉浸式体验、非遗项目研修的需求日益增长，“非遗主题民宿 + 文化生态 + 项目衍生品”有机体新模式深受欢迎。民宿按照“吃 + 住 + 看 + 游 + 购 + 娱 + 行 + 研 + 学 + 悟”理念，将非遗项目相关元素植入乡村基础设施、民宿装修装饰和餐饮及购物等场所中。将非遗项目体验、游学研修悟道、休闲旅游度假、项目衍生品消费、品尝特色餐饮等有机结合，成为“研学科普基地、非遗工坊、纸艺微展厅、非遗主题民宿、田园劳动体验、有机果蔬采摘”文旅融合综合体。

二、案例解析

（一）目标及思路

民宿的核心目标是以省级非遗项目“古法造纸”为核心，加强茶油鸡烹饪技艺、大沙花灯制作技艺等十几个非遗项目衍生品开发，打造“住非遗主题民宿、学传统技艺技法、品特色美食佳肴、研地域独特人文、看历史文化建筑、购非遗项目衍生品、悟地域文化内涵”的文旅新模式。

在实施思路上，从空间布局来看，通过非遗代表性项目元素融入乡村基础设施、民宿装修装饰、餐饮及购物等场所中，实现“非遗工坊 + 研学基地 + 主题民宿 + 沉浸体验+愉悦劳作”五位一体的全面“沉浸”。在内容设计方面，民宿涵盖非遗技艺体验、文化知识讲解、特色产品消费、舒适温馨住宿、田园劳动体验、有机果蔬采摘等全息生态链条，满足不同客群相关需求。通过文旅融合带动就业与农产品销售，提升非遗项目衍生品开发，形成“非遗赋能文旅推进经济”的良性循环新动力。

（二）主要做法

1. 非遗元素深度融入场景：一是在非遗主题民宿中，建筑上改造保留古法造纸作坊历史印记，处处体现非遗符号。二是环境营造中，配合政府和村“两委”，推进美丽乡村建设。功能分区方面，可容纳 150 人的非遗作坊、500 人的非遗课程体验区及茶室、阅读区等公共空间等已投入使用。

2. 多元化非遗体验与教育：一是体验活动，民宿辖区内设有古法造纸（抄纸、晒纸）、活字印刷、古籍装帧、岭南押花等非遗项目体验，定期举办“非遗主题月”“亲子造纸工坊”等活动，年均接待体验人数已超 2 万人次。二是开发研学体系，已开发了古法造纸非遗研学课程、研学手册与评价体系，配套研学内部管理系统。目前是肇庆市中小学生研学实践教育基地，年接待研学人数已超 3 万人次。三是产业赋能与社区联动，以非遗技艺为核心驱动力，构建“开发+生产+体验+销售”全链条文化产业生态。定期开展技能培训、技艺展示等活动。定期举办非遗知识培训班、技能实操课，村民纸张加工、文创设计水平得以提升，实现文化传承与社区增收的双向赋能。四是深度开发非遗文创产品，推出“粤路纸”系列产品，涵盖古法造纸文创 DIY 包、肇庆有礼“文房四宝”套装等 20 多个品类，年销售额突破 100 万元，成为肇庆非遗文创标杆产品。深度挖掘本地传统饮食文化，民宿餐厅食材优先采购本地农户物产，既丰富游客味觉体验，又带动农产品销售。围绕非遗项目形成

纸言纸语民宿外观

“主题民宿 + 特色美食 + 乡村旅游 + 果蔬采摘 + 非遗购物”的综合体。五是创新传播与营销模式，在线上通过微信服务号、短视频平台发布非遗技艺教程、民宿生活场景，开发“古法造纸 DIY 包”等文创产品线上销售，年线上曝光量已超 100 万人次。在线下举办“非遗进景区”“纸艺展览”等活动，年均接待游客量已超 2 万人次。

纸言纸语 · 古法造纸非遗主题民宿古法造纸工坊

三、取得成效

（一）社会效益

社会效益主要分为三方面：一是通过“体验 + 教育”模式，使古法造纸技艺受众从年均不足 1000 人次增至 2 万多人次，培养青少年传承人 20 余名，古法造纸被纳入当地中小学课外课程。二是作为肇庆市首批非遗工作站，年均参加非遗展览、文化交流活动已超 50 场，接待国内外考察团、旅游团已超 200 批次，推动“会纸”技艺走出广东、走向国际。三是带动邓村及周边发展非遗项目衍生品、特色餐饮等配套产业，间接创造就业岗位现已超 200 个，村集体年收入增长 20%，被评为“广东省文化和旅游特色村”。

（二）经济效益

民宿年营业收入已超 300 万元，其中非遗体验、文创产品销售占比达 45%，远超传统民宿收入结构。同时，围绕古法造纸项目，研发的文创 DIY 包、“肇庆有礼”等产品获得多项大奖，古法造纸项目文创品年销售额已超 150 万元，带动本地竹材、纸张等原料采购量增长 30%。

案例五

长沙浏阳白沙白民宿
“豆腐非遗”与三重纯白境界沉浸式融合

一、案例简介

大围山镇白沙白民宿位于浏阳市大围山镇白沙村凤山组 108 号，地处大围山脚下的白沙古镇，在浏阳河源头、大围山西麓，周边有大围山国家森林公园、大围山漂流、濠溪湾森林水世界等多个景区景点。民宿以当地非遗产品白沙豆腐为主题，结合现代轻奢极简的风格，整体设计基于周边环境、当地特色以及白沙豆腐的特点，线条简洁、方正，恰似豆腐箱层叠的形状。民宿旁边建设了白沙豆腐非遗体验馆和非遗中餐厅，游客可以在此体验豆腐制作工艺，品尝美味的白沙豆腐。2023 年，“白沙白—大围山民宿设计”荣获 2023 缪斯设计奖（MUSE Design Awards）金奖。2024 年，被评定为湖南省五星级旅游民宿。

二、案例解析

（一）目标及思路

通过宣传、了解、实践、品尝、带走五步，让民宿住客更加全面、深入地去体验并宣传我们的非遗白沙豆腐，并且达到文旅与非遗相结合的目标，以及为乡村振兴贡献微薄的力量。

（二）主要做法

从视觉上，民宿整体建筑仿照豆腐箱层叠的形状在感官上给游客以视觉体验。民宿旁边的白沙豆腐非遗体验馆，展示了白沙豆腐的历史渊源、制作工艺等内容。游客可以在这里了解到白沙豆腐作为浏阳市非物质文化遗产，是如何延续百年的手艺与味道。

白沙白民宿外景

民宿豆腐宴

通过图文展示、实物陈列以及多媒体演示等多种形式，让游客对白沙豆腐的发展历程和文化内涵有更深入的认识。从体验上，在展馆内还设置了豆腐制作体验区，由白沙豆腐第四代传人等专业师傅指导，游客可以亲自参与到白沙豆腐的制作过程中，从挑选当年收获的饱满黄豆，到按照 1∶10 的比例用大围山清澈甘冽的山泉水浸泡，再到磨豆、煮浆、点卤等多重工序，亲身体验传统豆腐制作工艺的魅力，感受非遗的独特韵味。

（三）现状

现在已经有上万人体验过非遗豆腐制作，豆腐体验工坊内有一名长沙市级非遗传承人。

三、取得成效

来自天南海北的游客在体验白沙豆腐制作工艺、品尝白沙豆腐美食的过程中，不仅亲身感受到了非遗的魅力，还会将这种体验和感受分享给身边的人，通过口口相传的方式，进一步扩大了白沙豆腐非遗的影响力和知名度，促进了非遗的传播与交流。

案例六

迪庆维西慢来悦民宿 用非遗舞动的“慢生活”体验空间

一、案例简介

维西慢来悦民宿位于云南省迪庆州维西傈僳族自治县塔城镇启别村，地处横断山脉纵谷区，是“三江并流”世界自然遗产的核心腹地，自然环境绮丽秀美，非遗资源丰富，文化多样性显著。有热巴舞、傈僳族阿尺木刮 2 项国家级非遗代表性项目，13 项省级非遗代表性项目，40 项州级非遗项目和 24 项县级非遗项目。民宿的创办人和艳群在精准扶贫政策帮扶引领下，对自家老宅进行改造，开始经营民宿。依托当地丰富的非遗资源，如锅庄舞、热巴舞、弦子等，打造“非遗体验 + 慢生活”特色民宿。通过场景营造、业态创新及社区共融，将非遗保护与旅游消费深度结合，实现文化传承、社区增收与游客体验升级。民宿自 2021 年开业以来，年收入已达 80 万元，非遗体验套餐占比营收 40%，带动周边 1000 余人次就业，是滇西北非遗旅游融合的典型案例。

慢来悦民宿外观

藏族锅庄舞体验

二、案例解析

（一）目标及思路

以“提升文化内涵、增强游客体验、促进非遗保护与传承、推动非遗融入现代生活、提高旅游消费”为核心目标，坚持“村庄变景区、田园变公园、民房变民宿、村民变演员、风景变前景”的主体思路。

（二）主要做法

非遗活化，场景赋能。慢来悦民宿以塔城镇启别村丰富的非遗资源为根基，精选藏族锅庄舞、塔城神川热巴舞、傈僳族阿尺木刮、弦子等国家级、省级非遗项目，通过“场景营造 + 体验工坊”模式实现活态传承。采用就地取材的方式，以纳西族三墙一照壁的传统建筑作为民宿设计蓝本，在注重保护传统风貌的同时，规范建设高标准特色民宿。将纳西族传统木楞房改造为民宿接待大厅，民宿内设腊普火塘酒吧，藏式树屋、滑梯等体现当地民族文化特色的配套设施，开设乡村音乐坊、乡愁书院等非遗体验区，提供非遗特色美食，开展夜间文艺展演活动。组织当地的弦子队、锅庄队、热巴队，成立民族民间表演协会，老百姓白天在家里干活，晚上穿上民族服装就成为演员。民宿每三天举办一次民族篝火晚会，每场篝火晚会表演约一小时，传承人收入在 1000 至 1500 元不等。旅游旺季组织客人开展周边家庭研学游，体验石磨豆花、手工榨油、藏香制作、稻田摸鱼、松茸采摘等活动，每期可带动 80 余人次增收，既丰富了游客的体验，也让非遗传承人的收入更为丰富多元。

社区共融，利益共享。启别村党组织成立了民宿协会，建立以党支部 + 协会 + 群众利益分配模式，制定民宿管理服务标准，严格落实民宿标准化服务，组织开展服务人员专业培训，规范民宿产业发展，并为村中民宿分配游客。慢来悦民宿主理人和艳群以感恩之心回馈家乡，推动以“公司 + 产业 + 农户 + 田园农庄”模式促进社区共融，实现文化保护与经济发展的双向赋能。公司出资把农户的庭院改造为民宿，由公司统一运营，农户管理。每年支付给农户管理费用 1 万到 3 万元不等，公司总收益的 15% 至 25% 分红给农户，房间的保洁费和游客的餐饮费归农户所得。一方面，与非遗传承人签订合作协议，实行按次计酬，并定期组织教学培训提升其服务能力，助力以更优质服务接待八方游客；另一方面，搭建“民宿 + 农户”直销平台，帮助村民销售蜂蜜、松茸、板栗、藏红花、藏香猪等特色产品，年销售额从2021年的20万元增至2024年的100余万元，直接带动周边115户群众创业就业，户均增收5万元以上；同时，通过举办非遗歌舞展演、技艺体验等活动，提升非遗保护意识，增强社区文化凝聚力，形成非遗保护—经济发展—社区参与的良性循环。

（三）现状

慢来悦民宿当前比较受欢迎的非遗体验项目有藏族锅庄舞、热巴舞、弦子舞、傈僳族阿尺木刮、纳西族歌舞等，有各级非遗代表性传承人10余人及广泛的传承群体参与非遗体验与技艺教学。

三、取得成效

（一）社会效益

通过深度融入非遗体验，民宿成功推动旅游提质升级，将传统观光游升级为文化沉浸游，使游客平均停留时间从1.5天延长至3天，非遗体验套餐预订率超40%；同时，活态展示多项非遗项目，带动年轻非遗传承人参与实践；此外，举办多民族歌舞展演活动，增强各民族对中华文化的认同，铸牢中华民族共同体意识；民宿带动周边115户群众参与非遗传承与旅游服务，形成“民宿＋社区”共治共享模式。

（二）经济效益

民宿每年可接待游客3000至4000人次，年收入已突破80万元，其中非遗体验相关营收占比达40%，成为核心收入来源；同时，通过直接带动就业，间接推动餐饮、交通、农产品加工等行业发展，周边家庭年收入平均增加5万元以上，农产品销售额从2021年的20万元增至2024年的100余万元。

案例七

温州益宿客栈
楠溪江素面串起民宿里的非遗传承

一、案例简介

楠溪江是国家 4A 级旅游景区，拥有 1800 多年的历史，是中国山水诗的发源地，素有“千年耕读，诗画楠溪”的美誉。流域内古村落保存完好，传统文化底蕴深厚，其中“楠溪江素面”作为地方特色饮食文化的代表，起源于南宋时期，以“细如银丝、洁白柔韧、久煮不糊”闻名，2016 年被列入浙江省非物质文化遗产名录。制作素面是楠溪两岸村民历代传统的家庭副业，迄今已有一千余年的历史。

当前，在本地民宿行业竞争激烈，楠溪江区域现有民宿 600 余家，但 80% 仍停留在传统农家乐模式，同质化严重，缺乏文化 IP 支撑。同时，非遗传承面临挑战，素面制作技艺传承人仅 12 人，平均年龄 62 岁，年青一代学习意愿低，传统工艺濒临失传。但是，游客需求逐年升级，据 2023 年楠溪江游客调研，73% 的游客希望体验深度文化项目，但现有文旅产品中非遗体验类供给不足 20%。

益宿客栈以“楠溪江素面制作技艺”为核心，打造“民宿 + 非遗工坊 + 研学体验 + 产品销售”四位一体的沉浸式文旅综合体，实现非遗活态传承与乡村旅游产业升级的双赢发展。目前，客栈已在民宿的主营业务下开展了素面、麦饼、金粉饺等非遗小吃的品尝、制作体验、研学等服务。在文化保护方面，通过民宿场景让非遗技艺“活”起来，避免传统工艺断代。在产业升级方面，以非遗 IP 提升民宿差异化竞争力，推动乡村旅游从“观光型”向“体验型”转变。在乡村振兴方面，带动村民就业，促进农文旅融合，助力共同富裕。

益宿客栈外景

二、案例解析

（一）目标及思路

民宿的目标是打造“见人、见物、见生活”的非遗民宿典范，实现“文化传承 + 旅游消费 + 乡村振兴”三位一体发展。通过将素面制作技艺转化为可体验、可消费的文旅产品。构建“生产、展示、体验、销售”全链条非遗空间。联动村民、传承人、游客共同参与非遗传播。

（二）主要做法

楠溪江素面手艺复杂，崇尚拜师学艺，一代代传承至今。老板娘滕碎英师傅自1996年以来就跟随当地有名的谢春英师傅学习素面制作，直到2014年才自立门户，开展自身素面事业，其手艺在当地也是口口相传。2017年成立益宿客栈后，随住的客人们对其手艺赞不绝口，其素面事业蒸蒸日上。2018年，滕碎英师傅受邀参与央视CCTV-14少儿频道节目《动感特区》节目录制，在节目中对多个家庭进行素面教学和文化传承；2019年，滕碎英受邀参与CCTV-17央视节目《乡村大舞台》走进浙江永嘉“文化大集”，在节目中为选手准备热腾腾的素面。与此同时，滕碎英师傅也在2021年申请了个人商标“滕碎英（TengSuiYing）”，可自主生产发售素面。目前，滕碎英师傅正在申请作为“永嘉素面”非物质文化遗产代表性传承人。

民宿面对当地民宿业态同质化竞争激烈状况，创新推出“素面 +”模式，结合时令食材研发特色餐饮（如火龙果素面、药膳素面），增强游客黏性。为增强品牌影响力，通过央视等权威媒体曝光，提升知名度。

三、取得成效

益宿客栈积极带动乡村发展。益宿客栈为永嘉民宿协会理事单位，温州市休闲农业旅游协会会员，温州市乡村民宿发展协会会员，浙江省旅游民宿产业联合会会员。益宿客栈被评选为2020年度浙江省最佳非遗主题民宿，并开创了永嘉楠溪江素面体验项目。益宿客栈现已配备了制作素面的专业工具设备和洁净空间，但凡入住益宿民宿的客人们都可以参加素面的手工制作，让客人亲手制作永嘉素面，亲自品尝永嘉美食，亲身体悟永嘉文化。

以新鲜自制、安全可靠、富有文化内涵的“楠溪江滕碎英素面”作为伴手礼，不仅让游客可以品尝到健康美味的永嘉特产，更能带动永嘉楠溪江传统文化的发展。

素面制作过程

案例八

西双版纳勐海中漫庄园　从织锦茶韵到章哈剧，傣寨里的非遗沉浸式体验

一、案例简介

中漫庄园坐落于云南省西双版纳州勐海县同昌号茶业有限公司（同昌黄记）内。庄园内自然环境和客房以傣式风格为特色，客房内部以国家级非遗“傣族织锦技艺”产品和傣族传统美术“金水漏印”装饰，为游客打造沉浸式的傣族文化居住体验。主要以展示国家级民间文学类非遗“召树屯与喃木诺娜”和西双版纳州级非遗“傣族传统竹筒茶制作技艺”为庄园特色，为游客提供采茶炒茶、傣族传统竹筒茶制作、品尝特色傣味以及欣赏傣族章哈剧《召树屯与喃木诺娜》等丰富多彩的文化体验活动，是一个集住宿、文化体验、美食享受为一体的特色文旅庄园。

中漫庄园主理人玉叫为国家级非遗“召树屯与喃木诺娜”省级代表性传承人，其外公岩温龙是西双版纳州级非遗“傣族传统竹筒茶制作技艺”县级代表性传承人。中漫庄

中漫庄园外观图

章哈剧片段《召树屯与喃木诺娜》

园以打造沉浸式的傣族文化体验为宗旨，实现非遗普及教育、宣传展示、传承传播及促进旅游消费等目的，破解文化和旅游“两张皮”难题，实现非遗活化与产业增值的双向突破。

二、案例解析

（一）目标及思路

中漫庄园通过打造具有傣式风格和丰富非遗体验的庄园，吸引游客前来体验，推动非遗传承与发展。在路径上，以非遗展示为核心，将傣式风格的建筑、传统文化元素融入庄园环境与房间布置；开发文化体验项目，丰富游客旅游体验；整合地方美食资源，全方位展示傣族文化魅力。

（二）主要做法

中漫庄园以“非遗活化”为核心，从场景融合、业态创新、利益联结、传播推广等维度，构建“文化保护＋旅游发展＋社区共赢”的特色模式，具体做法如下。

1. 非遗项目深度融入场景与业态，打造沉浸式体验

庄园将非遗元素转化为可感知的居住场景，游客从入住到离店，形成“移步见非遗，处处有故事”的沉浸感。在业态创新上，围绕两项核心非遗开发体验业态。一是开展“傣族传统竹筒茶制作技艺”普及教育和传播，游客可参与“采茶—炒茶—制茶”全流程，成品经烘干包装后邮寄到家，让非遗技艺转化为“可带走的记忆”。二是针对民间文学《召树屯与喃木诺娜》，创新呈现形式：每天在庄园庭院小剧场上演章哈剧片段《召树屯与喃木诺娜》，让民间文学从“文字”变为“可观看欣赏的剧目”。

2. 联结社区与傣族章哈艺人，构建利益共享机制

为傣族章哈艺人创造增收渠道：与艺人签订合作协议，按工时支付酬劳；因表演需要，向当地傣族非遗传承人采购道具（如傣纸伞、傣纸扇及傣锦桌席等），盘活非遗产业链。优先雇用周边傣族村寨村民，先培训村民操作体验项目，合格后再上岗；收购周边村寨茶叶，年均收购额超 50 万元，直接带动 20 余户农户增收。

3. 参与非遗公益，助力文化传承

每年配合当地文旅局开展“非遗进庄园”公益活动；每年开展 1～2 次《召树屯与喃木诺娜》章哈培训班，年均培训超 70 人次；在庄园设立“非遗展示厅”，免费向游

客开放。

4. 多渠道宣传推广，扩大非遗影响力

在抖音、微信视频号发布游客体验竹筒茶及小剧场排练演出等视频，吸引大量“文化体验型”游客。加入勐海县“非遗旅游线路”，与周边景区联动推广。

5. 收益合理分配，保障可持续运营

在庄园营收中，15%～20% 作为“非遗保护基金”（用于传承人培训、设备更新），剩余部分用于庄园运营，形成良性循环。

（三）现状

目前有客房 4 间，均已完成非遗主题装饰布置，同步规划了竹筒茶体验、章哈剧片段演绎等核心非遗体验场景。

三、取得成效

（一）社会效益

社会效益主要有两方面：一是非遗传承基础得到强化，2 项当地非遗技艺通过场景化改造形成可体验业态，非遗保护基金前期储备可保障首批传承培训及设备更新，为技艺活态传承筑牢根基。二是社区联动格局初步形成，庄园与周边村寨签订茶叶供应意向协议，70% 员工来自本地，实现“庄园 + 传承人 + 社区”的利益联结机制框架落地。

（二）经济效益

前期通过短视频平台发布的非遗场景及体验内容，吸引游客咨询预订，带来可观经济收入。此外，产业链联动潜力显现。茶叶采购、章哈艺人及传承人演出、竹筒茶传承人体验制作指导等前期合作意向，可带动相关农户及传承人稳定增收。

策划编辑：王　丛
责任编辑：陈　冰
责任印制：冯冬青
封面设计：谭雄军

图书在版编目（CIP）数据

非遗与旅游融合发展蓝皮书 . 2025 / 中国非物质文化遗产保护协会编著 . -- 北京 : 中国旅游出版社 , 2025. 9. -- ISBN 978-7-5032-7646-0

Ⅰ . G122；F592.3

中国国家版本馆 CIP 数据核字第 20251DX493 号

书　　名：非遗与旅游融合发展蓝皮书 . 2025

作　　者：中国非物质文化遗产保护协会　编著
出版发行：中国旅游出版社
（北京静安东里 6 号　邮编：100028）
https://www.cttp.net.cn　E-mail: cttp@mct.gov.cn
营销中心电话：010-57377103，010-57377106
排　　版：北京中文天地文化艺术有限公司
印　　刷：北京金吉士印刷有限责任公司
版　　次：2025 年 9 月第 1 版　2025 年 9 月第 1 次印刷
开　　本：787 毫米 ×1092 毫米　1/16
印　　张：15.5
字　　数：250 千字
定　　价：78.00 元
I S B N　978-7-5032-7646-0
